异构交互环境下的多属性群决策方法研究及应用

赵程伟 著

中国矿业大学出版社
China University of Mining and Technology Press
·徐州·

图书在版编目(CIP)数据

异构交互环境下的多属性群决策方法研究及应用 / 赵程伟著. — 徐州：中国矿业大学出版社，2025.6.
ISBN 978-7-5646-6623-1

I. C934

中国国家版本馆 CIP 数据核字第 202579XX74 号

书　　名	异构交互环境下的多属性群决策方法研究及应用
	Yigou Jiaohu Huanjing xia de Duoshuxingqun Juece Fangfa Yanjiu ji Yingyong
著　　者	赵程伟
责任编辑	张　岩
出版发行	中国矿业大学出版社有限责任公司
	（江苏省徐州市解放南路　邮编 221008）
营销热线	（0516）83885370　83884103
出版服务	（0516）83995789　83884920
网　　址	http://www.cumtp.com　　E-mail：cumtpvip@cumtp.com
印　　刷	湖南省众鑫印务有限公司
开　　本	710 mm×1000 mm　1/16　印张 12　字数 205 千字
版次印次	2025 年 6 月第 1 版　2025 年 6 月第 1 次印刷
定　　价	84.00 元

（图书出现印装质量问题，本社负责调换）

赵程伟 管理科学与工程专业博士，中南林业科技大学经济管理学院专任教师。主要从事复杂多属性群决策理论与方法、大数据智能决策方法、人机混合智能决策方法、博弈理论与决策、智慧供应链与管理、新能源开发管理等方面的研究。主持国家自然科学青年基金1项、湖南省自然科学青年基金1项，湖南省教育厅优秀青年基金1项、入选湖南省"三尖创新人才"——科技创新类湖湘青年英才，担任国家重点研发计划课题技术负责人、国家自然科学基金重大项目课题技术负责人，并作为科研骨干参与了国家自然科学基金面上项目及企事业横向科研项目多项。在《中国管理科学》、Expert Systems with Applications、Computers & Industrial Engineering 等国内外高水平权威期刊发表学术论文19篇，其中近5年以第一或通讯作者在 SCI TOP、国家自然科学基金委A类期刊发表学术论文8篇；相关研究结果在决策与新能源开发管理领域具有重要理论价值与实践影响。

前　言

在当今复杂多变的决策环境中,多属性群决策作为一种重要的决策分析工具,已被广泛应用于经济管理、国防军事、工程技术、新能源开发等多个领域。然而,实际决策中不同决策者可能有着不同的偏好结构及决策风格,不同属性适合的数据类型也各异,使得采用单一的偏好信息形式难以准确地描述所有属性的信息。同时,属性或方案间往往存在复杂的交互关系。例如,在新能源开发选址中,地理条件、资源丰度和政策支持等属性间交互关联;各方案也可能因资源共享、风险传递等因素产生交互影响,并非孤立存在。如果忽略多属性群决策中的异构性及交互性特征,易造成决策信息失真、属性权重不准确以及信息融合偏差,从而大幅降低决策质量。目前的多属性群决策方法往往难以处理异构和交互并存的复杂决策环境。因此,对异构交互环境下的多属性群决策进行深入研究有着重要的理论价值和现实意义。

在上述背景下,本书系统地分析了异构交互环境下多属性群决策问题的特殊性及关键挑战,在对属性交互异构决策、属性方案双重交互异构决策、风险动态传播下的属性方案双重交互异构决策等核心问题深入研究的基础上,提出了系列创新的异构交互多属性群决策方法。本书的主要内容由 7 章组成,具体如下:第 1 章为绪论,简述了异构交互多属性群决策的研究背景、意义及国内外研究现状,明确了现有研究的局限性,并阐述了本书的研究目的、方法、思路、主要内容及创新点;第 2 章为相关理论与方法,介绍了基本概念和理论,以为后续研究奠定基础;第 3 章为基于属性交互的异构多属性群决策方法,探讨了如何处理属性交互及异构信息环境下多属性群决策问题;第 4 章为基于属性方案双重交互的异构多属性群决策方法,进一步扩展到同时考虑属性和方案双重交互的情形，提出了相应的决策方法；第 5 章为基于属性方案双重交互及风险动态传播的异构多属性群决策方法，专注于属性方案双重交互下决策风险动态传播的复杂决策环境，构建了新的决策方法以应对这一挑战，增强了方法的全面性和实用性；第 6 章为异构交互多属性群决策在干热岩勘探开发选址中的应用，展示了所提出的多属性群决策方法在实际案例中的运用，验证了其有效性和实用性；第 7 章为结论与展望，总结了全书的主要研究成果及研究结论，并对未来的研究方向进行了展望。

  本书是作者在广泛参考国内外相关领域的前沿研究成果，并结合实际案例进行深入研究、分析、验证与创新的基础上形成的。书中不仅包含了对现有理论的深刻剖析，还提出了一些独特的见解与原创性的成果。这些成果大部分已在中科院一区 TOP、国家基金委 A 类期刊等国内外权威学术期刊上发表，并在新能源开发选址决策中进行了应用，取得了良好效果。总体而言，本书不仅丰富了多属性群决策方法体系，也为实际决策问题解决提供了有力的工具支持。希望本书的出版能为相关领域的学者、研究人员以及实践者提供有益的参考，共同推动多属性群决策理论与方法在不同领域的深化研究与应用。

  本书是在国家自然科学基金项目"人机混合智能驱动的新能源开发选址复杂异构多属性群决策方法研究（72301298）"、"东南沿海经济发达地区干热岩开发利用战略研究（71871225）"，湖南省自然科学基金项目"多模态异构信息融合驱动的新能源开发不确定风险智能决策方法研究—基于人机混合增强智能视角（2024RC3197）"和"湖南省科技创新计划（2024RC3197）"项目的支持和资助下取得的，同时得到了中南大学徐选华教授在研究过程中给予的悉心指导和支持，以及中南林业科技大学刘瑞环老师的协作与贡献。本书还得到了中南林业科技大学经济管理学院领导和同事，专家学者及同仁的帮助与支持，在此表示诚挚的感谢！尽管作者尽可能确保书中内容的准确性和完整性，但由于作者水平和时间的限制，书中难免存在不足之处，敬请各位读者批评指正。

赵程伟

2025 年 5 月

目 录

第 1 章 绪论 …………………………………………………………… 001
    1.1 研究背景 ………………………………………………………… 001
    1.2 研究目的与意义 ………………………………………………… 003
    1.3 国内外研究综述 ………………………………………………… 005
    1.4 研究思路、方法与技术路线 …………………………………… 015
    1.5 研究内容 ………………………………………………………… 018
    1.6 主要创新点 ……………………………………………………… 020

第 2 章 相关理论与方法 …………………………………………… 023
    2.1 异构交互多属性群决策问题描述 ……………………………… 023
    2.2 异构偏好信息 …………………………………………………… 025
    2.3 集对理论及 D-U 空间 …………………………………………… 032
    2.4 模糊测度及 Choquet 积分 ……………………………………… 034
    2.5 复杂网络理论 …………………………………………………… 038
    2.6 动态传播理论 …………………………………………………… 039

第 3 章 基于属性交互的异构多属性群决策方法 ……………… 043
    3.1 问题分析 ………………………………………………………… 043
    3.2 异构偏好的 TwD-DU 空间同构化 ……………………………… 045
    3.3 Banzhaf 交互动态变权及状态变权定义 ……………………… 049

3.4 基于 TOPSIS 的交互动态变权 Banzhaf-Choquet 积分 ⋯⋯⋯⋯⋯ 052
3.5 一种新的属性交互异构多属性群决策方法 ⋯⋯⋯⋯⋯⋯⋯⋯⋯ 053
3.6 本章小结 ⋯⋯⋯⋯⋯⋯⋯⋯⋯⋯⋯⋯⋯⋯⋯⋯⋯⋯⋯⋯⋯⋯ 065

第 4 章 基于属性方案双重交互的异构多属性群决策方法 ⋯⋯⋯⋯ 067
4.1 问题分析 ⋯⋯⋯⋯⋯⋯⋯⋯⋯⋯⋯⋯⋯⋯⋯⋯⋯⋯⋯⋯⋯⋯ 067
4.2 异构偏好的 TD-DU 空间同构化 ⋯⋯⋯⋯⋯⋯⋯⋯⋯⋯⋯⋯⋯ 069
4.3 属性交互影响测度建模 ⋯⋯⋯⋯⋯⋯⋯⋯⋯⋯⋯⋯⋯⋯⋯⋯ 074
4.4 备选方案交互影响建模 ⋯⋯⋯⋯⋯⋯⋯⋯⋯⋯⋯⋯⋯⋯⋯⋯ 075
4.5 一种新的 Shapley-Choquet 双重交互优势度积分 ⋯⋯⋯⋯⋯⋯ 079
4.6 双重交互下的异构多属性群决策方法 ⋯⋯⋯⋯⋯⋯⋯⋯⋯⋯ 080
4.7 本章小结 ⋯⋯⋯⋯⋯⋯⋯⋯⋯⋯⋯⋯⋯⋯⋯⋯⋯⋯⋯⋯⋯⋯ 095

第 5 章 基于属性方案双重交互及风险动态传播的异构多属性群决策方法 ⋯⋯⋯⋯⋯⋯⋯⋯⋯⋯⋯⋯⋯⋯⋯⋯⋯⋯⋯⋯⋯⋯⋯⋯⋯ 097
5.1 问题分析 ⋯⋯⋯⋯⋯⋯⋯⋯⋯⋯⋯⋯⋯⋯⋯⋯⋯⋯⋯⋯⋯⋯ 097
5.2 异构偏好 STD-DU 空间同构化 ⋯⋯⋯⋯⋯⋯⋯⋯⋯⋯⋯⋯⋯ 101
5.3 全局视角下属性交互影响测度建模 ⋯⋯⋯⋯⋯⋯⋯⋯⋯⋯⋯ 107
5.4 风险动态传播下的备选方案交互影响测度建模 ⋯⋯⋯⋯⋯⋯ 108
5.5 Shapley-Choquet 双重交互风险优势度积分 ⋯⋯⋯⋯⋯⋯⋯⋯ 113
5.6 考虑双重交互及风险动态传播的异构多属性群决策方法 ⋯⋯ 115
5.7 本章小结 ⋯⋯⋯⋯⋯⋯⋯⋯⋯⋯⋯⋯⋯⋯⋯⋯⋯⋯⋯⋯⋯⋯ 129

第 6 章 异构交互多属性群决策在干热岩勘探开发选址中的应用 ⋯⋯ 131
6.1 案例应用背景 ⋯⋯⋯⋯⋯⋯⋯⋯⋯⋯⋯⋯⋯⋯⋯⋯⋯⋯⋯⋯ 132
6.2 干热岩勘探开发选址评价指标体系构建 ⋯⋯⋯⋯⋯⋯⋯⋯⋯ 134
6.3 干热岩勘探开发选址决策 ⋯⋯⋯⋯⋯⋯⋯⋯⋯⋯⋯⋯⋯⋯⋯ 139
6.4 干热岩勘探开发选址决策管理建议 ⋯⋯⋯⋯⋯⋯⋯⋯⋯⋯⋯ 151

6.5 本章小结 …………………………………………………… 153

第7章 结论与展望 …………………………………………… 155
7.1 研究结论 …………………………………………………… 155
7.2 研究展望 …………………………………………………… 157

参考文献 …………………………………………………………… 159

第1章 绪 论

1.1 研究背景

决策是在一定的限制条件下,从一系列的备选方案中确定最佳排序,做出最优选择的过程。作为人类的一项基本活动[1],从古至今,决策都在人类社会中发挥着重要作用,对人类社会的发展与进步产生着极大的影响。无论是人们日常的衣食住行、公司的运营管理,还是国家的统筹规划管理,都需要进行决策。在管理学中,诺贝尔经济学奖获得者、美国著名管理学家赫伯特·西蒙提出"管理即为决策"[2]。决策在管理中处于重要的核心地位,是进行有效管理的关键所在。决策贯穿于管理的整个过程。换句话来说,决策在管理中的作用是不容忽视和极其重要的。决策结果的优劣直接影响事物的发展变化[3-4]。优质决策能推动个体、企业、家庭以及国家向积极良性的方向发展,提高人们的生活和工作效率,促进经济的发展和社会的进步,劣质决策则可能造成工作效率低下、组织经营受阻、国家政局不稳和国民经济发展落后等后果。然而,处于知识爆炸的时代背景和复杂多变的社会环境,现实决策问题变得越发复杂,决策过程中需要考虑的不确定因素愈来愈多[5]。对于决策个体或组织来说,如何在日趋复杂不确定环境下做出正确决策是至关重要的,也是当今管理者必须要面对的一大挑战[6-7]。

多属性群决策(multi-attribute group decision making,MAGDM)指多个决

策者对多个有限备选方案在多个属性下进行评价的基础上，实现备选方案排序并确定最优方案的过程[8-15]。其中，"多属性"是指MAGDM过程会从不同的方面或维度对评价对象（备选方案）进行综合衡量，每一个维度或方面称为一个属性，侧重反映了MAGDM属性数量较多。MAGDM中的属性也可称为"决策属性"或"评价属性"。"群"侧重反映了MAGDM过程中存在多个决策者共同参与。对于愈发复杂多变的决策问题，仅依靠个人的知识储备、知识架构、认知水平以及分析能力，大多数情况下往往难以获得满足实际需要的决策结果，此时就需要发挥群体力量，依靠群体智慧，由多人共同完成问题分析、指标确定、方案评价等决策活动，进而做出最优决策。多属性群决策作为现代管理科学、决策科学以及系统科学的重要组成部分，已被广泛地应用于解决管理、经济、军事、工程、能源以及社会事务等领域中诸如绩效评估、区域投资可行性评估、清洁能源项目开发选址、仓储选址、绿色供应商选择、武器装备系统选择等现实问题，也是长期以来决策领域的一大研究热点[16-17]。

经过几十年的研究发展，多属性群决策取得了斐然的研究成果。然而，现有MAGDM方法绝大多数建立在属性或备选方案绝对独立假设的基础上，这与实际情况相违。随着社会经济的高速发展以及社会环境的瞬息万变，决策活动也发生了日新月异的变化，决策过程及内外部环境的模糊不确定性程度越来越高、决策信息愈来愈具有多型性及异构性，决策的影响也越来越广。相应地，决策要求也越来越高。在充满复杂不确定性的实际决策问题中，评价属性以及备选方案之间往往存在着复杂的交互关联关系，如若忽略它们之间的复杂交互特性，则会造成权重及信息融合的不准确，而这两者对多属性群决策结果的准确性起着决定性作用。同时，属性偏好信息的表述及不确定性的处理也直接制约着决策结果的准确性。为了提高属性偏好信息表述的准确性并尽可能减少信息中的模糊不确定性，传统的决策方法采用了实数、区间数、三角模糊数、梯形模糊数、直觉模糊数、三角直觉模糊等诸多数据形式描述属性的偏好信息，这为属性信息准确描述以及其模糊不确定性的消减提供了有效工具，然而绝大多数方法仅采用单一偏好形式建立决策模型，这在一定程度上削弱了方法的可行性及实用性。一方面，由于决策者们的知识、性格、教育背景以及生活阅历等众多方面的差异，决策者们很难仅采用某一类预设的偏好类型准确地表示其对所有不同类型属性的评价。另一方面，不同的属性具有自身的独特性，这使得适合描述属性信息的数据类型也不尽相同。因此，采用多型异构偏好信息进行多属性群决策建模更符合实际情况。

虽然一些国内外学者已关注并对多型异构多属性群决策方法及交互多属性群决策方法展开了研究，但目前仍处于起步阶段，存在较为广阔的研究空间，且少有同时集成考虑异构交互特征的多属性群决策研究。综合上述分析，在新形势、新需求下，如何科学合理地分析解决现代决策问题，完善、创新、扩展已有的决策理论与方法，并提出与当前形势、需求相适应的方法模型被摆在非常突出的重要位置。基于此，本书针对异构交互环境下的多属性群决策问题展开了研究，并提出了一系列异构信息同构化及交互非可加信息融合的新方法，以期在完善、扩展现有多属性群决策理论方法的同时，提升其实践应用能力。

1.2 研究目的与意义

实际的 MAGDM 问题中，异构与交互是其常见的两种固有特征。因此，建立与实际问题相适应的决策方法模型并切实地指导实践就显得尤为重要。本书遵循从实际需求中发现问题—分析问题—解决问题的研究逻辑，对异构交互环境下的多属性群决策方法进行了研究。具体来说，研究了如何对异构信息进行有效处理，如何度量属性或方案的交互影响，如何更为合理地融合交互非可加偏好信息以获得方案的排序结果。本书研究的主要目的就是以实际需求为驱动，在理论分析的基础上建立适合不同异构交互情形决策问题的具体方法模型，以有效指导实践，促进具体决策问题的解决。

围绕研究目的，本书对不同情形下异构交互多属性群决策方法进行了逐一、深入的研究，并将这些新成果应用于干热岩勘探开发选址等决策问题中，取得了良好的效果。因此，本书研究具有一定的实践意义与理论意义。

从实践角度来说，本书所提多属性群决策方法考虑了决策信息的异构性与模糊性、属性交互、方案交互、决策风险动态传播等特征，去除了现有MAGDM方法、模型所需的诸多假设条件，因此，从实践应用角度来说，该方法在应用上更具有灵活性及适用性，在易于决策信息获取的同时，也提高了所获信息的"纯度"，从决策源头上减少了决策过程中的模糊不确定性，这为实际复杂决策所需的高质量决策结果打下了坚实基础，同时也为社会各领域复杂决策问题的有效解决提供了方法及工具支持。

从理论层面而言，本书研究的理论意义可概括如下：

（1）创新和拓展了异构多属性群决策方法。

本书针对实际决策问题中多型异构信息同时并存的现实情况，基于集对理论的确定-不确定（determinacy-uncertainty，D-U）空间，提出了二维D-U空间、三维D-U空间以及相似三维D-U空间的多型异构信息同构化的新方法。这不仅创新、拓展了异构多属性群决策方法理论，也为异构偏好信息的处理提供了新思路、新方式及新途径。

（2）有助于丰富和扩展复杂交互多属性群决策理论与方法。

本书提出的基于TOPSIS的交互动态变权Banzhaf-Choquet积分、Shapley-Choquet双重交互优势度积分、Shapley-Choquet双重交互风险优势度积分不仅克服了交互非可加偏好信息融合的补偿性问题、绝对优势假设、无决策风险等问题，提高了排序结果的准确性，而且还简化了交互非可加偏好信息融合过程的复杂性。此外，所提的属性或方案交互测度模型也为交互多属性群决策提供了新思路、新方法及新模型。这些均极大地丰富及促进了交互多属性群决策理论与方法的发展与完善。

（3）促进多学科理论、技术的融合发展及新方法的诞生。

本书涉及决策科学、模糊数学、运筹学、集对理论、群决策技术、不确定性理论、最优化理论、SIR模型、复杂网络理论、马尔可夫链、风险管理等理论方法。这些理论方法虽各自发展且已较为成熟，但并没有得到有效地研究整合，也没有很好地融合到异构交互环境下的多属性群决策问题中。本书在研究的过程中，对这些方法理论进行了大范围的交叉整合集成，在提高所建MAGDM决策模型适用性的同时，也促进了多学科理论、技术的融合发展与完善，推动了新方法的诞生。

1.3 国内外研究综述

围绕本书的研究主旨，本小节由浅入深逐一地对多属性决策、多属性群决策、异构多属性群决策以及交互多属性群决策四个方面国内外的研究进展进行了综述及评析，具体如下：

1.3.1 多属性决策方法研究综述

多属性决策是运筹学与管理科学的重要分支。其着重研究关于离散的、有限决策方案的决策问题，因此，多属性决策又可称为有限方案多目标决策。多属性决策主要包含两部分[18]：（1）获取决策信息。一般决策信息由属性值和属性权重两方面组成。（2）做出最优决策。通过一定的方式对决策信息进行集结并对备选方案进行排序和优选。在现实生活中，由于多属性决策能对多个属性下备选方案进行综合有效的排序选择，因此该方法成为国内外学者研究热点。

多属性决策起源于20世纪50年代，由学者Churchman，Amoff和Ackoff等在处理企业投资方案选择时提出[19]。然而当时并没有引起人们的关注和重视。随着科技信息的发展以及人们决策需求的提高，多属性决策问题受到了人们的重视，逐渐成为一个热点研究方向。到了20世纪80年代，首本多属性决策领域的著作 *Multiple Attribute Decision Making-Method and Application* 出版[20]。此时，也涌现了一批相对成熟和完善的经典多属性决策理论与方法[21-23]。然而，这些研究成果大多属于确定型多属性决策，且以期望效用理论为基础[24]，这并不能很好贴合实际的决策情形。面对复杂多变的社会环境，决策问题的不确定性愈发凸显，确定型多属性决策方法渐渐难以满足实际需要，因此越来越多解决不确定性多属性决策的方法模型被提出。例如Brans等[25]提出了PROMETHEE多属性决策方法。随后，Feng等[26]提出了基于直觉模糊软集的改进PROMETHEE多属性决策方法来提高其处理模糊不确定性的能力。Lahdelma等[27]提出了一种决策者偏好未知情形下的随机多属性可接受分析（SMAA）方法来处理不确定的多属性决策问题。Liu 等[28]基于证据理论提出了一种双层次犹豫模糊语言熵的 TODIM 方法。Wang 等[29]提出了一种基于图像模糊数的 VIKOR 多属性决策方法，并将其应用于解决建设项目的风险评价问题。Du 等[30]提出了一种多粒度概率语言环境下改进前景理论的多属性决策方法。吕跃进等[31]提出了一种基于区间粗糙数的改进层次分析多属性决策方法。余顺坤等[32]研究了一种基于 ANP-Fuzzy 方法的多属性决策方法，并将其应用于电力企业的绩效考核问题中。廖虎昌等[33]把犹豫模糊语言集的理论应用到多属性决策中。龚日朝等[34]构建了带分布区间数决策模型，并优化了有序数排序法。张文宇等[35]提出了一种基于双向测度的双向投影排序法，以解决区间犹豫模糊多属性决策问题。方冰等[36]定义了调和犹豫模糊元的相关内容，并对比分析了基于 TOPSIS 方法和犹豫模糊信息集成算子的多属性决策情况。张发明等[37]在考虑指标间影响关系的基础上，提出了一种将后悔理论和决策试验与评价试验法相结合的语言术语多属性决策方法。目前，多属性决策已经被广泛应用于质量评价[38-39]、企业管理[40-41]、项目评估[42-43]、应急管理[44-45]、供应链管理[46-48]、能源开发选址[49-50]、军事管理[51]等方面。

1.3.2 多属性群决策方法研究综述

随着科技的不断创新和信息的爆炸式增长，决策问题变得越来越复杂。同时，时代发展使得社会分工也越来越精细化。此时，仅靠单人的智慧无法满足决策需要，反而以群体形式通过多人从不同专业角度和不同经验背景进行决策成为一种必然趋势。1948 年，Black 首次明确提出了群决策的概念。而把其与多属性决策相结合就构成了多属性群决策。由于多属性群决策能综合群体智慧，发挥群智优势，所做出的决策也更科学、更符合实际需求，且现实社会各领域多数的决策问题都可以抽象为多属性群决策问题，具有广泛的应用背景，因而，多属性群决策理论与方法一经提出就受到了企业和学者们的广泛关注和研究。

经过几十年的研究与发展，多属性群决策方法取得了丰富的成果。以多属性群决策方法组成成分为脉络，可大致分为属性或决策者权重确定、群体一致性、方案排序几个方面。其中，关于决策者权重确定方面，宋光兴等[52]设计了基于AHP判断矩阵的决策者主观权重确定方法，并把主观权重和客观权重组合起来作为决策者的最终权重；彭友等[53]采用区间直觉模糊数主观确定决策者权重，在此基础上通过计算决策个体之间的相对优劣势值确定决策者的权重；闫书丽等[54]依据极大熵思想及灰色关联度原理建立了客观求解决策者权重的线性优化模型；Wang[55]考虑三角模糊环境下的多属性决策问题，构建了基于决策者个体态度的共识指数优化模型来客观地确定各决策者权重；Yue[56-57]提出了用TOPSIS法和拓展的TOPSIS法来确定多属性群决策中决策者的权重。关于属性权重确定方面，Mao等[58]针对概率语言环境下的多属性群决策问题，建立了总加权平方概率度最大化的多目标优化模型来客观地确定属性权重；Pang等[59]基于离差最大化的思想建立数学规划模型来求解概率语言术语集环境下的属性客观权重；伊长生等[60]提出了一种新的主客观组合赋权方法计算权重，以解决二维二元语义多属性决策问题；卢志平等[61]研究了三端点区间数下的多属性群决策问题，并基于改进的熵值法客观地确定属性权重；赵程伟等[62]采用主观赋权法，由专家直接采用梯形模糊数确定属性权重。关于群体一致性方面，Li等[63]提出了一种非对称调整成本的两阶段随机最小成本共识模型来实现成本最低的共识达成；Dong等[64]提出了一种多属性群决策过程中属性及备选方案动态变化情形下的决策者一致性达成模型；Zhang等[65]针对不完全权重信息下的2元语义多属性群决策问题建立了一致性达成模型来保证群体一致性；任嵘嵘等[66]在研究概率模糊语言多属性群决策问题时，提出了一种基于PLTS一致性度量的方法；郝淯淯等[67]考虑决策者间非合作行为对群体共识达成的影响，构建了一种考虑决策者非合作行为的共识达成模型。关于方案排序方面，Lin等[68]研究了概率不确定语言术语集下的多属性群决策问题，分别提出了基于概率不确定语言术语集成算子及改进的概率不确定语言术语TOPSIS法来排列备选方案的优先次序；Li等[69]采用q-rung图形语言来处理多属性群决策问题中的模糊不确定性，随后提出了一系列的q-rung图形语言Heronian均值算子来聚集q-rung图形语言偏好信息，进而实现备选方案的排序；Pang等[70]基于多粒度和三支决策的思想，研究了区间直觉不确定语言环境下数据驱动的 MAGDM 方法，并定义了考虑风险态度的区间直觉不确定语言期望值来实现备选方案的分级与排序；Fahmi 等[71]提出了一种梯形立方模糊多属性群决策模型，并将经典 VIKOR 方法扩展到梯形立方模糊环境实现备选方案的排序；于文玉等[72]研究了多粒度犹豫模糊语言下权重信息不完全的多属性群决策问题，建立了混合 0-1 二次规划模型来排列备选方案的优劣次序；方冰等[73]针对属性权重已知而专家权重未知情形下概率犹豫模糊多属性群决策问题，并通过改进的 TODIM 方法计算方案的综合感知价值量来实现备选方案的排序；陈云翔等[74]研究了直觉模糊环境下的多属性群决策问题，提出扩展的证据理论方法集结属性信息并排序备选方案。

随着社会环境的日趋复杂及决策需求的不断提高，关于多属性群决策的研究也在不断深入，学者们提出的解决多属性群决策问题的方法也越来越精细化、实际化。例如，Wei[75]认为当权重信息不完全时，可以采用二元语言表示方法对语言评价信息进行聚合，并结合 TOPSIS 方法确定最优决策方案。王晓等[76]采用区间二元语义信息实现多粒度区间语言评价信息一致化，并结合离差最大化来建立模型。弓晓敏等[77]则设计了一种基于二元语义 DEMATEL 和 DEA 的决策分析模型以解决医院传感器设备采购问题。Fan 等[78]将得失优势度评分方法推广到二元语言环境中，并将幂聚集算子与评价信息相结合来解决多属性群体决策问题。Acuña-Carvajal 等[79]提出一种使用模糊 DEMATEL 和平衡计分卡的组合方法来规划、构建和验证哥伦比亚官方银行的业务策略。周文坤[80]提出采用理想解法确定决策者的权重，用投影法集成求得群体属性权重，并用 Dice 相似度法对方案进行排序，以解决不确定情形下的多属性问题。Shih[81]提出了一种基于 PROMETHEE 的综合群体决策支持方法。王伟明等[82-83]则分别研究了区间信息下及不确定语言信息下的大规模群体多属性决策方法。

1.3.3 异构多属性群决策方法研究综述

考虑到 MAGDM 过程中决策者的差异及属性本身的特点，异构 MAGDM

受到了国内外学者的关注，精确数（real number，RN）、区间数（interval number，IN）、三角模糊数（triangular fuzzy number，TFN）、梯形模糊数（trapezoidal fuzzy number，TrFN）、直觉模糊数（intuitionistic fuzzy number，IFN）、三角直觉模糊数（triangular intuitionistic fuzzy number，TIFN）等不同类型偏好共存的 MAGDM 方法被大量开发。由于不同类型的异构数据不能直接集结评价，因此需对多型异构数据进行同构化处理。从同构化处理方式来看，可将现有的异构 MAGDM 方法大致分为两大类。

第一类为转化同构法，即通过转换函数将不同类型的异构信息统一向某一类型的信息形式转化，以实现异构偏好的同构化处理。例如，Martinez 等[84]在其建立的工程设计评价多属性决策模型中将诸如实数、区间数、语言变量异构信息统一转化为二元语义来构建决策模型。Pei-De[85]进一步建立了实数、区间数、语言变量、梯形模糊的二元语言转换方法，将不同类型的异构偏好同构化为二元语言来进行方案排序。Xu 等[86]建立了一个将实数、区间数、三角模糊数、梯形模糊数等异构偏好信息统一转换为 Atanassov 直觉模糊数的异构 MAGDM 框架。Wan 等[87]建立了一种将诸如实数、区间数、三角模糊数、梯形模糊数统一转化为区间直觉模糊数的异构 MAGDM 方法。Zhang 等[88]在其所构建的异构废物利用方案评价模型中定义了区间数、三角模糊数、梯形模糊等异构偏好信息的粗糙数转换函数，将异构偏好同构化为粗糙数来构建 MAGDM 模型。Liu 等[89]建立了区间数、三角模糊数、梯形模糊数、直觉模糊数以及语言术语集的信息内容同构化模型。Fan 等[90]利用累积分布函数将精确数、区间数、三角模糊数同构为随机变量来进行决策建模。梁昌勇等[91]提出了一种将区间与模糊数统一转换为实数的异构 MAGDM 方法。随后，他又进一步提出将精确数、语言术语等异构信息同构化为直觉模糊数，建立了属性信息不完全的异构多属性群决策方法[92]。文杏梓等[93]将精确数、语言信息统一转化为三角模糊数实现异构偏好的同构化处理，提出了三角模糊信息下的决策模型。包甜甜等[94]将精确数、区间数以及语言变量转化为直觉模糊来实现异构偏好的同构化处理，构建了基于证据推理与前景理论的异构直觉模糊决策模型。李伟伟等[95]将精确数、模糊数、语言术语、二元语义等异构偏好信息同构化为区间数的形式，提出了一种随机模拟视角的混合 MAGDM 方法。此后，徐选华等[96]提出了一种将异构多属性信息统一转化为区间数形式的复杂多阶段决策方法。张晓等[97]基于前景理论，将实数、区间数、三角模糊数并存的异构多属性数据转化为前景值，提出了一种基于前景理论的风险型多属性决策方法。

第二类为基于距离测度的异构 MAGDM 方法，这类方法的核心特征是通过不同的距离公式实现异构数据的同构化处理。例如，Zhang 等[98]通过异构数据的距离公式，建立了一种属性权重不完全的异构 MAGDM 方法。Gao 等[99]通过异构偏好信息与理想点间的距离测度映射偏好信息，提出了一种具有几个属性集的异构多属性群决策方法。Yu 等[100]基于异构偏好距离测度，建立了一种考虑偏好偏差的异构 MAGDM 方法。Li 等[101]在度量异构偏好信息与正理想解接近度的基础上，引入多属性排序指数，提出了一种解决异构 MAGDM 问题的系统方法。Zhao 等[102]基于正负理想解的距离测度，建立了异构熵与异构 TOPSIS 改进模型，提出了一种基于多方面协调的多属性群体决策方法。Sun 等[103]与 Wang 等[104]通过精确数、区间数、三角模糊数、梯形模糊数与各自正负理想点间的距离测度建立异构偏好的优劣矩阵来实现异构偏好的同构化处理。阳智等[105]针对区间数、模糊数、犹豫模糊数并存的异构偏好决策问题，通过异构偏好的距离测度构建前景损益矩阵，进而实现异构偏好的同化处理。裴凤等[106]针对三角模糊数与三参数区间灰数并存的异构群决策问题，通过异构偏好与参照点间的距离测度实现了异构偏好的同构化处理，提出了一种异构动态多属性群决策方法。赵程伟等[107]提出了一种异构混合 VIKOR 多属性群决策方法解决项目选择问题。董雄报等[108]从决策指标不确定性视角出发，通过基于 TOPSIS 距离测度提出了一种改进的混合工程评标多属性群决策模型。潘亚虹等[109]采用距离同构精确数、随机变量、概率语言术语等异构偏好，建立了基于 Mo-RVIKOR 的异构多属性决策模型。周向红等[110]通过距离测度建立了精确数、区间数以及语言值的多源异构 VIKOR 群决策方法实现异构偏好的同构化处理。此外，还有一些学者将距离测度与线性规划相融合，提出了不同的改进 LINMAP 来构建异构 MAGDM 方法[111-120]。

1.3.4 交互多属性群决策方法研究综述

交互 MAGDM 是现实世界中广泛存在的一类问题,属性或备选方案间往往存在着复杂的交互关系,使得决策信息具有非可加性,不能直接采用可加的方法进行属性权重的求解及交互属性信息的集结。现有关于交互多属性群决策方法的研究主要集中在属性交互方面的研究。为了解决属性交互决策问题,Sugeno[121]在 1974 年首次提出了更为弱化的用连续性及单调性替换可加性的条件来对交互属性及属性集的重要性程度进行建模(即模糊测度),并集结交互非可加偏好信息获得方案排序(即模糊积分)。模糊测度与模糊积分是属性交互情形下 MAGDM 方法的核心部分。

模糊测度是定义在幂集上的,所以求解复杂程度较高。当存在 n 个属性时,必须确定 $2^n - 2$ 个模糊测度值,这对于存在多个属性的 MAGDM 问题来说,模糊测度的求解计算是非常困难的。为降低模糊测度求解的复杂性,Sugeno 进一步提出了 λ 模糊测度来简化模糊测度的计算[121]。相比于模糊测度来说,λ 模糊测度仅需决定 n 个参数就能求解所有的模糊测度值,这极大地降低了模糊测度计算的复杂性。然而,值得一提的是,λ 模糊测度虽然降低了求解的复杂性,但其仅能表述属性间的一种交互关系。即要求所有属性间要么全部为互补促进关系,要么全部为消极冗余关系,要么全部为相互独立关系[122-123],这在实际 MAGDM 问题中是难以满足的。随后,在 Sugeno 研究的基础上,Grabisch 于 1997 年提出了 K 可加模糊测度[124],并进一步定义了 2 可加模糊测度。2 可加模糊度不仅克服了 λ 模糊测度单一交互关系表示的不足,而且 n 个属性情况下仅需求解 $2n-2$ 个模糊测度值,极大地简化了模糊测度求解的复杂性。Sugeno 与 Grabisch 两者的研究成果奠定了交互多属性决策领域的理论基础。

为了集结交互非可加偏好信息,Sugeno 在定义模糊测度时进一步提出了 Sugeno 模糊积分[121]。Sugeno 模糊积分满足集结算子诸如单调性、有界性等性质,较为适合主观评价上序数信息的集结[125-127]。然而,Sugeno 积分通过取大取小的方式来集结交互非可加偏好信息,易造成大量的原始偏好信息丢失。这使得其难以满足高精度决策的需要。为此,法国数学家 Choquet 于 1954 年提出了 Choquet 积分[128]。Schmeidler[129]首次将 Choquet 作为集成算子用于基数信息的集结。随后，Grabisch[130]分析总结了 Choquet 积分的相关性质，并将其应用于属性交互的决策问题中[131-132]。自此之后，Choquet 积分被大量学者采纳，成为主流的交互非可加信息集成算子[133-136]，被广泛应用于属性交互的决策问题中。例如，Tan[16]提出了一种区间直觉模糊环境下的 λ 模糊测度模型，并构建了基于 TOPSIS 的改进 Choquet 积分算子聚集交互非可加属性信息。Abdullah 等[42]采用 λ 模糊测度及 Choquet 积分构建了基于区间直觉模糊 DEMATEL 模型来解决交互环境下的可持续废物管理 MAGDM 问题。Chen 等[137]将传统 λ 模糊测度扩展到区间值模糊测度，定义了区间值模糊测度空间，并结合 Choquet 积分构建了一种解决不确定性交互 MAGDM 问题的新方法。Tan 等[138]将模糊测度及 Choquet 积分扩展到语言偏好关系的情形下，提出了一种解决供应商选择的属性交互多属性群决策方法。Tan 等[139-140]提出了诱导的 Choquet 加权平均算子及直觉模糊 Choquet 积分算子来聚集交互偏好信息。

然而，需要提及的是，λ 模糊测度或 2 可加模糊测度仅考虑了属性邻近组合之间的交互，而忽略了属性的全局交互，即交互情形下属性或属性集的重要程度不仅取决于自身，还取决于其他属性或属性集。在博弈论中，Marichal[141]给出了从全局视角衡量参与者或参与者联盟力量或优势的广义 Shapley 函数与 Banzhaf 函数。基于 Marichal 的研究，一些学者将 Shapley 函数与 Banzhaf 函数应用于交互决策问题中来度量属性或属性集的全局交互程度。例如，Meng 等[142]提出了一种基于 λ-Shapley 的区间直觉模糊 Choquet 积分的交互 MAGDM 方法。Meng 等[143]提出了一种基于 2 可加 Shapley 交互指数的不确定语言 MAGDM 方法。Meng 等[144]提出了一种基于广义 2 可加 Banzhaf 函数的区间直觉模糊几何 Choquet 积分算子来解决交互 MAGDM 问题。Zhang 等[145]建立了直觉模糊信息环境下的 Shapley-Choquet 算子来处理属性交互的决策问题。Meng 等[146]构建了区间 2 元语义信息环境下改进 Shapley-Choquet 算子，并将其应用于属性交互的决策问题中。随后，Meng 等[147]又进一步建立了犹豫模糊信息环境下基于 Shapley 非可加融合算子来处理属性交互的多属性决策问题。张永政等[148]构建了概率语言术语集环境下的 λ-Shapley Choquet 积分来评估服务外包风险。林萍萍等[149]构建了 Shapley-Choquet 的双极容度属性关联的 VIKOR 决策方法。江文奇等[150]针对属性关联的决策问题，构建了区间犹豫模糊型 2 可加模糊测度的 Shapley PROMETHEE 决策方法。刘超等[151]提出了 Shapley 区间二型模糊 Choquet 积分算子来处理属性交互的多属性决策问题。

1.3.5 现有研究述评

综合上述分析可知，随着研究的深入，学者们对决策问题的处理与建模越来越精细。相应地，所建模型也越来越符合实际决策环境、情景及条件，研究逐步由多属性决策向多属性群决策转变，并进一步去除单一偏好、绝对独立等假设条件建模，从不同的角度对异构多属性群决策、交互多属性群决策进行了研究，取得了丰富的研究成果，但仍存在一些问题，有待进一步深入研究与完善，具体如下：

（1）异构多属性群决策方法研究评述

①从异构偏好同构化的数据类型来看，现有异构 MAGDM 方法将异构偏好同构化为二元语义、区间数、三角模糊数、直觉模糊数、区间直觉模糊数、粗糙数、精确数等数据类型。同构化为模糊数据虽然能在一定程度上减少信息损失或丢失，但数据形式复杂难懂且极大地增加了模型的复杂度及求解难度，进而降低了模型的实际应用能力。而同构化为精确数（包括距离测度值）虽然数据形式简单，便于异构 MAGDM 模型的运算求解，但难以保证同构化的质量，易造成同构化过程中偏好信息的丢失。两者均能兼顾的异构偏好同构化方法还较为少见，也鲜有基于集对理论的异构偏好同构化方法。为此，本研究基于集对二维及三维 D-U 空间开发了一系列的数据形式简单且信息损失少的异构偏好同构化新方法。

②现有异构多属性群决策研究并没有全面考虑异构偏好信息中固有的不确定性。大多数研究只关注异构偏好信息所具有的一种或两种不确定性（即局部不确定性），如模糊不确定性或随机不确定性等。然而，异构偏好信息不仅包含模糊不确定性或随机不确定性，还包含不确定的已知不确定性、未知和意外事件不确定性、不完全信息产生的不确定性和灰色不确定性等（统称系统不确定

性）。这些不确定性广泛存在于异构偏好信息中，构成了一个相互影响、相互制约的系统，影响决策结果的准确性。因此，在异构偏好信息同构化过程中只考虑局部不确定性而忽略系统不确定性会造成信息的丢失或失真，进而大大降低决策结果质量。能统筹考虑异构偏好系统不确定性，进而避免同构化过程信息的损失或丢失的异构 MAGDM 方法还较为少见。为此，本研究将建立能充分考虑异构偏好信息中系统不确定性的异构 MAGDM 方法，提高决策结果的准确性。

③绝大多数异构 MAGDM 方法都是基于属性或方案独立假设，并未考虑属性间或方案间的交互情况。异构情形下由于数据类型复杂多样必须先进行同构化处理。多数方法同构化后的数据形式复杂难解，而属性交互情形下信息融合异常复杂，导致异构情形下考虑属性交互难度较大。但属性交互会影响属性权重和偏好信息融合的准确性，而这两者是制约多属性群决策方法有效与否的关键。同时，备选方案交互也对决策结果的准确性有较大的影响。进而，在异构 MAGDM 建模中，有必要考虑属性间或备选方案间的交互作用以提升方法的有效性及科学合理性。为此，本研究开发了属性交互或属性与方案双重交互下的异构 MAGDM 模型，为异构 MAGDM 的研究及实际问题的有效解决提供新思路、新方法。

（2）交互多属性群决策方法研究评述

①现有交互多属性群决策研究都是采用静态固权融合交互非可加偏好信息的方法进行的，只考虑了交互属性在决策中的相对重要性，忽略了交互属性内部差异对决策结果的影响。因此，在属性信息交互非可加融合过程中，一些属性的影响可能被其他属性抵消或掩盖（即信息融合的补偿性问题）。通过文献梳理来看，现有研究几乎少有交互 MAGDM 方法采用动态变权来融合交互非可加偏好信息并同时能克服交互信息融合补偿性问题的。为此，本研究提出了属性交互情形下基于 TOPSIS 的交互动态变权 Banzhaf-Choquet 积分融合算子来有效解决上述问题。

②现有交互多属性群决策研究仅关注属性之间交互，而完全忽略了备选方案之间交互对决策结果的影响。现实决策问题中，不仅备选方案下各属性间存在复杂交互，备选方案之间可能也不是完全独立而同样存在着复杂的交互关系。从方案优劣排序角度来看，忽略备选方案之间的交互影响相当于基

于绝对优势的假设下计算各备选方案的排序系数,即在计算各备选方案排序系数时假设该备选方案是最优的,这一假设显然有违实际,降低了决策结果的质量。因此,同时考虑属性及方案的双重交互影响在 MAGDM 建模中是必要的,但目前同时考虑属性及方案的双重交互影响的 MAGDM 方法几乎空白。为了弥补这一空白,本研究在分别构建属性交互测度模型及备选方案交互测度模型的基础上,提出了双重交互优势度融合算子聚集交互非可加偏好信息,建立了考虑属性之间以及方案之间双重交互影响的多属性群决策方法。

③现有交互多属性群决策研究虽然少数考虑了决策风险,但都是基于静态角度,尚没有研究考虑交互情形下决策风险的动态传播变化。备选方案之间的复杂交互关系为决策风险的动态传播提供了基础,造成决策风险在传播过程中可能产生新的次生风险,进而导致决策结果的偏差,造成决策失误。因此,从系统、动态及演化的视角来反映、刻画决策风险的动态变化,探索其规律,并在此基础上量化其对决策结果的影响会更利于实际决策问题的解决。基于此,本研究在属性交互及方案交互的基础上,进一步构建了 SIRS-MC 决策风险动态传播模型来更为全面、系统地刻画决策风险对决策结果的影响,提高了决策结果的准确性。

1.4 研究思路、方法与技术路线

1.4.1 研究思路与方法

本书在详细把握国内外现有研究的基础上,遵循从实际需求中提出问题—分析问题—解决问题的研究脉络,综合运用模糊数学、运筹学、集对理论、群决策技术、不确定性理论、最优化理论、复杂网络理论等方法研究异构交互环境下的多属性群决策问题,并将成果应用于检验可再生清洁能源干热岩的勘探开发选址决策模型的可行性及适用性,遵循理论联系实践、定性与定量相结合的研究思路,为多属性群决策问题的解决提供方法支撑,因此本研究符合科学研究的一般规律,研究视角、思路和路径等均具有科学合理性。

进一步围绕本书的研究目的、研究思路，本书在详细把握国内外现有研究脉络的基础上对异构交互环境下的多属性群决策方法进行研究，研究过程涉及的主要研究方法如下：

（1）文献分析与实践分析法

梳理分析国内外异构 MAGDM 以及交互 MAGDM 相关文献，了解现有研究进展以及研究局限。在此基础上，对实际决策问题展开系统分析，并综合考虑实际决策问题特性，针对性地提出研究内容，进而为下一步的决策建模打下坚实基础。

（2）数学及优化建模法

本研究目标的达成涉及模糊数学、运筹学、集对论、群决策技术、不确定性理论、最优化理论、SIR 病毒传播模型、复杂网络、马尔可夫链等诸多理论。本书将对这些相关的理论方法进行有机组合、优化、改进，在促进多学科理论、技术交叉融合的基础上，构建优化模型，求解未知参量，建立适合处理异构交互环境下多属性群决策问题的方法模型，进而为实践提供有效的理论方法支撑。

（3）算例分析与对比分析法

本研究在综合多学科理论交叉融合的基础上，提出了二维 D-U（two-dimensional determinacy-uncertainty，TwD-DU）空间同构化方法、三维 D-U（three-dimensional determinacy-uncertainty，TD-DU）空间同构化方法、相似三维 D-U（similarity three-dimensional determinacy-uncertainty，STD-DU）空间同构化方法以及动态交互变权 Banzhaf-Choquet 非可加融合方法、Shapley-Choquet 双重交互优势度积分、Shapley-Choquet 双重交互风险优势度积分等新方法、新模型。为了验证所提方法的科学有效性及优越性，在算例应用的基础上，进一步从理论与数据视角对相关方法进行了深入、细致的分析对比。

（4）实践应用分析法

基于干热岩型地热能勘探开发选址决策实例，分析了问题的背景及问题类型，在调研及相关决策信息收集基础上，将所提方法模型应用于实际选址决策问题，从实践应用角度来进一步验证提议方法的有效性及实践应用能力。

1.4.2 技术路线

基于本书的研究目的、研究方法、研究思路，本研究的技术路线如图 1-1 所示。

研究目标

- 建立 IN、TFN、TrFN、IFN、TIFN 的 TwD-DU 空间同构化模型
- Banzhaf 交互关联变权及状态变权定义
- TOPSIS 交互动态变权 Banzhaf-Choquet 积分

- 建立 RN、IN、TFN、TrFN、IFN、TIFN 的 TD-DU 同构化模型
- 建立属性交互测度加权离差最大化优化模型
- 构建方案 MAAI 网络及交互影响测度模型
- 建立 Shapley-Choquet 双重交互优势度 SCDISIWTAFM 非可加融合算子

- 建立 RN、IN、TFN、TrFN、IFN、TIFN 的 STD-DU 同构化模型
- 建立属性的全局交互测度模型
- 构建 SIRS-MC 风险动态传播影响测度模型
- 提出 GRDWDC 模型来测评方案的全局交互影响
- 建立 Shapley-Choquet 双重交互风险优势度 SCDIRSIWTAFM 非可加融合算子

- 建立系统的干热岩勘探开发选址评价指标体系
- 确定备选开发区位的优劣排序
- 提出风险状态转移概率参数取值的指导性建议
- 给出干热岩勘探开发选址决策质量提升建议与意见

研究内容

- 基于属性交互的异构多属性群决策方法
- 基于属性方案双重交互的异构多属性群决策方法
- 基于属性方案双重交互及风险动态传播的异构多属性群决策方法
- 异构多属性群决策在干热岩开发选址中的应用

研究涉及理论

- 集对理论及 D-U 空间
- 2 可加模糊测度与 Choquet 积分
- Banzhaf 函数
- TOPSIS 法
- 关联变权及状态变权
- 多目标优化理论

- 集对理论及 D-U 空间
- 2 可加模糊测度与 Choquet 积分
- Shapley 函数
- 多目标优化理论
- 复杂网络理论

- 集对理论及 D-U 空间
- 指数相似度量法
- 2 可加模糊测度与 Choquet 积分
- Shapley 函数
- 全局交互指数
- 多目标优化理论
- 复杂网络理论
- SIR 传染病模型
- Markov Chain 理论

- 双重交互下考虑风险动态传播的 MAGDM 理论
- 敏感性分析方法
- 定性定量相结合方法

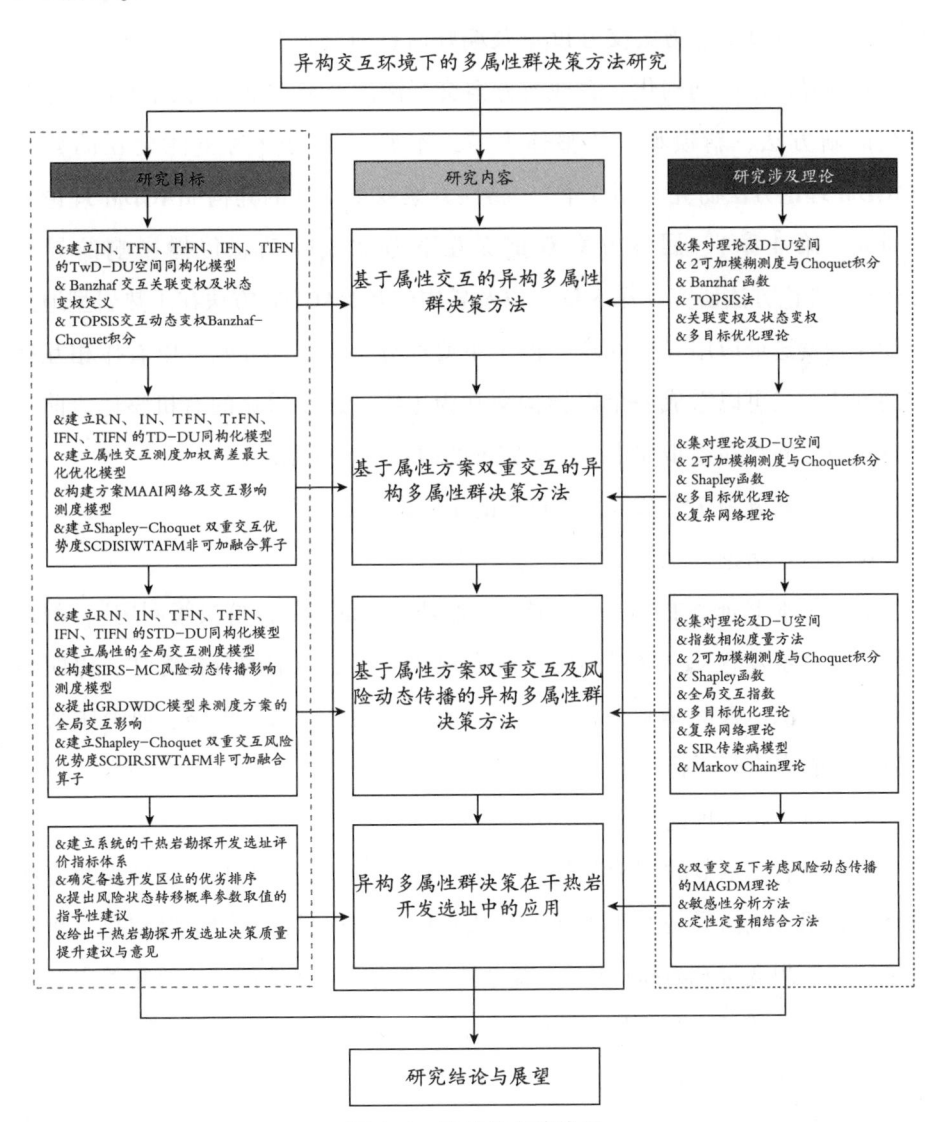

研究结论与展望

图 1-1 研究技术路线图

1.5 研究内容

本书针对异构交互环境下的多属性群决策问题，研究了异构偏好的同构化、属性交互度量、方案交互度量及偏好信息的交互非可加融合问题，提出了一系列异构偏好同构化、属性或方案交互测度及交互非可加偏好信息融合集结的新方法、新模型。从整体上看，本研究可划分为属性交互的异构MAGDM理论方法研究（第3章）、属性方案双重交互的异构MAGDM理论方法研究（第4章）、属性方案双重交互下考虑风险动态传播影响的异构MAGDM理论方法研究（第5章）以及异构交互MAGDM方法在干热岩型地热能勘探开发选址应用（第6章）四个主要部分。四个部分既可以看作相互独立的方法，又可以看成一个以异构交互为主线，逐步深化的有机整体。前三部分章节之间存在逐步细化、科学完善的内在逻辑关系。

本研究共分为7个章节，各章节的主要内容如下：

第1章：绪论。

提出了本书研究主体——"异构交互环境下的多属性群决策问题"，阐述了研究的背景及意义，并对国内外研究现状进行了详细的分析综述，以明晰现有研究局限。在此基础上，进一步对研究目的、方法、思路、研究主要内容以及创新点进行了概述。

第2章：相关理论与方法。

本章是后续章节的理论基础，主要对与本书研究相关的一些理论及方法进行了介绍。包括异构交互多属性群决策问题的描述，异构偏好信息、集对理论、模糊测度与Choquet积分、复杂网络理论及动态传播理论等相关内容。

第3章：基于属性交互的异构多属性群决策方法。

针对属性交互及异构偏好信息下的多属性群决策问题，提出了一种新的方法。首先，基于集对理论定义了异构偏好信息的二维确定-不确定（TwD-DU）空间映射法则，提出了一种使诸如三角直觉模糊数、直觉模糊数、三角模糊数、梯形模糊数及区间数等多型异构信息在空间中得以同构化的方法。

其次，考虑属性间的复杂交互及交互非可加偏好信息集结的补偿性问题，构造了 2 可加模糊测度下的广义 Banzhaf 交互动态变权及交互状态变权。然后，为客观确定交互属性重要程度，建立了基于 2 可加模糊测度的广义 Banzhaf-Choquet 逼近理想解优化模型，在此基础上融合交互非可加偏好信息实现备选方案的排序优选。最后，通过算例展示了提议方法的流程步骤及其解决属性交互与异构环境下多属性群决策问题的可行性及有效性。

第 4 章：基于属性方案双重交互的异构多属性群决策方法。

针对属性及备选方案双重交互下的异构 MAGDM 问题，提出了一种双重交互下的异构 MAGDM 新方法。考虑到 TwD-DU 空间映射没有考虑集对间的确定对立性，本章进一步定义了异构偏好的三维确定-不确定（TD-DU）空间同构化方法。此外，实际的 MAGDM 问题中，不仅属性之间存在着复杂交互关系，备选方案之间同样可能存在复杂交互关系。因此，本章同时考虑属性及备选方案双重交互影响建立了决策模型。首先，构建了属性交互测度非线性优化模型。在此基础上，提出了方案的多属性复杂交互网络构建规则，建立了多属性备选方案交互（multi-attribute alternative interaction，MAAI）网络，并基于此构建了全局视角下的方案交互影响度量模型。其次，提出了一种 Shapley-Choquet 双重交互优势度算子来融合交互非可加偏好信息，克服了已有融合方法绝对优势假设的不足，同时也简化了交互非可加偏好信息融合过程的复杂性。最后，通过算例及对比分析验证了提议方法的可行性及有效性。

第 5 章：基于属性方案双重交互及风险动态传播的异构多属性群决策方法。

首先，提出了基于相似三维确定-不确定（STD-DU）空间异构偏好映射新方法，构建了异构偏好的 STD-DU 同构化模型。相比于 TD-DU 及其他同构化方法来说，STD-DU 不仅具有 TD-DU 诸如避免信息损失或扭曲、同构化结果数据形式简单直观等特点，而且相对来说计算更为简化。其次，为了避免决策风险对决策结果的不利影响，建立了 SIRS-MC 改进模型来度量决策风险在 MAAI 网络的动态传播影响，并进一步在风险影响视域下构建了方案复杂交互影响测度模型来确定复杂交互情形下各方案的重要性或优势度。在上述工作的基础上，提出了一种新的 Shapley-Choquet 双重交互风险优势度积分来融合交互非可加偏好信息。所提融合方法不仅是已有诸多交互非可加融合方法的更一般化形式，具有它们的优良特点，而且克服了已有方法无风险或绝对优势的假设，具有更高的融合精度及更为简洁的交互非可加信息融合过程。最后，通过算例及对比分析验证了提议方法的可行性、有效性及优越性。

第 6 章：异构交互多属性群决策在干热岩勘探开发选址中的应用。

首先，论述了干热岩型地热能勘探开发选址的背景及重要意义，从可持续性的角度建立了系统的干热岩型地热能勘探开发选址评价指标体系。其次，在分析该选址决策问题特征的基础上，应用所构建的基于属性方案双重交互及决策风险动态传播的异构多属性群决策方法有效地解决了这一实际问题，并给出了一些切实能提升干热岩型地热能勘探开发区选址决策质量的意见与建议。本章实践研究在反映提议方法的有效性及实践应用能力的同时，也为干热岩能源开发企业提供了一种切实可行的决策方法及决策模式。

第 7 章：结论与展望。

对本书进行了全面的总结，阐述了研究结论并对未来的研究方向进行了规划与展望。

1.6 主要创新点

本书研究内容运用了模糊数学、集对理论、群决策技术、不确定性理论、最优化理论、SIRS 模型、复杂网络理论、马尔可夫链等理论方法，同时理论联系实践，定性与定量结合，采用了案例分析及比较分析等研究手段，充分体现了多学科、多理论的交叉融合集成，产生了一些创新成果。本书的主要创新点概括如下：

（1）构建了基于属性交互的异构多属性群决策方法，弥补了当前缺乏能同时有效处理属性交互及异构环境下 MAGDM 方法的不足。提议的基于属性交互的异构 MAGDM 方法不仅兼具异构 MAGDM 方法及交互 MAGDM 方法的优良特性，而且创新了现有异构或交互 MAGDM 方法的研究。在所提方法中，提出了一种异构偏好的 TwD-DU 空间同构化方法。与已有同构化方法相比，提议的 TwD-DU 空间方法考虑了异构偏好的系统不确定性，有效地避免了同构化过程中信息的损失或扭曲；提出了一种基于 TOPSIS 的交互动态变权 Banzhaf-Choquet 融合算子来融合交互非可加偏好信息，其主要创新点在于克服了交互非可加偏好信息融合的补偿性问题，在提供更准确的融合结果的同时，简化了交互非可加信息融合的复杂性。此外，模型中提议的交互动态变权方法还突破了交互条件下动态权重的技术壁垒，实现了从静态到动态的突破。

(2) 构建了基于属性方案双重交互的异构多属性群决策方法。所提决策方法不仅考虑了 MAGDM 的属性交互及异构特征，而且还考虑了方案之间的交互作用，克服了当前 MAGDM 方法均基于方案绝对独立假设的不足。综合来看，所提的属性方案双重交互异构 MAGDM 方法摒弃了现有 MAGDM 方法诸如属性独立、方案独立、单一偏好等诸多假设条件建立模型，更符合实际。首先，所提 MAGDM 方法中提议的 TD-DU 异构偏好同构化新方法不仅相比于 TwD-DU 方法具有更强信息处理能力及更高精度，而且相比于已有的同构化方法来说，能有效避免信息的损失或扭曲，提供较高质量的同构化结果，且同构化后的数据形式简单直观，极大地简化了 MAGDM 方法的复杂性。其次，提议 MAGDM 方法构建了 MAAI 网络及方案交互影响度量模型。最后，模型中提出的 2 可加模糊测度下的 Shapley-Choquet 双重交互优势度积分弥补了现有交互非可加融合方法忽略方案交互的不足，简化了交互非可加偏好信息融合过程的复杂性，提高了融合结果的准确性及可靠性。

(3) 构建了基于属性方案双重交互及风险动态传播的异构多属性群决策方法。提议决策方法不仅具有所提属性方案双重交互异构 MAGDM 方法的优良特性，而且还充分考虑了决策风险的动态传播影响，因而具有更强的实践应用价值。模型中提议的 STD-DU 空间异构偏好同构化方法具有类似 TD-DU 方法诸如避免信息损失或扭曲、同构化数据形式简单、直观等特点，而且相对来说计算更为简洁、同构化质量更高；此外，提议 MAGDM 模型建立了改进的 SIRS-MC 模型来度量决策风险的动态影响，克服了现有研究无风险或风险静态假设以及难准确量化风险影响的不足；同时，所提 MAGDM 模型建立的 Shapley-Choquet 双重交互风险优势度积分不仅是已有诸多交互非可加融合方法的更一般化形式，具有它们的优良特点，而且还具有更高的融合精度及更为简洁的非可加融合过程。

（4）从可持续性视角建立了系统的干热岩型地热能勘探开发选址评价指标体系并提出了有效的选址模型。这无论从学术视角还是从实践视角来说均具有较为重要意义。从学术角度来看，目前干热岩资源开发利用处于起步阶段，尚无干热岩型地热能勘探开发选址方面的研究，也不存在较为系统全面的评价体系，而本书的研究成果弥补了这一学术空白，能为后续的研究提供参考。从实践角度来看，本书的研究成果可以有效地指导实践，降低勘探开发成本，节约开发时间。

第 2 章　相关理论与方法

本章将对研究过程中涉及的一些主要的理论、方法进行介绍。它们作为本研究后续开展的基础，主要包括异构交互多属性群决策问题描述、异构偏好信息、集对理论、模糊测度与 Choquet 积分、复杂网络理论以及动态传播理论等相关知识。

2.1　异构交互多属性群决策问题描述

多属性群体决策（MAGDM）主要解决如何在多个相冲突或不可公度的属性下对多个备选方案进行合理排序，进而做出最优决策。现实世界中诸多的决策问题均可以抽象为 MAGDM 问题，因此其在经济、管理、军事等众多领域存在着广泛的应用。

异构交互多属性群决策是在多属性群决策的基础上发展起来的，相对来说更贴合实际决策情形。其中，"异构"主要指决策信息的多元性，即存在多种不同类型的决策数据。其一，从评价属性来说，由于现实的 MAGDM 问题中通常存在着大量的定性及定量评价属性，不同的评价属性具有不同的现实意义及量纲。因此，评价属性之间本身的异构性就决定了很难仅用某一种类型的数据形式准确地表述所有属性的属性值。换句话来说，不同的属性可能适合描述其属性值的数据类型是不同的。其二，从决策者角度来说，由于参与决策的决策者们来源于不同的领域，且具有教育程度、教育背景、经历、喜好及认知能力等方面的差异。因此，对于决策者来说，他们很难仅用某一种单一类型的数据形式准确地表达自己对所有属性的评价。

"交互"主要指属性之间或备选方案之间可能存在的复杂关联关系。在现实 MAGDM 问题中，几乎难以找出评价属性之间或者备选方案之间完全独立的决策问题。不管是评价属性之间还是备选方案之间，通常存在着复杂的交互关联关系。传统的 MAGDM 问题中属性及备选方案的独立性假设仅是现实决策情形的一种简化表示，并不符合现实 MAGDM 问题的实质。

综上分析，本书研究的异构交互多属性群决策问题可表示为：备选方案集为 $A = \{A_1, A_2, \cdots, A_m\}$；属性集为 $C = \{C_1, C_2, \cdots, C_n\}$；决策者集合为 $D = \{D_1, D_2, \cdots, D_p\}$；决策者的权重集合为 $w = \{w_{D_1}, w_{D_2}, \cdots, w_{D_p}\}$，并且存在 $0 \leq w_{D_k} \in w \leq 1$，$\sum_{k=1}^{p} w_{D_k} = 1$。由于处于异构环境，决策者可以对不同的属性赋予不同数据类型的评价信息，因此可以依据属性的偏好信息类型将属性集进一步划分为若干子集：$\hat{C}_1 = \{C_1, C_2, \cdots, C_{j_1}\}$，$\hat{C}_2 = \{C_{j_1+1}, C_{j_1+2}, \cdots, C_{j_2}\}$，$\cdots$，$\hat{C}_h = \{C_{j_l}, C_{j_l+1}, \cdots, C_n\}$。其中，子集 $\hat{C}_h$ 的数量由具体的 MAGDM 问题而定，但存在约束关系 $1 \leq j_1 \leq j_2 \leq n$，$\hat{C}_t \cap \hat{C}_l = \emptyset (t, l = 1, 2, \cdots, h; t \neq l)$，$\hat{C}_1 \cup \hat{C}_2 \cup \cdots \cup \hat{C}_h = C$。决策者 D_k 给出的备选方案在各属性下的偏好信息构成的异构决策矩阵可表示为：

$$r^k = [r_{ij}^k]_{m \times n} = \begin{array}{c} \\ A_1 \\ A_2 \\ \vdots \\ A_m \end{array} \begin{array}{c} c_1 \cdots c_{j_1} \quad c_{j_1+1} \cdots c_{j_2} \cdots \cdots c_{j_l} \cdots c_n \\ \begin{bmatrix} r_{11}^k & \cdots & r_{1j_1}^k & r_{1j_1+1}^k & \cdots & r_{1j_2}^k & \cdots \cdots & r_{1j_l}^k & \cdots & r_{1n}^k \\ r_{21}^k & \cdots & r_{2j_1}^k & r_{2j_1+1}^k & \cdots & r_{2j_2}^k & \cdots \cdots & r_{2j_l}^k & \cdots & r_{2n}^k \\ \vdots & & \vdots & \vdots & & \vdots & \cdots \cdots & \vdots & & \vdots \\ r_{m1}^k & \cdots & r_{mj_1}^k & r_{mj_1+1}^k & \cdots & r_{mj_2}^k & \cdots \cdots & r_{mj_l}^k & \cdots & r_{mn}^k \end{bmatrix} \\ \underbrace{\qquad\qquad}_{\hat{C}_1} \underbrace{\qquad\qquad}_{\hat{C}_2} \underbrace{\qquad\qquad}_{\hat{C}_h} \end{array} \quad (2-1)$$

其中，r_{ij}^k 表示决策者 D_k 给出的备选方案 A_i 在属性 C_j 下的偏好评价信息。该偏好信息可以是诸如实数、区间数、模糊数、直觉模糊数等数据类型。同一子集 $\hat{C}_t$ 下的属性偏好信息类型相同，不同的子集偏好信息类型不同。此外，属性之间或备选方案之间存在着复杂交互关系。

2.2 异构偏好信息

在多属性群决策中，异构偏好信息是指决策者提供的偏好信息中至少包含两种以上不同数据类型的信息，其是对不同数据类型偏好信息的统称。常见的偏好信息类型有精确数、区间数、模糊数或直觉模糊数等。现有研究存在不同数据类型组合的异构多属性群决策方法。然而，考虑到多属性群决策模型应具有易掌握使用、普适性、实践性、可模块化编程等特性，本研究选择了精确数、区间数、三角模糊数、梯形模糊数、直觉模糊数、三角直觉模糊数中广泛应用的数据类型进行异构交互环境下的多属性群决策方法研究。精确数即实数类型数据信息，一般在决策过程中要求为非负实数。其他各类偏好信息表述如下。

2.2.1 区间数

定义 2.1[152] 设 a^L，$a^U \in R$ 为任意的非负实数，若存在 $a^L \leqslant a^U$ 成立，则闭区间 $\bar{a} = [a^L, a^U]$ 为一个区间数（interval number，IN），其中 a^L 为区间数 $\bar{a}$ 的下界，a^U 为区间数 $\bar{a}$ 的上界。若 $a^L = a^U$，则区间数 $\bar{a}$ 退化为一个实数。换句话说，对任意正实数 a，其也可以表示成一个区间数 $[a, a]$。

定义 2.2[153] 对于任意的两个区间数 $\bar{a} = [a^L, a^U]$，$\bar{b} = [b^L, b^U]$，则运算法则为：

(1) $\bar{a} + \bar{b} = [a^L + b^L, a^U + b^U]$；

(2) $\bar{a} - \bar{b} = [a^L - b^L, a^U - b^U]$；

(3) $\bar{a} \times \bar{b} = [a^L \times b^L, a^U \times b^U]$；

(4) $\bar{a} \div \bar{b} = \left[\dfrac{a^L}{b^U}, \dfrac{a^U}{b^L}\right]$，$b^L, b^U \neq 0$；

(5) $k\bar{a} = [ka^L, ka^U]$，$k \geqslant 0$。

定义 2.3[153] 对于任意的两个区间数 $\bar{a} = [a^L, a^U]$，$\bar{b} = [b^L, b^U]$，它们之间的 Hamming 距离测度为：

$$d_{\text{IN}}(\bar{a}, \bar{b}) = \frac{1}{2}(|a^L - b^L| + |a^U - b^U|) \tag{2-2}$$

2.2.2 三角模糊数

定义 2.4[154] 模糊数 $\tilde{a} = (a_1, a_2, a_3)$ 称为一个三角模糊数（triangular fuzzy number, TFN），其中 a_1 和 a_3 分别为三角模糊数的上限与下限，并且满足条件 $0 \leq a_1 \leq a_2 \leq a_3 \leq 1$。当 $a_1 = a_2 = a_3$ 时，三角模糊数 $\tilde{a}$ 退化为一个实数。三角模糊数 $\tilde{a}$ 隶属度函数表示为：

$$u_{\tilde{a}}(x) = \begin{cases} \dfrac{x - a_1}{a_2 - a_1}, & a_1 < x \leq a_2 \\ \dfrac{a_3 - x}{a_3 - a_2}, & a_2 \leq x < a_3 \\ 0, & \text{其他} \end{cases} \tag{2-3}$$

定义 2.5[155] 对于任意两个三角模糊数 $\tilde{a} = (a_1, a_2, a_3)$ 与 $\tilde{b} = (b_1, b_2, b_3)$，它们的运算法则为：

(1) $\tilde{a} + \tilde{b} = (a_1 + b_1, a_2 + b_2, a_3 + b_3)$；

(2) $\tilde{a} - \tilde{b} = (a_1 - b_1, a_2 - b_2, a_3 - b_3)$；

(3) $\tilde{a} \times \tilde{b} = (a_1 \times b_1, a_2 \times b_2, a_3 \times b_3)$；

(4) $\tilde{a} \div \tilde{b} = \left[\dfrac{a_1}{b_3}, \dfrac{a_2}{b_2}, \dfrac{a_3}{b_1}\right]$，满足条件 $b_1, b_2, b_3 \neq 0$；

(5) $k\tilde{a} = (ka_1, ka_2, ka_3)$，$k \geq 0$。

定义 2.6[155] 对于任意的两个三角模糊数 $\tilde{a} = (a_1, a_2, a_3)$，$\tilde{b} = (b_1, b_2, b_3)$，它们之间的 Hamming 距离测度为：

$$d_{\text{TFN}}(\tilde{a}, \tilde{b}) = \frac{1}{3}(|a_1 - b_1| + |a_2 - b_2| + |a_3 - b_3|) \tag{2-4}$$

2.2.3 梯形模糊数

定义 2.7[156]　模糊数 $\tilde{a}=(a_1,a_2,a_3,a_4)$ 称为一个梯形模糊数（trapezoidal fuzzy number，TrFN），其中 a_1 和 a_4 分别为梯形模糊数的上限与下限，并且满足条件 $0\leqslant a_1\leqslant a_2\leqslant a_3\leqslant a_4\leqslant 1$。梯形模糊数的隶属函数可以表示为：

$$u_{\tilde{a}}(x)=\begin{cases}\dfrac{x-a_1}{a_2-a_1}, & a_1<x<a_2\\ 1, & a_2\leqslant x\leqslant a_3\\ \dfrac{a_4-x}{a_4-a_3}, & a_3<x<a_4\\ 0, & 其他\end{cases} \quad (2-5)$$

特别地，当 $a_1=a_2=a_3=a_4$ 时，梯形模糊数 $\tilde{a}$ 退化为一个实数。当 $a_2=a_3$ 时，$\tilde{a}$ 退化为一个三角模糊数。

定义 2.8[157]　对于任意两个梯形模糊数 $\tilde{a}=(a_1,a_2,a_3,a_4)$ 与 $\tilde{b}=(b_1,b_2,b_3,b_4)$，它们的运算法则为：

(1) $\tilde{a}+\tilde{b}=(a_1+b_1,a_2+b_2,a_3+b_3,a_4+b_4)$；

(2) $\tilde{a}-\tilde{b}=(a_1-b_1,a_2-b_2,a_3-b_3,a_4-b_4)$；

(3) $\tilde{a}\times\tilde{b}=(a_1\times b_1,a_2\times b_2,a_3\times b_3,a_4\times b_4)$；

(4) $\tilde{a}\div\tilde{b}=\left[\dfrac{a_1}{b_4},\dfrac{a_2}{b_3},\dfrac{a_3}{b_2},\dfrac{a_4}{b_1}\right]$，满足条件 $b_1,b_2,b_3,b_4\neq 0$；

(5) $k\tilde{a}=(ka_1,ka_2,ka_3,ka_4)$，$k\geqslant 0$。

定义 2.9[158]　对于任意的两个梯形模糊数 $\tilde{a}=(a_1,a_2,a_3,a_4)$，$\tilde{b}=(b_1,b_2,b_3,b_4)$，它们之间的 Hamming 距离测度为：

$$d_{\text{TrFN}}(\tilde{a},\tilde{b})=\dfrac{1}{4}(|a_1-b_1|+|a_2-b_2|+|a_3-b_3|+|a_4-b_4|) \quad (2-6)$$

2.2.4 直觉模糊数

由于区间数、三角模糊数或梯形模糊数仅反映了偏好的隶属程度，进而无法完全地刻画决策者在复杂现实决策过程中的真实偏好，易造成决策信息的损失或扭曲。因此，保加利亚学者 Atanassov[159] 在传统模糊理论的基础上，提出了能同时反映隶属度、非隶属度以及犹豫不确定性程度的直觉模糊集。具体定义如下：

定义 2.10[159]　设 λ 为一个非空集合，称 $\hbar = \{<x, u_\lambda(x), v_\lambda(x)> | x \in \lambda\}$ 是 λ 上的一个直觉模糊集。其中，$0 \leq u_\lambda(x) \leq 1$ 表示 λ 中元素 x 隶属于 $\hbar$ 的程度，$0 \leq v_\lambda(x) \leq 1$ 表示 λ 中元素 x 非隶属于 $\hbar$ 的程度，同时满足条件 $0 \leq u_\lambda(x) + v_\lambda(x) \leq 1$，$x \in \lambda$。

此外，$\pi_\lambda(x) = 1 - u_\lambda(x) - v_\lambda(x)$，$x \in \lambda$ 为 x 隶属于 $\hbar$ 的犹豫不确定性程度。如果 $\pi_\lambda(x) = 0$，则直觉模糊集退化为经典的模糊集。为了方便表示，在实际决策过程中通常使用简化表达 $\breve{\hbar} = \langle u_\lambda, v_\lambda \rangle$，即直觉模糊数（intuitionistic fuzzy number, IFN）[160-161]。

定义 2.11[162]　设 $\tilde{\tilde{a}} = (u_{\tilde{\tilde{a}}}, v_{\tilde{\tilde{a}}})$，$\tilde{\tilde{b}} = (u_{\tilde{\tilde{b}}}, v_{\tilde{\tilde{b}}})$ 为任意两个直觉模糊数，则它们之间的运算法则可表示为：

(1) $\tilde{\tilde{a}} + \tilde{\tilde{b}} = (u_{\tilde{\tilde{a}}} + u_{\tilde{\tilde{b}}} - u_{\tilde{\tilde{a}}} \times u_{\tilde{\tilde{b}}}, v_{\tilde{\tilde{a}}} \times v_{\tilde{\tilde{b}}})$；

(2) $\tilde{\tilde{a}} \times \tilde{\tilde{b}} = (u_{\tilde{\tilde{a}}} \times u_{\tilde{\tilde{b}}}, v_{\tilde{\tilde{a}}} + v_{\tilde{\tilde{b}}} - v_{\tilde{\tilde{a}}} \times v_{\tilde{\tilde{b}}})$；

(3) $k\tilde{\tilde{a}} = (1 - (1 - u_{\tilde{\tilde{a}}})^k, v_{\tilde{\tilde{a}}}^k)$；

(4) $\tilde{\tilde{a}}^k = (u_{\tilde{\tilde{a}}}^k, 1 - (1 - v_{\tilde{\tilde{a}}})^k)$。

定义 2.12[163]　对任意直觉模糊数 $\tilde{\tilde{a}} = (u_{\tilde{\tilde{a}}}, v_{\tilde{\tilde{a}}})$ 与 $\tilde{\tilde{b}} = (u_{\tilde{\tilde{b}}}, v_{\tilde{\tilde{b}}})$，它们之间的 Hamming 距离为：

$$d_{\text{IFN}}(\tilde{\tilde{a}}, \tilde{\tilde{b}}) = \frac{1}{2}(|u_{\tilde{\tilde{a}}} - u_{\tilde{\tilde{b}}}| + |v_{\tilde{\tilde{a}}} - v_{\tilde{\tilde{b}}}| + |\pi_{\tilde{\tilde{a}}} - \pi_{\tilde{\tilde{b}}}|) \qquad (2-7)$$

2.2.5 三角直觉模糊数

三角直觉模糊数（triangular intuitionistic fuzzy number，TIFN）是一种特殊的直觉模糊数，其同属于直觉模糊数族。相比于直觉模糊数来说，其采用三角模糊数而不是实数来表示隶属度或非隶属度，因此其较直觉模糊数来说，更适合决策者在复杂模糊不确定环境下表达他们的偏好评价，进而减少所提供偏好信息的模糊不确定性，提高决策质量。三角直觉模糊数具体定义如下：

定义 2.13[164] 令 $\hat{a}=([\underline{a}, a, \bar{a}]; u_{\hat{a}}, v_{\hat{a}})$ 是实数集 R 上的一个三角直觉模糊数，则其隶属函数 $u_{\hat{a}}(x)$ 与非隶属函数 $v_{\hat{a}}(x)$（图 2-1）分别表示为：

$$u_{\hat{a}}(x) = \begin{cases} \dfrac{x-\underline{a}}{a-\underline{a}} u_{\hat{a}}, & \underline{a} < x < a \\ u_{\hat{a}}, & x = a \\ \dfrac{\bar{a}-x}{\bar{a}-a} u_{\hat{a}}, & a < x < \bar{a} \\ 0, & x \leqslant \underline{a} \text{ 或 } x \geqslant \bar{a} \end{cases} \tag{2-8}$$

$$v_{\hat{a}}(x) = \begin{cases} \dfrac{a-x+(x-\underline{a})v_{\hat{a}}}{a-\underline{a}}, & \underline{a} \leqslant x < a \\ v_{\hat{a}}, & x = a \\ \dfrac{x-a+(\bar{a}-x)v_{\hat{a}}}{\bar{a}-a}, & a < x \leqslant \bar{a} \\ 0, & x < \underline{a} \text{ 或 } x > \bar{a} \end{cases} \tag{2-9}$$

其中，$u_{\hat{a}}$ 与 $v_{\hat{a}}$ 分别表示 x 隶属于 $\hat{a}$ 的最大隶属度与最小非隶属度。两者满足条件：$0 \leqslant u_{\hat{a}} \leqslant 1$，$0 \leqslant v_{\hat{a}} \leqslant 1$，$u_{\hat{a}} + v_{\hat{a}} \leqslant 1$。同理，$\pi_{\hat{a}}(x) = 1 - u_{\hat{a}} - v_{\hat{a}}$ 表示 x 隶属于 $\hat{a}$ 的犹豫不确定性程度。TIFN 图形化表示如图 2-1 所示。

定义 2.14[165] 令 $\hat{a}=([\underline{a}, a, \bar{a}]; u_{\hat{a}}, v_{\hat{a}})$，$\hat{b}=([\underline{b}, b, \bar{b}]; u_{\hat{b}}, v_{\hat{b}})$ 为任意两个三角直觉模糊数，则它们的运算法则为：

(1) $\hat{a} + \hat{b} = ([\underline{a}+\underline{b}, a+b, \bar{a}+\bar{b}]; u_{\hat{a}} \wedge u_{\hat{b}}, v_{\hat{a}} \vee v_{\hat{b}})$；

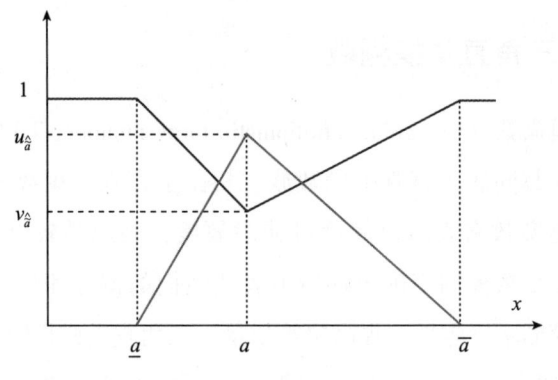

图 2-1 三角直觉模糊

(2) $\hat{a} \times \hat{b} = ([\underline{ab}, ab, \overline{ab}]; u_{\hat{a}} \wedge u_{\hat{b}}, v_{\hat{a}} \vee v_{\hat{b}}))$；

(3) $k\hat{a} = ([k\underline{a}, ka, k\overline{a}]; u_{\hat{a}}, v_{\hat{a}})$；

(4) $\hat{a}^k = ([\underline{a}^k, a^k, \overline{a}^k]; u_{\hat{a}}, v_{\hat{a}})$。

其中，符号"∧"与"∨"分别表示取最小及最大运算。

定义 2.15[166]　对任意三角直觉模糊数 $\hat{a} = ([\underline{a}, a, \overline{a}]; u_{\hat{a}}, v_{\hat{a}})$ 与 $\hat{b} = ([\underline{b}, b, \overline{b}]; u_{\hat{b}}, v_{\hat{b}})$，两者间的 Hamming 距离定义为：

$$d_{\text{TIFN}}(\hat{a}, \hat{b}) = \frac{1}{6} \left\{ \begin{array}{l} |(1 + u_{\hat{a}} - v_{\hat{a}})\underline{a} - (1 + u_{\hat{b}} - v_{\hat{b}})\underline{b}| \\ + |(1 + u_{\hat{a}} - v_{\hat{a}})a - (1 + u_{\hat{b}} - v_{\hat{b}})b| \\ + |(1 + u_{\hat{a}} - v_{\hat{a}})\overline{a} - (1 + u_{\hat{b}} - v_{\hat{b}})\overline{b}| \end{array} \right\} \quad (2-10)$$

2.2.6　异构偏好规范化处理

在异构交互环境下的多属性群决策问题中，各属性度量量纲或量级可能存在着较大差异。为了消除度量量纲差异对决策结果的负面影响，需对异构偏好进行规范化处理，即将各属性的度量量纲统一到同一度量范围内（如 0~1 之间）。目前偏好信息的规范化方法主要有极差变化法、线性变化法及极值变换法等[17]，各类方法都能有效地解决属性间量纲差异问题。结合异构交互多属性群决策问题的实际以及方法应用的简便性及有效性，本书采用极值变换法规范化异构偏好信息。同时，为提高偏好信息规范化的针对性及准确性，可进一步将属性分为属性偏好值越大越好的效益型属性（benefit attribute，Be）以及属性偏好值越小越好的成本型属性（cost attribute，Co）。由于直觉模糊数本身就定义在[0，1]区间上，因此无须进行规范化处理。其他类型异构偏好信息规范化方法具体如下[167-169]：

（1）精确数规范化方法

若决策者给出备选方案A_i在属性C_j下的原始偏好值为r_{ij}，规范化后的值为x_{ij}，则：

$$x_{ij} = \begin{cases} \dfrac{r_{ij}}{\max\limits_i r_{ij}}, & C_j \in Be \\ 1 - \dfrac{r_{ij}}{\max\limits_i r_{ij}}, & C_j \in Co \end{cases} \quad (2\text{-}11)$$

（2）区间数规范化方法

若决策者给出备选方案A_i在属性C_j下的原始偏好值为$\bar{r}_{ij} = [r_{ij}^L, r_{ij}^U]$，规范化的值为$\bar{x}_{ij} = [x_{ij}^L, x_{ij}^U]$，则：

$$\bar{x}_{ij} = \begin{cases} \left[\dfrac{r_{ij}^L}{\max\limits_i r_{ij}^U}, \dfrac{r_{ij}^U}{\max\limits_i r_{ij}^U}\right], & C_j \in Be \\ \left[1 - \dfrac{r_{ij}^U}{\max\limits_i r_{ij}^U}, 1 - \dfrac{r_{ij}^L}{\max\limits_i r_{ij}^U}\right], & C_j \in Co \end{cases} \quad (2\text{-}12)$$

（3）三角模糊数规范化方法

若决策者给出备选方案A_i在属性C_j下的原始偏好值为$\tilde{r}_{ij} = (r_{ij}^1, r_{ij}^2, r_{ij}^3)$，规范化的偏好值为$\tilde{x}_{ij} = (x_{ij}^1, x_{ij}^2, x_{ij}^3)$，则：

$$\tilde{x}_{ij} = \begin{cases} \left[\dfrac{r_{ij}^1}{\max\limits_i r_{ij}^3}, \dfrac{r_{ij}^2}{\max\limits_i r_{ij}^3}, \dfrac{r_{ij}^3}{\max\limits_i r_{ij}^3}\right], & C_j \in Be \\ \left[1 - \dfrac{r_{ij}^3}{\max\limits_i r_{ij}^3}, 1 - \dfrac{r_{ij}^2}{\max\limits_i r_{ij}^3}, 1 - \dfrac{r_{ij}^1}{\max\limits_i r_{ij}^3}\right], & C_j \in Co \end{cases} \quad (2\text{-}13)$$

（4）梯形模糊数规范化方法

若决策者给出备选方案A_i在属性C_j下的原始偏好值为$\tilde{r}_{ij} = (r_{ij}^1, r_{ij}^2, r_{ij}^3,$

r_{ij}^4)，规范化的偏好值为 $\tilde{x}_{ij} = (x_{ij}^1, x_{ij}^2, x_{ij}^3, x_{ij}^4)$，则：

$$\tilde{x}_{ij} = \begin{cases} \left[\dfrac{r_{ij}^1}{\max\limits_i r_{ij}^4}, \dfrac{r_{ij}^2}{\max\limits_i r_{ij}^4}, \dfrac{r_{ij}^3}{\max\limits_i r_{ij}^4}, \dfrac{r_{ij}^4}{\max\limits_i r_{ij}^4}\right], & C_j \in Be \\ \left[1 - \dfrac{r_{ij}^4}{\max\limits_i r_{ij}^4}, 1 - \dfrac{r_{ij}^3}{\max\limits_i r_{ij}^4}, 1 - \dfrac{r_{ij}^2}{\max\limits_i r_{ij}^4}, 1 - \dfrac{r_{ij}^1}{\max\limits_i r_{ij}^4}\right], & C_j \in Co \end{cases}$$

(2-14)

（5）三角直觉模糊数规范化方法

若决策者给出备选方案 A_i 在属性 C_j 下的原始偏好值为 $\hat{r}_{ij} = ([\underline{r}_{ij}, r_{ij}, \overline{r}_{ij}]; u_{ij}, v_{ij})$，规范化的偏好值为 $\hat{x}_{ij} = ([\underline{x}_{ij}, x_{ij}, \overline{x}_{ij}]; u_{ij}, v_{ij})$，则：

$$\hat{r}_{ij} = \begin{cases} \left(\left[\dfrac{\underline{r}_{ij}}{\max\limits_i \overline{r}_{ij}}, \dfrac{r_{ij}}{\max\limits_i \overline{r}_{ij}}, \dfrac{\overline{r}_{ij}}{\max\limits_i \overline{r}_{ij}}\right]; u_{ij}, v_{ij}\right), & C_j \in Be \\ \left(\left[1 - \dfrac{\overline{r}_{ij}}{\max\limits_i \overline{r}_{ij}}, 1 - \dfrac{r_{ij}}{\max\limits_i \overline{r}_{ij}}, 1 - \dfrac{\underline{r}_{ij}}{\max\limits_i \overline{r}_{ij}}\right]; u_{ij}, v_{ij}\right), & C_j \in Co \end{cases}$$

(2-15)

2.3 集对理论及 D-U 空间

集对分析（set pair analysis，SPA）是 1989 年由国内学者赵克勤提出的一种全新的不确定性理论[170]。不同于模糊理论、粗糙理论及概率理论等其他不确定性理论，它通过从同一性、差异不确定性以及对立性三个方面分析目标中确定性和不确定性的关系，并将确定性和不确定性视为一个完整的确定–不确定系统。基于这种独特的方式，SPA 可以通过联系度（connection degree，CD）定量地描述与刻画由于随机模糊及信息残缺等原因造成信息中包含诸如模糊不确定性、随机不确定性、灰色不确定性等各种类型的不确定性（即系统不确定性），因而得到了广泛的应用[171-175]。联系度的数理表达如下：

$$\theta_H = \frac{R}{Q} + \frac{F}{Q}\tau + \frac{P}{Q}\varepsilon \quad (2-16)$$

其中，H 表示任意两个集合所组成的集对；Q 表示集合对 H 的特征总数；R 表示集对 H 中两个集合之间相同的特征数；P 表示集对 H 中两集合之间相互对立的特征数；F 表示集对 H 中两个集合之间不相同也不对立的特征数，存在关系 $F = Q - R - P$；$\dfrac{R}{Q}$，$\dfrac{F}{Q}$，$\dfrac{P}{Q}$ 分别表示集对 H 中两集合的同一程度、差异程度（即不确定程度）以及对立程度；τ 为差异不确定程度系数，一般取值范围为 $[-1, 1]$；ε 为对立程度系数，一般取 $\varepsilon = -1$；若令 $a = \dfrac{R}{Q}$, $b = \dfrac{F}{Q}$, $c = \dfrac{P}{Q}$，则 θ_H 可简化表示为：

$$\theta_H = a + b\tau + c\varepsilon \tag{2-17}$$

定义 2.16[170]　D-U 空间即确定-不确定空间，是集对理论定义的一种映射空间。D-U 空间强调了对不确定性的刻画，即在由 n 个坐标轴所组成的 n 维 D-U 空间中用于描述不确定性的坐标数必须大于等于 1。常见的有二维及三维 D-U 空间。若集对 ρ 映射到二维 D-U 空间的同一性用 X 轴表示，差异不确定性用 Y 轴表示，则由 X-Y 坐标系构成的二维 D-U 空间表示如图 2-2 所示。

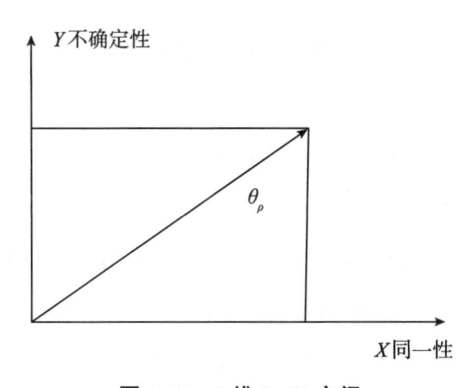

图 2-2　二维 D-U 空间

同理，若任意集对 ρ 映射到三维 D-U 空间的同一性用 X 轴表示，对立性用 Y 轴表示，差异不确定性用 Z 轴表示，则由 XYZ 坐标系构成变量 ρ 的三维 D-U 映射空间，其几何示意图如图 2-3 所示。

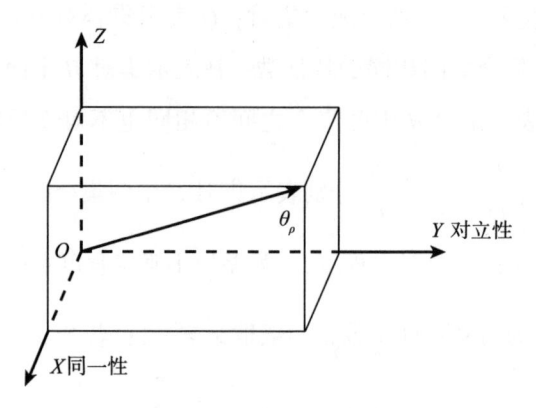

图 2-3 三维 D-U 空间

定义 2.17[176] 令 $\theta = \{\theta_1, \theta_2, \cdots, \theta_n\}$ 为一个 CD 集合。其中 $\theta_i = a_i + b_i\tau + c_i\varepsilon$，$\omega_i$ 为 θ_i 的权重向量，存在 $\sum_{i=1}^{n}\omega_i = 1$。那么 n 维 CD 加权算术（CD weighted arithmetic，CDWA）算子定义如下：

$$CDWA(\theta_1, \theta_2, \cdots, \theta_n) = \bigoplus_{i=1}^{n}\omega_i\theta_i = \sum_{i=1}^{n}\omega_i a_i + \sum_{i=1}^{n}\omega_i b_i\tau + \sum_{i=1}^{n}\omega_i c_i\varepsilon \tag{2-18}$$

2.4 模糊测度及 Choquet 积分

在实际的 MAGDM 问题中，属性间绝对独立假设经常被违背。而在属性交互情形下，属性信息常常是非可加的。因此，采用可加测度来确定交互属性权重和融合交互属性信息并不合理。此外，由于 MAGDM 问题的复杂性和独特性，实际决策过程中通常需要依赖决策者主观判断来获得所需的偏好信息，这不可避免使得偏好信息中具有主观性和模糊性，造成难以使用概率论或数理统计等方法来分析主观模糊的非可加偏好信息。为了解决属性交互情形下的决策建模，Sugeno 于 1974 年提出了非可加模糊测度来解决交互属性之间的权值求解问题，以更为科学合理地测定交互属性权重。基于模糊测度，Grabisch 在 1996 年进一步提出了 Choquet 模糊积分来融合交互属性信息。具体定义如下：

定义 2.18[121]　设评价属性集为 $C = \{C_1, C_2, \cdots, C_n\}$，$P(C)$ 为集合 C 上的幂集，则集合 C 上的模糊测度是一个集合函数 $\mu: P(C) \to [0, 1]$ 满足以下条件：

① $\mu(\varnothing) = 0, \mu(\varnothing) = 0, \mu(C) = 1$；

② $\forall B, D \subset P(C)$，$B \subseteq D$，有 $\mu(B) \leq \mu(D)$。

模糊测度 $\mu(B)$ 与 $\mu(D)$ 在多属性决策模型中通常表示属性 B、D 或属性集 B、D 在交互情形下的重要性，即权重。同时，通过 $\mu(B)$ 与 $\mu(D)$ 还可以确定 B、D 之间存在的交互关联关系。对于任意集合 B、$D \in P(C)$ 且 $B \cap D = \varnothing$，若 $\mu(B) + \mu(D) > \mu(B \cup D)$，则说明属性或属性集 B 与 D 之间存在冗余关系；若 $\mu(B) + \mu(D) = \mu(B \cup D)$，则说明属性或属性集 B 与 D 之间相互独立；若 $\mu(B) + \mu(D) < \mu(B \cup D)$，则说明属性或属性集 B 与 D 之间存在互补关系。

定义 2.19[132]　让 $x = \{x_1, x_2, \cdots, x_n\}$ 是任意备选方案在属性集 C 下的偏好值集合。那么，偏好值集合 x 关于模糊测度 μ 的离散 Choquet 积分定义为：

$$CHI(x) = \sum_{j=1}^{n} x_{(j)} [u(C_{(j)}) - u(C_{(j+1)})] \tag{2-19}$$

式中，$(\cdot)$ 表示 x 上的排列，存在 $x_{(1)} \leq x_{(2)} \leq \cdots \leq x_{(n)}$，$C_{(n+1)} = \varnothing$；$C_{(j)}$ 表示排列后第 j 个属性到第 n 个属性构的子集。

同时，通过定义可知，模糊测度是定义在幂集上的。对于存在 n 个属性的多属性群决策问题，需要确定 $2^n - 2$ 个模糊测度值。这使得模糊测度的求解极为复杂，进而限制了模糊测度及 Choquet 模糊积分的实践应用。目前，简化模糊测度求解计算的方法主要有 λ 模糊测度及 2 可加模糊测度。然而，λ 模糊测度只能测度属性间的一种交互关系，而 2 可加模糊测度可以同时反映属性间冗余、独立、互补三种交互关系。因此，为了在简化模糊测度计算复杂性的同时提高所建 MAGDM 方法的实践应用能力，本书采用 2 可加模糊测度进行决策建模。

定义 2.20[124] 设 μ 是定义于 C 上的模糊测度，$\mathcal{M}$ 是定义于 C 上的 Möbius 表达。$\forall K \subseteq C$、$T \subset K$，则 K 的 Möbius 表达为：$(K) = \sum_{T \subset K} (-1)^{|K \setminus T|} \mu(T)$，$\mu(K)$ 与 (K) 的转换式为：$\mu(K) = \sum_{T \subset K} (T)$。若 $\forall K \subseteq C$，$|K| > 2$ 时有 $(K) = 0$，当 $|K| = 2$ 时有 $(K) \neq 0$ 成立，则称 μ 为 2 可加模糊测度，并且存在：

$$\mu(K) = \sum_{C_j \in K} \mathcal{M}(C_j) + \sum_{|C_j, C_l| \subset K} \mathcal{M}(C_j, C_l)$$
$$= \sum_{|C_j, C_l| \subset K} \mu(C_j, C_l) - (|K| - 2) \sum_{C_j \in K} \mu(C_j) \quad (2-20)$$

上式满足如下条件：

① $\mu(C_j) \geq 0$；

② $\sum_{|C_j, C_l| \subset C} \mu(C_j, C_l) - (|C| - 2) \sum_{C_j \in C} \mu(C_j) = 1$；

③ $\sum_{C_l \subset K \setminus C_j} (\mu(C_j, C_l) - \mu(C_l)) \geq (|K| - 2) \mu(C_j)$。

2 可加模糊测度简化了模糊测度求解计算的复杂性，提高了其实践应用能力。不过，交互关联情况下属性或属性集的重要程度不仅取决于自身，还取决于其他属性或属性集[177]。广义 Banzhaf 函数与 Shapley 函数，不但能考虑整个集合中单个属性或属性集之间所起的作用，而且还考虑了整个集合中单个属性或属性集之间对集合的整体平均作用[141]。随后文献 [144] 与 [178] 证明了广义 Banzhaf 函数与广义 Shapley 函数是一种能全面测度属性（集）重要程度的特殊形式模糊测度。因此，采用 Banzhaf 或 Shapley 度量交互情形下属性或属性集的模糊测度比传统的模糊测度更为合理。

定义 2.21[141] 设 $P(C)$ 为属性集 $C = \{C_1, C_2, \cdots, C_n\}$ 上的幂集，集合 C 上定义的模糊测度为 μ，对于 $\forall K \in P(C)$ 的广义 Banzhaf 函数定义为：

$$\varphi_K(\mu, C) = \sum_{T \subseteq C \setminus K} \frac{1}{2^{|C|-|K|}} (\mu(K \cup T) - \mu(T)), \forall K \subseteq C \quad (2-21)$$

其中，K 为集合 C 中的任意子集，$C \setminus K$ 为集合 C 与 K 的差集，T 为 $C \setminus K$ 差集中的任意子集。$|C|$ 与 $|K|$ 分别为集合 C 与集合 K 的基数。若属性间相互

独立，则存在 $\varphi_K(\mu, C) = \sum_{j \in K} \varphi_{C_j}(\mu, C) = \sum_{j \in K} \mu(C_j)$；若 $|K|=1$，即集合 K 内仅存在一个元素 C_j，则公式（2-21）可简化为：

$$\varphi_{C_j}(\mu, C) = \sum_{T \subseteq C \setminus C_j} \frac{1}{2^{|C|-1}} (\mu(C_j \cup T) - \mu(T)), \quad \forall C_j \subseteq C \quad (2\text{-}22)$$

定义 2.22[141]　设 $P(C)$ 为属性集 $C = \{C_1, C_2, \cdots, C_n\}$ 上的幂集，集合 C 上定义的模糊测度为 μ，对于 $\forall K \in P(C)$ 的广义 Shapley 函数定义为：

$$\varphi_K(\mu, C) = \sum_{T \subseteq C \setminus K} \frac{(|C|-|K|-|T|)! \, |T|!}{(|C|-|K|+1)!} (\mu(K \cup T) - \mu(T)), \quad \forall K \subseteq C \quad (2\text{-}23)$$

上式中，若 $|K|=1$（即 $K = \{C_j\}$），那么可以得到：

$$\varphi_{C_j}(\mu, C) = \sum_{T \subseteq C \setminus C_j} \frac{(|C|-|T|-1)! \, |T|!}{|C|!} (\mu(T \cup C_j) - \mu(T)), \quad \forall C_j \subseteq C \quad (2\text{-}24)$$

进一步，基于公式（2-20），2 可加模糊测度下单元素 Banzhaf 函数与 Shapley 函数可分别表示为[144,178]：

$$\varphi_{C_j}(\mu, C) = \frac{3-|C|}{2} \mu(C_j) + \frac{1}{2} \sum_{C_l \in C \setminus C_j} (\mu(C_j, C_l) - \mu(C_l)) \quad (2\text{-}25)$$

$$\varphi_{C_j}(\mu, C) = \frac{3-|C|}{2} \mu(C_j) + \frac{1}{2} \sum_{C_l \in C \setminus C_j} (\mu(C_j, C_l) - \mu(C_l)) \quad (2\text{-}26)$$

相应地，基于 2 可加模糊测度的 Banzhaf Choquet 积分（BCHITAFM）与 Shapley Choquet 积分（SCHITAFM）分别表示为：

$$BCHITAFM(x) = \sum_{j=1}^{n} x_{(j)} [\varphi(A_{(j)}) - \varphi(A_{(j+1)})];$$

$$SCHITAFM(x) = \sum_{j=1}^{n} x_{(j)} [\varphi(A_{(j)}) - \varphi(A_{(j+1)})]。$$

不过，对于 2 可加模糊测度下的 Banzhaf 函数或 Shapley 函数来说，对于任意的 $K \in C$，$C_j \notin K$，存在 $\varphi_{K \cup C_j}(\mu, C) - \varphi_K(\mu, C) = \varphi_{C_j}(\mu, C)$ 或 $\varphi_{K \cup C_j}(\mu, C) - \varphi_K(\mu, C) = \varphi_{C_j}(\mu, C)$，因此 $BCHITAFM(x)$ 与 $SCHITAFM(x)$ 可以简化为：

$$BCHITAFM(x) = \sum_{j=1}^{n} \varphi_{C_j}(\mu, C) x_j \qquad (2-27)$$

$$SCHITAFM(x) = \sum_{j=1}^{n} \varphi_{C_j}(\mu, C) x_j \qquad (2-28)$$

2.5 复杂网络理论

复杂网络理论是 21 世纪末提出的用于表达和分析离散对象之间复杂交互关系的有效工具。它整合了图论理论方法，以对象为节点，以对象间的交互依赖关系为边，形成可视化网络图来帮助我们分析、理解对象之间的复杂关系[179-180]。由于现实世界中事物之间往往存着交互关联，因而复杂网络被广泛应用于现实问题的建模中[181-183]。

任意一个复杂网络可数学化抽象表达为 $G = (v, e)$。其中 $v = \{v_1, v_2, \cdots, v_V\}$ 表示复杂网络中所有节点集合，$e = \{e_1, e_2, \cdots, e_E\}$ 表示复杂网络中连接节点的边所构成的集合。由于不同的复杂网络拥有的边与节点是多样化的，因此衍生出了不同类型的复杂网络。例如，根据节点连边之间有无方向性（即指向箭头），可以将复杂网络分为有向复杂网络和无向复杂网络。依据复杂网络节点连边之间有无重要性之别，可以将复杂网络分为加权网络与无权网络。考虑到实际 MAGDM 问题中，备选方案排序优选的前提是它们之间存在着优劣程度差异且不同属性下优劣程度可能是不一致的。此外，从优劣排序角度来看，不管备选方案间存在多么复杂的交互关联关系，其主要还是体现在方案的优劣程度上，即备选方案节点连边之间存在着方向差异。因此，本书主要研究有向加权复杂网络。

网络本身的结构特征可以通过设计结构矩阵（design structure matrix，DSM）直观而简单地表达出来。在 DSM 中，列表示对象对其他对象的交互依赖性，行表示对象受其他对象的交互依赖性影响，非对角数字表示交互强度[184-185]。例如，对于一个 $G = (5, 15)$ 有向加权网络来说，其网络图及对应的 DSM 如图 2-4 所示。

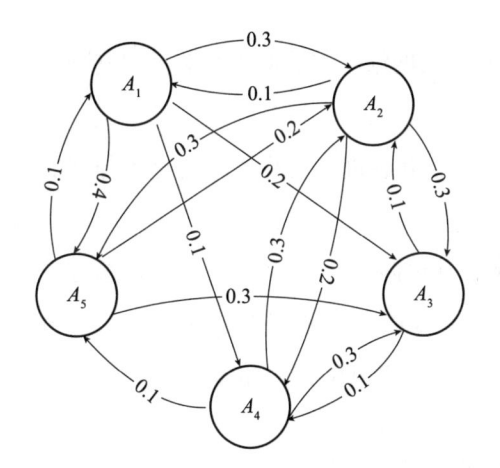

图 2-4 交互网络及 DSM 示例

2.6 动态传播理论

本节主要介绍易感-感染-恢复（susceptible-infected-recovered，SIR）传播动力学模型与马尔可夫链理论模型，进而为后面开展决策风险动态级联传播建模打下基础。

2.6.1 SIR 传播动力学模型

现实的 MAGDM 中，决策风险是不可避免的。一旦风险进入决策系统，就可能在交互备选方案之间进行动态的传播演化。风险的传播类似于病毒或信息在复杂网络中的传播。目前，经典的病毒传播动力学模型主要有 SI（susceptible-infected）模型[184]，SIS（susceptible-infected-susceptible）模型[185]，SIRV（susceptible-infected-recovered-vaccinated）模型[186]。考虑到 MAGDM 问题中决策风险的累积性，本研究主要采用改进的 SIR 模型去模拟风险在复杂网络中的传播。

SIR 传播动力学模型是 May 与 Anderson 于 1979 年提出的[187]。在 SIR 模型中，网络中的每个备选方案节点都具有三种状态：易受感染的 S 状态、受感染的 I 状态和恢复的 R 状态。

S 状态表示备选方案节点很容易受到复杂网络中与其有交互关系的其他备选方案风险传播而感染风险。

I 状态表示备选方案节点风险已经发生，并会进一步将风险传播到与之有交互关联关系的备选方案节点上。

R 状态表示备选方案所感染的风险在其风险承受范围内。由于备选方案具有一定的风险免疫或累积容忍性。因此在风险承受范围内的 R 状态备选方案节点并不会影响决策结果的准确性，也不会将风险传播给复杂网络中其他备选方案节点。

在风险动态传播过程中，备选方案节点的状态会发生变化。每个 S 状态的备选方案节点以感染概率 α 转变为 I 状态，同时 I 状态以恢复概率 β 变化为 R 状态。风险动态传播引起的备选方案复杂网络中节点状态变化流程如图 2-5 所示。

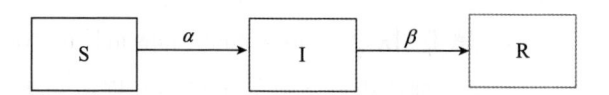

图 2-5　SIR 模型风险状态变换示意图

2.6.2　马尔可夫链

马尔可夫链（Markov chain，MC）是研究目标系统状态转移变化的随机过程模型。与 SIR 不同的是，MC 模型凸显了状态随时间变化的动态性[189]。其核心思想是系统在某个时刻状态的转移概率仅取决于其先前时刻的状态，即过去仅能影响现在而不影响未来。具体数学定义如下：

定义 2.23[188]　设 $\Theta = \{\Theta_0, \cdots, \Theta_{t-2}, \Theta_{t-1}, \Theta_t, \Theta_{t+1}\}$ 是定义在概率空间的随机过程，$\Re$ 表示系统的状态空间集合，若对任意的 $t \geq 0$，$i_0, i_1, \cdots, i_t, i_{t+1} \in \Re$，存在：

$$P(\Theta_{t+1} = i_{t+1} \mid \Theta_0 = i_0, \Theta_1 = i_1, \cdots, \Theta_t = i_t) = P(\Theta_{t+1} = i_{t+1} \mid \Theta_t = i_t)$$

(2-29)

则离散时间随机过程 Θ 称为马尔可夫链，简称为马氏链。$P(\Theta_{t+1} = i_{t+1} | \Theta_t = i_t)$ 为马氏链 Θ 在 t 时刻从状态 i_t 转移到状态 i_{t+1} 的一步转移概率，简记为 $p_{i_t i_{t+1}}(n)$。若马尔可夫链 Θ 的状态空间 $\mathfrak{K}$ 中的元素是有限的，则称马尔可夫链 Θ 为有限马尔可夫链[189]。

定义 2.24[190]　设马尔可夫链 $\Theta = \{\Theta_0, \cdots, \Theta_{t-2}, \Theta_{t-1}, \Theta_t, \Theta_{t+1}\}$ 的状态空间为 $\mathfrak{K}$，对任意的 $t \geq 0, k \geq 1$ 以及任意状态 $i, j \in \mathfrak{K}$，若转移概率 $P(\Theta_{t+k} = j | \Theta_t = i_t)$ 与 k 无关，那么称马尔可夫链 $\Theta = \{\Theta_0, \cdots, \Theta_{t-2}, \Theta_{t-1}, \Theta_t, \Theta_{t+1}\}$ 为齐次马尔可夫链或时齐马尔可夫链。

定义 2.25[191]　设马尔可夫链 $\Theta = \{\Theta_0, \cdots, \Theta_{t-2}, \Theta_{t-1}, \Theta_t, \Theta_{t+1}\}$ 的状态空间 $\mathfrak{K}$ 中的元素个数为 z，即马尔可夫链 Θ 系统中存在 z 种状态，那么马尔可夫链 Θ 的状态转移概率矩阵（Transition probability matrix，TPM）可表示为：

$$\boldsymbol{TPM} = \begin{bmatrix} P_{11} & \cdots & P_{1z} \\ \vdots & \ddots & \vdots \\ P_{z1} & \cdots & P_{zz} \end{bmatrix} \quad (2-30)$$

式（2-30）中，$P_{ij} = P(\Theta_{t+1} = j | \Theta_t = i)$，$i, j \in \mathfrak{K}$，表示 Θ 在 t 时刻处于状态 i 的条件下，在 $t+1$ 时刻转移到状态 j 的一步转移概率。并且满足条件 $P_{ij} \geq 0$，$\sum_{j \in \mathfrak{K}} P_{ij} = \sum_{j \in \mathfrak{K}} p(\Theta_{t+1} = j | \Theta_t = i) = 1$。$P_{ij}$ 越大，则表明 Θ 由状态 i 变化为状态 j 的可能性也就越大。

第 3 章 基于属性交互的异构多属性群决策方法

本章针对属性交互及异构偏好信息下的多属性群决策问题，提出了一种新的理论方法。首先，基于集对理论，定义了异构偏好信息的二维确定-不确定（TwD-DU）空间映射法则，提出了一种使诸如三角直觉模糊数、直觉模糊数、三角模糊数、梯形模糊数及区间数等多型异构偏好信息在空间中得以同构化的方法。其次，定义了基于 2 可加模糊测度的广义 Banzhaf 交互关联变权及交互状态变权来更为合理地确定复杂交互情形下属性的重要程度。在此基础上，构建了交互动态变权非可加融合算子，在克服交互非可加偏好信息融合补偿性问题的同时，获得更为准确可靠的备选方案排序。最后，通过算例展示了提议方法的流程步骤及其对解决属性交互异构环境下的多属性群决策问题的可行性及有效性。

3.1 问题分析

基于属性独立假设及单一偏好的多属性群决策方法一经提出便在各个现实领域中得到了广泛应用。然而，在实践应用过程中，人们逐渐发现绝大多数决策问题的属性之间常常是交互关联的，并不满足传统多属性群决策方法中属性绝对独立的假设。此外，无论是从决策者角度还是从属性自身的特点来说，均难以使用单一类型的数据或信息准确地表达所有的属性值。例如，在新能源开发选址决策问题中，对于评价属性开发可行性与评价属性资源储量来说，通常备选开发区位的资源储量情况越好，该区位开发可行性也就越高，即两属性之间存在着积极正向的交互关系。同时，可以通过勘探、测算等手段采用精确数或区间数来较为准确地量化表示资源储量属性的属性值。但是对于完全定性的开发可行性属性来说，由于其属性值的确定通常需要决策者们依据主观判断给出，但人类思维固有的主观性及模糊不确定性往往使得难以采用精确数或区间数去准确地表示其属性值。即，适合描述两属性的数据类型并不相同。因此，综合来看，研究属性交互环境下的异构多属性群决策问题具有广泛的实践应用背景及极强的现实意义。

近年来，一些学者已分别对异构 MAGDM[90-100]以及交互 MAGDM[120-140]展开了研究，并取得了一定的成果，这为本章属性交互及异构情形下的 MAGDM 建模提供了参考与借鉴。不过，现有研究中要么仅在 MAGDM 方法中考虑了异构特性，要么仅考虑了属性交互特性，少有研究同时考虑 MAGDM 问题的交互及异构特性。此外，如此前文献评析所述，现有异构 MAGDM 研究存在异构偏好同构化后数据形式复杂、不能完全考虑异构偏好信息本身蕴含的不确定性而造成信息损失或扭曲、交互 MAGDM 方法采用静态固权的方式融合交互非可加偏好信息，交互信息融合补偿性等问题。另外，综合来看，目前尚没有统一的处理异构交互环境的 MAGDM 方法。因此，为了弥补当前研究的不足及更好地解决现实 MAGDM 问题，本章首先基于集对理论的思想提出了一种考虑异构偏好信息系统不确定性的异构偏好同构化方法，即映射异构偏好到 TwD-DU 空间进行同构化，有效避免了原始偏好信息的扭曲或丢失。其次，定义了 Banzhaf 交互关联变权及交互状态变权，并提出了一种新的基于 TOPSIS 的交互动态变权 Banzhaf-Choquet（TOPSIS-based interactive dynamic variable weight Banzhaf-Choquet，TIDVWBC）积分算子来更合理地融合交互非可加偏好信息，有效地解决了偏好信息融合的补偿性问题，提高了决策结果的准确性。

3.2 异构偏好的 TwD-DU 空间同构化

精确数在集对 TwD-DU 空间映射前后并不发生变化，诸如区间数、三角模糊数、梯形模糊数、直觉模糊数、三角直觉模糊数的映射规则定义如下。

3.2.1 区间数 TwD-DU 空间映射

区间数具有端点确定但取值在区间内不确定的特性，这种不确定性增加了决策建模的复杂性并影响决策结果的准确性。为了消除区间数不确定性的不利影响，基于集对 TwD-DU 的不确定性处理能力，将区间数映射到 TwD-DU 空间进行同构化处理。规范化的区间值 $\bar{x}_{ij} = [x_{ij}^L, x_{ij}^U]$ 映射到集对 TwD-DU 空间的表达式为：$\theta_{H_{ij}(\mathrm{IN})} = a_{ij} + b_{ij}\tau$。其中，$a_{ij} = x_{ij}^L$ 表示偏好值 $\bar{x}_{ij}$ 中确定性程度；$b_{ij} = x_{ij}^U - x_{ij}^L$ 表示偏好值 $\bar{x}_{ij}$ 本身具有的系统不确定性程度；$\tau \in [0, 1]$ 为不确定性系数，其值按偏好值的确定性比例决定，即 $\tau = \dfrac{a_{ij}}{a_{ij} + b_{ij}} = \dfrac{x_{ij}^L}{x_{ij}^L + (x_{ij}^U - x_{ij}^L)}$。经上述映射法则，区间值 $\bar{x}_{ij}$ 映射到集对 TwD-DU 空间的表达式为：

$$\theta_{H_{ij}(\mathrm{IN})} = x_{ij}^L + (x_{ij}^U - x_{ij}^L) \dfrac{x_{ij}^L}{x_{ij}^L + (x_{ij}^U - x_{ij}^L)} \qquad (3-1)$$

其中，$\theta_{H_{ij}(\mathrm{IN})}$ 为区间数 $\bar{x}_{ij}$ 映射到集对 TwD-DU 空间后的结果。存在 $\theta_{H_{ij}(\mathrm{IN})} \geqslant 0$，并易证其满足四则运算法则、交换律及结合律。通过 $\theta_{H_{ij}(\mathrm{IN})}$ 定义可以看到，$\theta_{H_{ij}(\mathrm{IN})}$ 将 $\bar{x}_{ij}$ 映射为 TwD-DU 空间中的点并充分考虑了区间值 $\bar{x}_{ij}$ 自身的系统不确定性，这在避免了信息损失的同时有效地消除了区间数取值范围不确定带来的决策建模的不便，提高了模型的合理性。

3.2.2 三角模糊数 TwD-DU 空间映射

三角模糊数可以看成最可能取中值的区间数。若备选方案 A_i 在属性 C_j 下规范化后的三角模糊偏好值为 $\tilde{x}_{ij} = (x_{ij}^1, x_{ij}^2, x_{ij}^3)$。三角模糊数 $\tilde{x}_{ij}$ 最可能的取

值为 x_{ij}^2。x_{ij}^1 与 x_{ij}^3 分别为 $\tilde{x}_{ij}$ 的上下界,则三角模糊数 $\tilde{x}_{ij}=(x_{ij}^1, x_{ij}^2, x_{ij}^3)$ 映射到集对 TwD-DU 空间的表达式为:$\theta_{H_{ij}(\mathrm{TFN})} = a_{ij} + b_{ij}\tau$。其中,$a_{ij}=x_{ij}^1$ 表示偏好值 $\tilde{x}_{ij}$ 中的确定性程度;$b_{ij}=x_{ij}^3-x_{ij}^1$ 表示三角模糊数偏好值 $\tilde{x}_{ij}$ 固有的系统不确定性程度;$\tau \in [0,1]$ 为差异不确定性系数,其值按偏好值的确定性比例决定,即 $\tau = \dfrac{a_{ij}}{a_{ij}+b_{ij}} = \dfrac{x_{ij}^2}{x_{ij}^2+(x_{ij}^3-x_{ij}^1)}$。经上述映射法则,三角模糊数 $\tilde{x}_{ij}$ 映射到集对 TwD-DU 空间的表达式为:

$$\theta_{H_{ij}(\mathrm{TFN})} = x_{ij}^2 + (x_{ij}^3-x_{ij}^1)\dfrac{x_{ij}^2}{x_{ij}^2+(x_{ij}^3-x_{ij}^1)} \tag{3-2}$$

其中,$\theta_{H_{ij}(\mathrm{TFN})}$ 为三角模糊数 $\tilde{x}_{ij}$ 映射到集对 TwD-DU 空间后的结果,$\theta_{H_{ij}(\mathrm{TFN})} \geq 0$,并易证其满足四则运算法则、交换律及结合律。$\theta_{H_{ij}(\mathrm{TFN})}$ 在考虑三角模糊数 $\tilde{x}_{ij}$ 系统不确定性的基础上将 $\tilde{x}_{ij}$ 映射为 TwD-DU 空间中的点,这样既考虑了 $\tilde{x}_{ij}$ 模糊不确定性带来的影响,也使得 $\tilde{x}_{ij}$ 等价表示形式更加简洁、直观。

3.2.3 梯形模糊数 TwD-DU 空间映射

梯形模糊数与三角模糊数同属于模糊数族,具有相似的性质。类似于三角模糊数 TwD-DU 空间映射,若备选方案 A_i 在属性 C_j 下规范化后的梯形模糊数形式的偏好值为 $\tilde{x}_{ij}=(x_{ij}^1, x_{ij}^2, x_{ij}^3, x_{ij}^4)$,$\tilde{x}_{ij}$ 最可能的取值为 $[x_{ij}^2, x_{ij}^3]$,上下界分别为 x_{ij}^1 与 x_{ij}^4。$\tilde{x}_{ij}=(x_{ij}^1, x_{ij}^2, x_{ij}^3, x_{ij}^4)$ 映射到集对 TwD-DU 空间的表达式为:$\theta_{H_{ij}(\mathrm{TrFN})} = a_{ij} + b_{ij}\tau$。其中,$a_{ij}=(x_{ij}^2+x_{ij}^3)/2$ 表示梯形模糊数 $\tilde{x}_{ij}$ 中的确定性程度;$b_{ij}=x_{ij}^4-x_{ij}^1$ 表示梯形模糊数 $\tilde{x}_{ij}$ 本身具有的系统不确定性程度;$\tau \in [0,1]$ 为不确定性系数,其值按 $\tilde{x}_{ij}$ 中确定性的比例决定,即 $\tau = \dfrac{a_{ij}}{a_{ij}+b_{ij}} = \dfrac{x_{ij}^2+x_{ij}^3}{x_{ij}^2+x_{ij}^3+2(x_{ij}^4-x_{ij}^1)}$。经上述映射法则,梯形模糊数 $\tilde{x}_{ij}$ 映射到集对 TwD-DU

空间的具体表达式为：

$$\theta_{H_{ij}(\mathrm{TrFN})} = \frac{x_{ij}^2 + x_{ij}^3}{2} + (x_{ij}^4 - x_{ij}^1)\frac{x_{ij}^2 + x_{ij}^3}{x_{ij}^2 + x_{ij}^3 + 2(x_{ij}^4 - x_{ij}^1)} \tag{3-3}$$

其中，$\theta_{H_{ij}(\mathrm{TrFN})}$ 为梯形模糊数 $\tilde{x}_{ij}$ 映射到集对 TwD-DU 空间后的结果，$\theta_{H_{ij}(\mathrm{TrFN})} \geq 0$，并易证其满足四则运算法则、交换律及结合律。$\theta_{H_{ij}(\mathrm{TrFN})}$ 为 $\tilde{x}_{ij}$ 在 TwD-DU 空间的等价表示，几乎包含了与 $\tilde{x}_{ij}$ 一致的信息量，但 $\theta_{H_{ij}(\mathrm{TrFN})}$ 表达形式更为简单、直观，易于决策建模。

3.2.4 直觉模糊数 TwD-DU 空间映射

直觉模糊数对复杂不确定性的刻画主要通过隶属度、非隶属度与犹豫度三个维度来进行，其不确定性的刻画方式本质上与集对理论具有一定的同源相似性。因此，直觉模糊数可以较好地实现 TwD-DU 空间映射。

若备选方案 A_i 在属性 C_j 下规范化的直觉模糊数偏好值为 $\tilde{\tilde{x}}_{ij} = (u_{\tilde{\tilde{x}}_{ij}}, v_{\tilde{\tilde{x}}_{ij}})$。其中，$u_{\tilde{\tilde{x}}_{ij}}$ 与 $v_{\tilde{\tilde{x}}_{ij}}$ 分别表示直觉模糊数 $\tilde{\tilde{x}}_{ij}$ 中的确定隶属度与非隶属度。得分函数为 $f(\tilde{\tilde{x}}_{ij}) = u_{\tilde{\tilde{x}}_{ij}} - v_{\tilde{\tilde{x}}_{ij}}$[192]。综合来看，可以使用 $u_{\tilde{\tilde{x}}_{ij}}$ 来表示直觉模糊数 $\tilde{\tilde{x}}_{ij}$ 的确定程度。$\tilde{\tilde{x}}_{ij}$ 的不确定性程度为 $\pi_{\tilde{\tilde{x}}_{ij}} = 1 - u_{\tilde{\tilde{x}}_{ij}} - v_{\tilde{\tilde{x}}_{ij}}$。直觉模糊数 $\tilde{\tilde{x}}_{ij} = (u_{\tilde{\tilde{x}}_{ij}}, v_{\tilde{\tilde{x}}_{ij}})$ 映射到集对 TwD-DU 空间的表达式为：$\theta_{H_{ij}(\mathrm{IFN})} = a_{ij} + b_{ij}\tau$。其中，$a_{ij} = u_{\tilde{\tilde{x}}_{ij}}$ 表示直觉模糊数 $\tilde{\tilde{x}}_{ij}$ 中确定性隶属程度；$b_{ij} = 1 - u_{\tilde{\tilde{x}}_{ij}} - v_{\tilde{\tilde{x}}_{ij}}$ 表示直觉模糊数 $\tilde{\tilde{x}}_{ij}$ 本身具有的系统不确定性程度；$\tau \in [0, 1]$ 为不确定性系数，其值按 $\tilde{\tilde{x}}_{ij}$ 确定性的比例决定，即 $\tau = \dfrac{a_{ij}}{a_{ij} + b_{ij}} = \dfrac{u_{\tilde{\tilde{x}}_{ij}}}{u_{\tilde{\tilde{x}}_{ij}} + (1 - u_{\tilde{\tilde{x}}_{ij}} - v_{\tilde{\tilde{x}}_{ij}})}$。经上述映射法则，直觉模糊数 $\tilde{\tilde{x}}_{ij}$ 映射到 TwD-DU 空间的具体表达式为：

$$\theta_{H_{ij}(\mathrm{IFN})} = u_{\tilde{\tilde{x}}_{ij}} + (1 - u_{\tilde{\tilde{x}}_{ij}} - v_{\tilde{\tilde{x}}_{ij}})\frac{u_{\tilde{\tilde{x}}_{ij}}}{u_{\tilde{\tilde{x}}_{ij}} + (1 - u_{\tilde{\tilde{x}}_{ij}} - v_{\tilde{\tilde{x}}_{ij}})} \tag{3-4}$$

其中，$\theta_{H_{ij}(\mathrm{IFN})}$ 为直觉模糊数 $\tilde{\tilde{x}}_{ij}$ 映射到集对 TwD-DU 空间后的结果，$\theta_{H_{ij}(\mathrm{IFN})} \geq 0$，并易证其满足四则运算法则、交换律及结合律。$\theta_{H_{ij}(\mathrm{IFN})}$ 在有效刻画直觉模糊数

$\tilde{x}_{ij}$ 系统不确定性的基础上，将其映射为 TwD-DU 空间中的点，这简化了 $\tilde{x}_{ij}$ 表达形式并避免了信息损失或扭曲。

3.2.5 三角直觉模糊数 TwD-DU 空间映射

三角直觉模糊数为直觉模糊数的扩展与延伸，其 TwD-DU 空间映射法则与直觉模糊数类似。让备选方案 A_i 在属性 C_j 下规范化的三角直觉模糊数偏好值为 $\hat{\tilde{x}}_{ij} = ([\underline{x}_{ij}, x_{ij}, \bar{x}_{ij}]; u_{ij}, v_{ij})$。其中，$\hat{\tilde{x}}_{ij}$ 最可能的取值为 x_{ij}，$\underline{x}_{ij}$ 与 $\bar{x}_{ij}$ 分别为三角直觉模糊数 $\hat{\tilde{x}}_{ij}$ 的取值上下界。类似于直觉模糊数，三角直觉模糊数的得分函数为 $f(\hat{\tilde{x}}_{ij}) = \dfrac{\underline{x}_{ij} + 2x_{ij} + \bar{x}_{ij}}{4}(\mu_{ij} - v_{ij})$[193]。

三角直觉模糊数 $\hat{\tilde{x}}_{ij}$ 映射到集对 TwD-DU 空间的表达式为：$\theta_{H_{ij}(\text{TIFN})} = a_{ij} + b_{ij}\tau$。其中，$a_{ij} = \dfrac{\underline{x}_{ij} + 2x_{ij} + \bar{x}_{ij}}{4}\mu_{ij}$ 表示偏好值 $\hat{\tilde{x}}_{ij}$ 中的确定性隶属程度；$b_{ij} = 1 - \dfrac{\underline{x}_{ij} + 2x_{ij} + \bar{x}_{ij}}{4}(u_{ij} - v_{ij})$ 表示偏好值 $\hat{\tilde{x}}_{ij}$ 中蕴含的各类不确定性程度（即系统不确定性程度）；$\tau \in [0, 1]$ 且有 $\tau = \dfrac{a_{ij}}{a_{ij} + b_{ij}} = \dfrac{(\underline{x}_{ij} + 2x_{ij} + \bar{x}_{ij})\mu_{ij}}{4 + (\underline{x}_{ij} + 2x_{ij} + \bar{x}_{ij})v_{x_{ij}}}$。经上述映射法则，三角直觉模糊数 $\hat{\tilde{x}}_{ij}$ 映射到集对 TwD-DU 空间的具体表达式为：

$$\theta_{H_{ij}(\text{TIFN})} = \dfrac{\underline{x}_{ij} + 2x_{ij} + \bar{x}_{ij}}{4}\mu_{ij} + (1 - \dfrac{\underline{x}_{ij} + 2x_{ij} + \bar{x}_{ij}}{4}u_{ij}$$

$$-\dfrac{\underline{x}_{ij} + 2x_{ij} + \bar{x}_{ij}}{4}v_{ij})\dfrac{(\underline{x}_{ij} + 2x_{ij} + \bar{x}_{ij})\mu_{ij}}{4 + (\underline{x}_{ij} + 2x_{ij} + \bar{x}_{ij})v_{x_{ij}}} \quad (3-5)$$

其中，$\theta_{H_{ij}(\text{TIFN})}$ 为三角直觉模糊数 $\hat{\tilde{x}}_{ij}$ 映射到集对 TwD-DU 空间后的结果，存在 $\theta_{H_{ij}(\text{TIFN})} \geq 0$，并易证其满足四则运算法则、交换律及结合律。$\theta_{H_{ij}(\text{TIFN})}$ 简化了三角直觉模糊数 $\hat{\tilde{x}}_{ij}$ 的表达形式并在映射过程中考虑了 $\tilde{x}_{ij}$ 的系统不确定性，避免了 $\tilde{x}_{ij}$ 固有信息的丢失或扭曲，具有科学合理性。

3.3 Banzhaf 交互动态变权及状态变权定义

传统的 MAGDM 方法中，无论是基于属性独立假设的 MAGDM 方法还是考虑了属性交互的 MAGDM 方法，它们在偏好信息融合过程中通常采用静态固权，这将使偏好信息融合过程存在补偿性问题，导致融合结果偏差，降低了偏好信息融合质量。而偏好信息融合质量直接决定了决策结果的准确性。因此，为克服当前方法的不足，本书提出了一种交互动态变权的方法。

目前关于动态变权的研究成果相对较少。文献［194-196］基于属性独立假设提出了变权及状态变权理论。然而，在属性交互情形下，交互属性信息是非可加的，因此建立于属性独立假设基础上的变权及状态变权理论将不再适用。文献［197］在文献［194-196］研究的基础上，定义了基于 λ 模糊测度的 Shapley 交互动态变权及交互状态变权，但该方法只能测度一种属性交互关系，且交互动态变权决策模型运算尤为复杂，需对优化模型进行多次运算求解，这限制了模型的实践应用。在属性交互的 MAGDM 问题中，属性间的各类交互关系可通过基于 2 可加模糊测度的广义 Shapley 值或广义 Banzhaf 值 $\varphi_{C_j}(\mu, C)$（简写为 φ_{C_j}）来完全度量，且 2 可加模糊测度下的广义 Shapley 值或广义 Banzhaf 值呈现出可加的优良特性，这极大地降低了交互动态变权 MAGDM 方法的运算求解复杂性。理论上来说，2 可加模糊测度下的广义 Banzhaf 值或 Shapley 值均可以构建交互动态变权模型，但考虑到已有交互动态变权研究以及方法多样性，本书采用 Banzhaf 值来构建交互动态变权模型，定义了一种基于 2 可加模糊测度下的广义 Banzhaf 动态变权及状态变权。

让 $X = (x_1, x_2, \cdots, x_n)$ 为属性的状态向量。若属性之间完全独立，则 n 维独立变权定义为 n 个映射 $w_j: (0, 1)^n \rightarrow (0, 1)$，$X \mapsto w_j(X)$，满足公理：

(w.1) 归一性：$\sum_{j=1}^{n} w_j(X) = 1$；

(w.2) 连续性：$w_j(X)$ 对各个变元都连续；

(w.3) 惩罚性：$w_j(X)$ 对变元 x_j 单调递减。

则称 $w(x) = (w_1(x), w_2(x), \cdots, w_n(x))$ 为惩罚型变权；若将条件（w.3）替换为（w.3'）激励性，即 $w_j(X)$ 对变元 x_j 单调递增，则称 $w(X) = (w_1(X), w_2(X), \cdots, w_n(X))$ 为激励型变权[198]。

参考独立动态变权的研究逻辑框架，在属性复杂交互情景下，基于 2 可加模糊测度的广义 Banzhaf 交互动态变权被定义为：n 维交互动态变权为 n 个映射 $\varphi_{C_j}: (0, 1)^n \to (0, 1)$，$X \mapsto \varphi_{C_j}(X)$，满足以下公理：

（φ.1）归一性：$\sum_{j=1}^{n} \varphi_{C_j}(X) = 1$；

（φ.2）连续性：$\varphi_{C_j}(X)$ 对于各个变元 $x_j (j = 1, 2, \cdots, n)$ 都连续；

（φ.3）惩罚性：$\varphi_{C_j}(x)$ 对变元 $x_j (j = 1, 2, \cdots, n)$ 单调递减。

则称 $\varphi_{C_j}(X) = (\varphi_{C_1}(X), \varphi_{C_2}(X), \cdots, \varphi_{C_n}(X))$ 为一组基于 2 可加模糊测度的广义 Banzhaf 惩罚型交互动态变权；若将条件（φ.3）替换为（φ.3'）激励性，即 $\varphi_{C_j}(X)$ 关于变元 x_j 单调递增，则称 $\varphi_{C_j}(X) = (\varphi_{C_1}(X), \varphi_{C_2}(X), \cdots, \varphi_{C_n}(X))$ 为一组基于 2 可加模糊测度的广义 Banzhaf 激励型交互动态变权。

令 $X = (x_1, x_2, \cdots, x_n)$ 为属性的状态向量，若属性之间完全独立，则独立状态变权定义为：存在映射 $S: (0, 1)^n \to [0, +\infty]^n$，$X \mapsto S(X) = (S_1(X), S_2(X), \cdots, S_n(X))$，则称 $S(X)$ 为一个 n 维的独立状态变权。若满足公理：

（s.1）$x_i \geq x_j$，有 $S_i(X) \leq S_j(X)$；

（s.2）$S_j(X)(j = 1, 2, \cdots, n)$ 对于各个变元连续；

（s.3）对任意常权 $w = (w_1, w_2, \cdots, w_n)$，式（3-6）满足公理（w.1），（w.2），（w.3），

$$w(X) = \frac{(w_1 S_1(X), \cdots, w_n S_n(X))}{\sum_{j=1}^{n}(w_j S_j(X))} = \frac{wS(X)}{\sum_{j=1}^{n}(w_j S_j(X))} \quad (3-6)$$

则 S 称为惩罚型独立状态变权，式（3-6）称为独立变权公式。若将公理（s.1）置换为（s.1'）$x_i \geq x_j$，有 $S_i(X) \geq S_j(X)$，且 $w(X)$ 满足（w.1），（w.2），（w.3'），则 S 变换为激励型独立状态变权[199]。

同理，参考独立动态变权的研究逻辑框架。属性间存在复杂交互的情景

下,构造 2 可加模糊测度下的广义 Banzhaf 交互状态变权为:映射 $L: (0, 1)^n \to [0, +\infty]^n$, $X \mapsto L(X) = (L_1(X), L_2(X), \cdots, L_n(X))$,满足以下公理:

(L.1) $x_i \geq x_j$,有 $L_i(X) \leq L_j(X)(i, j = 1, 2, \cdots, n)$;

(L.2) $L_j(X)(j = 1, 2, \cdots, n)$ 对于各个变元连续;

(L.3) 任意属性 C_j 的 Banzhaf 值为 φ_{C_j},式(3-7)满足 n 维交互变权 $(\varphi.1)$、$(\varphi.2)$、$(\varphi.3)$ 公理,

$$\varphi^{vw}(X) = \frac{(\varphi_{C_1}L_1(X), \cdots, \varphi_{C_n}L_n(X))}{\sum_{j=1}^n (\varphi_{C_j}L_j(X))} = \frac{\varphi_C L(X)}{\sum_{j=1}^n (\varphi_{C_j}L_j(X))} \quad (3-7)$$

则 $L(X)$ 称作基于 2 可加模糊测度的广义 Banzhaf 惩罚型交互状态变权,$\varphi(X)$ 为交互变权公式。若公理(L.1)置换成(L.1'):$x_i \geq x_j$,存在 $L_i(X) \geq L_j(X)$,且 $\varphi_C(X)$ 满足 $(\varphi.1)$、$(\varphi.2)$、$(\varphi.3')$,则 $L(X)$ 变换为基于 2 可加模糊测度的广义 Banzhaf 激励型交互状态变权。

通过动态变权函数式(3-7)可以求得每一个交互属性的交互动态变权 Banzhaf 值 $\varphi_{C_j}^{vw}(X)$。$\varphi_{C_j}^{vw}(X)$ 与静态固权 Banzhaf 值 φ_{C_j} 的区别在于:φ_{C_j} 仅考虑了交互情形下属性 C_j 自身的重要性,而忽略了属性偏好值之间的内部差异均衡影响;而动态变权 $\varphi_{C_j}^{vw}(X)$ 不仅从全局视角考虑了各交互属性自身的重要性,而且还充分考虑了属性偏好值之间的内部差异变化。其能依据属性偏好值之间的内部差异变化来调整各交互属性的权重,以更为科学地反映各交互属性在决策中的作用,进而保证了在信息融合过程中各交互属性的影响或作用不被其他属性所掩盖,从而为解决交互非可加偏好信息融合的补偿性问题打下坚实的基础。

此外,提议的 2 可加 Banzhaf 交互动态变权是独立静态固权或交互静态固权的广义化形式。当满足一定条件时,提议的交互动态变权可退化为独立静态固权或交互静态固权。

定理 3.1 2 可加模糊测度的广义 Banzhaf 交互动态变权与交互状态变权为独立变权及独立状态变权的更广义化形式,具备独立变权及状态变权所拥有的一切性质。若属性完全独立,则所提的 2 可加模糊测度广义 Banzhaf 交互动态变权及交互状态变权分别退化为独立变权及独立状态变权。

证明：当属性集 $C = \{C_1, C_2, \cdots, C_n\}$ 中各属性间相互独立时，模糊测度 μ 退化为可加测度，存在等式 $\sum_{j=1}^{n} \mu(C_j)(X) = 1$，$\mu(C_j)(X) = \varphi_{C_j}(X)$。将 $\mu(C_j)(X)$ 记为 $w_j(X)$ 并代入公理（φ.1）、（φ.2）、（φ.3）中，则结果与独立变权公理（w.1）、（w.2）、（w.3）相一致，此时 2 可加模糊测度的广义 Banzhaf 交互动态变权退化为独立变权。同理，易证 2 可加模糊测度的广义 Banzhaf 交互状态变权在属性相互独立时退化为独立状态变权。证毕。

定理 3.2 基于 2 可加模糊测度的 Banzhaf 交互动态变权 $\varphi_{C_j}^{vw}(X)$ 是 2 可加模糊测度的 Banzhaf 交互静态固权 φ_{C_j} 的更一般形式，$\varphi_{C_j}^{vw}(X)$ 具有 φ_{C_j} 的一切性质。当属性值之间不存在差异时，交互动态变权 $\varphi_{C_j}^{vw}(X)$ 退化为交互静态固权 φ_{C_j}，即 $\varphi_{C_j}^{vw}(X) = \varphi_{C_j}$。

证明：若 A_i 在各属性下的属性值无差异，即存在 $x_1 = x_2 = \cdots = x_n$，$L_1(X) = L_2(X) = \cdots = L_j(X)$。那么式（3-7）可以表示为 $\varphi^{vw}(X) = \dfrac{\varphi_C}{\sum_{j=1}^{n} \varphi_{C_j}}$。依据 Banzhaf 函数的性质可知，$\sum_{j=1}^{n} \varphi_{C_j} = 1$ 恒成立。因此，$\varphi^{vw}(X) = \varphi_C$。证毕。

3.4 基于 TOPSIS 的交互动态变权 Banzhaf–Choquet 积分

TOPSIS（technique for order preference by similarity to an ideal solution，即逼近理想解）法的核心思想是：越靠近正理想方案且同时越远离负理想方案的备选方案越优。其具有简单、精度高等特点而被广泛应用于独立假设下的 MAGDM 建模中[23,102,200,201]。为了更为科学合理地融合交互非可加偏好信息，本书借鉴 TOPSIS 思想，将其扩展到属性交互的 MAGDM 建模中，提出了一种新的基于 TOPSIS 的交互动态变权 Banzhaf–Choquet 积分来融合交互非可加偏好信息。不同于已有的方法，所提融合方法考虑了交互属性偏好信息的内部差异组合动态变化均衡，有效克服了交互非可加偏好信息融合的补偿性问题。

若异构偏好 TwD-DU 空间映射后集成的同构化决策矩阵为 $[g_{ij}]_{m\times n}$。属性值越大越好的效益型属性的正负理想解分别为 $\Re^+ = \{\Re_1^+ = \max\limits_{1\leq i\leq m} g_{i1}, \cdots, \Re_j^+ = \max\limits_{1\leq i\leq m} g_{ij}\}$，$\Re^- = \{\Re_1^- = \min\limits_{1\leq i\leq m} g_{i1}, \cdots, \Re_j^- = \min\limits_{1\leq i\leq m} g_{ij}\}$。属性值越小越好的成本型属性的正负理想解分别为 $\Re^+ = \{\Re_1^+ = \min\limits_{1\leq i\leq m} g_{i1}, \cdots, \Re_j^+ = \min\limits_{1\leq i\leq m} g_{ij}\}$，$\Re^- = \{\Re_1^- = \max\limits_{1\leq i\leq m} g_{i1}, \cdots, \Re_j^- = \max\limits_{1\leq i\leq m} g_{ij}\}$。则所提的基于 TOPSIS 的交互动态变权 Banzhaf-Choquet 积分（即 TIDVWBC 积分）定义如下：

$$TIDVWBC(A_i) = \frac{\sum_{j=1}^n d(g_{i(j)}, \Re_{(j)}^-)(\varphi_{C_{(j)}}^{vw} - \varphi_{C_{(j+1)}}^{vw})}{\sum_{j=1}^n d(g_{i(j)}, \Re_{(j)}^+)(\varphi_{C_{(j)}}^{vw} - \varphi_{C_{(j+1)}}^{vw}) + \sum_{j=1}^n d(g_{i(j)}, \Re_{(j)}^-)(\varphi_{C_{(j)}}^{vw} - \varphi_{C_{(j+1)}}^{vw})} \quad (3-8)$$

其中，$d(g_{i(j)}, \Re_{(j)}^+) = |g_{i(j)} - \Re_{(j)}^+|$，$d(g_{i(j)}, \Re_{(j)}^-) = |g_{i(j)} - \Re_{(j)}^-|$。$d(g_{i(j)}, \Re_{(j)}^+)$ 中 (j) 表示 $d(g_{i(j)}, \Re_{(j)}^+)$ 的一个排列，使得 $d(g_{i(1)}, \Re_{(1)}^+) \leq d(g_{i(2)}, \Re_{(2)}^+) \leq \cdots \leq d(g_{i(n)}, \Re_{(n)}^+)$。$d(g_{i(j)}, \Re_{(j)}^-)$ 中 (j) 的含义与 $d(g_{i(j)}, \Re_{(j)}^+)$ 一致，存在关系 $d(g_{i(1)}, \Re_{(1)}^-) \leq d(g_{i(2)}, \Re_{(2)}^-) \leq \cdots \leq d(g_{i(n)}, \Re_{(n)}^-)$。$C_{(j)} = (C_j, C_{j+1}, \cdots, C_n)$ 且 $C_{(j+1)} = \varnothing$。$\varphi_{C_{(j)}}^{vw}(j = 1, 2, \cdots, n+1)$ 是 2 可加模糊测度下的动态变权 Banzhaf 值。

由于 2 可加模糊测度下的广义 Banzhaf 值对于任意属性 $C_j \in C$ 和任意属性集 $K \in C$，$C_j \notin K$ 存在 $\varphi_{K \cup C_j}(\mu, C) - \varphi_K(\mu, C) = \varphi_{C_j}(\mu, C)$（具体证明过程参考文献［144］），即 $\varphi_K(\mu, C) = \sum_{C_j \in K} \varphi_{C_j}(\mu, C)$ 成立。而 2 可加模糊测度下的动态变权 Banzhaf 值具有 Banzhaf 积分一切性质。因此，式（3-8）又可表示为：

$$TIDVWBC(A_i) = \frac{\sum_{j=1}^n \varphi_{C_j}^{vw} d(g_{ij}, \Re_j^-)}{\sum_{j=1}^n \varphi_{C_j}^{vw} d(g_{ij}, \Re_j^+) + \sum_{j=1}^n \varphi_{C_j}^{vw} d(g_{ij}, \Re_j^-)} \quad (3-9)$$

式（3-9）中符号含义与前文相同。$0 \leq TIDVWBC(A_i) \leq 1$ 为备选方案 A_i 的综合排序得分。$TIDVWBC(A_i)$ 值越大，备选方案 A_i 越优。换句话来说，依据备选方案 TIDVWBC 值的降序排列各备选方案的优劣次序。

3.5 一种新的属性交互异构多属性群决策方法

基于 3.2~3.4 节，本节展示了所提的属性交互异构多属性群决策方法的决策过程，并进行了算例分析及对比分析以进一步阐明所提方法的有效性、可行性及优越性，具体如下：

3.5.1 决策过程

收集异构决策信息，并在对异构数据进行同构化及集成处理获得集成的同构化决策矩阵的基础上，建立了2可加模糊测度模型来客观确定交互属性或属性集在决策中的局部重要性。基于此，从全局角度考虑求得交互属性的全局重要性程度（即静态常权Banzhaf值）。然后，在确定交互属性动态变权的基础上，应用所提TIDVWBC算子融合交互非可加偏好信息获得备选方案排序，最终构建了一种能有效解决属性交互的异构多属性群决策问题的新方法模型。提议方法的决策步骤如下：

步骤1：收集决策者 $D_k(k=1,2,\cdots,p)$ 对备选方案 $A_i(i=1,2,\cdots,m)$ 在属性 $C_j(j=1,2,\cdots,n)$ 下的异构偏好评价值，形成初始异构决策矩阵 $\boldsymbol{R}^k = [r_{ij}^k]_{m \times n}$。

步骤2：异构偏好信息的规范化处理。为消除不同属性量纲对决策结果的负面影响，需对非[0, 1]区间上的属性值进行规范化处理。不同类型的异构偏好规范化处理方法如式（2-11）~式（2-15）所示，规范化的决策矩阵为 $\boldsymbol{X}^k = [x_{ij}^k]_{m \times n}$。

步骤3：规范化异构偏好极端值检验与调整。为了消除极端值对决策结果的负面影响，需对 $\boldsymbol{X}^k = [x_{ij}^k]_{m \times n}(k=1,2,\cdots,p)$ 中的各偏好值进行合理性检验，判断是否存在不合理的极端值。为了简化计算，本研究采用各决策者给出的方案 A_i 在 C_j 下的偏好值 $x_{ij}^1, x_{ij}^2, \cdots, x_{ij}^p$ 中最大值与最小值之间的偏差程度 $\mathcal{J}_{ij}$ 来衡量是否存在极端值。即 $\mathcal{J}_{ij} = d(\max_{k=1} x_{ij}^k, \min_{k=1} x_{ij}^k)$，$\mathcal{J}_{ij} \in [0, 1]$。由于 x_{ij}^k 可能为实数（RN）、IN、TFN、TrFN、IFN、TIFN，为便于比较偏好值 $x_{ij}^1, x_{ij}^2, \cdots, x_{ij}^p$ 间的大小，本书通过计算 $x_{ij}^k(k=1,2,\cdots,p)$ 与绝对理想值 $\mathcal{J}_{ij}^*$ 之间的距离 $d(\mathcal{J}_{ij}^*, x_{ij}^k)$ 进行偏好值大小判断。$\mathcal{J}_{ij}^*$ 为 x_{ij}^k 所能取得的最大值，

因此 $d(\mathcal{J}_{ij}^*, x_{ij}^k)$ 越小，则表明 x_{ij}^k 与 $\mathcal{J}_{ij}^*$ 越接近，x_{ij}^k 也就越大。若 $x_{ij}^k \in RN$，$\mathcal{J}_{ij}^* = 1$；若 $x_{ij}^k \in IN$，$\mathcal{J}_{ij}^* = [1, 1]$；若 $x_{ij}^k \in TFN$，$\mathcal{J}_{ij}^* = (1, 1, 1)$；若 $x_{ij}^k \in TrFN$，$\mathcal{J}_{ij}^* = (1, 1, 1, 1)$；若 $x_{ij}^k \in IFN$，$\mathcal{J}_{ij}^* = (1, 0)$；若 $x_{ij}^k \in TIFN$，$\mathcal{J}_{ij}^* = ([1, 1, 1]; 1, 0)$。

同时，依据具体决策问题，确定决策者意见偏差容忍度阈值 ODT 是重要且必要的，且 $ODT \in [0, 1]$；若 $\ell_{ij} < ODT$，则表明 $x_{ij}^1, x_{ij}^2, \cdots, x_{ij}^p$ 中不存在极端值；若 $\ell_{ij} > ODT$，则表明 $x_{ij}^1, x_{ij}^2, \cdots, x_{ij}^p$ 中存在极端值，需要对偏好值进行调整。调整策略为：首先分别计算 $x_{ij}^1, x_{ij}^2, \cdots, x_{ij}^p$ 中最大值 $x_{ij}^{\max}$、最小值 $x_{ij}^{\min}$ 与其他偏好值之间的一致性水平 CL_{ij}，计算式如下：

$$CL_{ij} = \frac{\sum_{\sigma=1, \sigma \neq k}^{p}(1 - d(x_{ij}^k, x_{ij}^\sigma))}{p} \qquad (3-10)$$

若最大值的一致性水平 $CL_{ij}^{\max}$ 小于最小值的一致性水平 $CL_{ij}^{\min}$，则表明 $x_{ij}^{\max}$ 过大，决策者应减少 $x_{ij}^{\max}$ 所对应的初始偏好值，反之则增加 $x_{ij}^{\min}$ 所对应的初始偏好值；重复步骤 1~3，直至所有偏好值均满足极端值检验要求。

步骤 4：异构偏好信息同构化处理。将诸如直觉三角模糊数、直觉模糊数、梯形模糊数、三角模糊数、区间数、精确数等规范化的异构偏好信息按照前文所定义的映射法则将其映射到 TwD-DU 空间。若映射后属性 C_j 下的 CD 值大于 1，则对 C_j 下的 CD 值进行规范处理（小于 1 则无需处理），进而获得规范化的同构决策矩阵 $\boldsymbol{g}^k = [g_{ij}^k]_{m \times n}$。若异构偏好信息同构化的 CD 值为 θ_{ij}，则规范化后的值 $\overline{\theta}_{ij}$ 为：

$$\overline{\theta}_{ij} = \begin{cases} \dfrac{\theta_{ij}}{\max\limits_{i}\theta_{ij}}, & C_j \text{ 是效益型指标} \\ 1 - \dfrac{\theta_{ij}}{\max\limits_{i}\theta_{ij}}, & C_j \text{ 是成本型指标} \end{cases} \qquad (3-11)$$

步骤 5：集成各决策者规范化同构决策矩阵 $\boldsymbol{g}^k = [g_{ij}^k]_{m \times n}(k = 1, 2, \cdots, p)$，进而获得集成规范化同构决策矩阵 $\boldsymbol{g} = [g_{ij}]_{m \times n}$。集成公式如下：

$$g_{ij} = \sum_{k=1}^{p} w_{D_k} g_{ij}^{k} \qquad (3-12)$$

其中，w_{D_k} 为决策者 D_k 的权重，$\sum_{k=1}^{p} w_{D_k} = 1$；$g_{ij}^{k}$ 为决策者 D_k 给出的备选方案 A_i 在属性 C_j 下同构化后的 CD 偏好值。

步骤 6：基于集成规范化同构决策矩阵 $g = [g_{ij}^{k}]_{m \times n}$ 求解交互属性或属性集的 2 可加模糊测度，进而通过式（2-22）求解各属性静态全局影响力，即静态固权 Banzhaf 值 φ_{C_j}。如前文所述，越接近正理想方案且同时越远离负理想方案的备选方案越优。基于这一思想，构建了备选方案 A_i 在静态固权 Banzhaf 下的最大排序系数非线性优化模型：

$$\text{Max}(A_i) = \frac{\sum_{j=1}^{n} \varphi_{C_j} d(g_{ij}, \mathfrak{R}_j^-)}{\sum_{j=1}^{n} \varphi_{C_j} d(g_{ij}, \mathfrak{R}_j^+) + \sum_{j=1}^{n} \varphi_{C_j} d(g_{ij}, \mathfrak{R}_j^-)} \qquad (3-13)$$

$$\text{s.t} \begin{cases} \sum_{C_l \subset K \setminus C_j} (\mu(C_j, C_l) - \mu(C_l)) \geqslant (|K| - 2)\mu(C_j), \forall K \subset C, C_j \in K, |K| \geqslant 2; \\ \sum_{\{C_j, C_l\} \subset C} \mu(C_j, C_l) - (|C| - 2) \sum_{C_j \in C} \mu(C_j) = 1; \\ \mu(C_j) \in \text{IR}_{C_j}, j = 1, 2, \cdots, n. \end{cases}$$

考虑所有的备选方案即 $\text{Max}(A_1)$，$\text{Max}(A_2)$，$\cdots$，$\text{Max}(A_m)$，并应用线性加权和法可构建如下多目标非线性优化模型：

$$\text{Max}(A) = \sum_{i=1}^{m} \frac{\sum_{j=1}^{n} \varphi_{C_j} d(g_{ij}, \mathfrak{R}_j^-)}{\sum_{j=1}^{n} \varphi_{C_j} d(g_{ij}, \mathfrak{R}_j^+) + \sum_{j=1}^{n} \varphi_{C_j} d(g_{ij}, \mathfrak{R}_j^-)} \qquad (3-14)$$

$$\text{s.t} \begin{cases} \sum_{C_l \subset K \setminus C_j} (\mu(C_j, C_l) - \mu(C_l)) \geqslant (|K| - 2)\mu(C_j), \forall K \subset C, C_j \in K, |K| \geqslant 2; \\ \sum_{\{C_j, C_l\} \subset C} \mu(C_j, C_l) - (|C| - 2) \sum_{C_j \in C} \mu(C_j) = 1; \\ \mu(C_j) \in \text{IR}_{C_j}, j = 1, 2, \cdots, n. \end{cases}$$

其中，$d(*, \cdot)$ 表示 $*$ 与 $\cdot$ 之间的 Hamming 距离；IR_{C_j} 为交互属性的权重范围，若去掉约束条件 $\varphi_{C_j} \in \text{IR}_{C_j}$，则式（3-14）退化为完全未知交互属性权重信息

的多目标非线性模糊测度求解优化模型；φ_{C_j} 为属性 C_j 在 2 可加模糊测度下的静态固权 Banzhaf 值。通过求解式（3-14）即可获得交互属性的 2 可加模糊测度，进而通过式（2-25）求得各属性的静态固权 Banzhaf 值 φ_{C_j}。

步骤7：确定交互状态变权公式并基于各属性的静态固权 Banzhaf 值 φ_{C_j} 求解各属性的交互动态变权 $\varphi_{C_j}^{vw}$ 值。

步骤8：备选方案排序优选。利用式（3-9）融合交互属性的偏好信息，即计算备选方案 A_i 的 $TIDVWBC(A_i)$ 值，然后按 TIDVWBC 值降序对各备选方案进行排序优选。

综上可知，提议方法决策过程简洁清晰，便于理解掌握及模块化编程应用。同时，提议方法能有效对异构偏好信息进行同构化处理，结果简单、直观且避免了原始异构偏好信息的损失或丢失。这样既满足了现实 MAGDM 问题的决策需要，也极大地降低了所建模型的复杂性。此外，提议方法精妙地运用了动态变权 Banzhaf 值在 2 可加模糊测度下所特有的可加优良特性来构建交互非可加融合算子，不仅克服了交互非可加偏好信息融合的补偿性问题，使融合后的结果更加准确可靠，而且简化了交互非可加信息融合的复杂性。另外，所提出的 Banzhaf 动态变权打破了交互情形下动态权重的技术壁垒，实现了其从静态到动态的突破，这对于交互 MAGDM 研究来说不管从理论层面还是应用层面都算不小的进步。

3.5.2　算例分析

某建筑企业为响应国家"低碳经济"可持续发展战略，拟选择低碳化、绿色化的建筑产品供应商。现有 5 家建筑产品绿色供应商可供选择，分别为 A_1、A_2、A_3、A_4、A_5。决策评价小组由企业的三位管理人员构成，分别为 D_1、D_2、D_3。决策者们分别从合作风险水平 C_1、产品优势 C_2、综合实力 C_3、绿色低碳水平 C_4 四个方面评价供应商的优劣。除属性 C_1 为成本型属性外，其余属性均为效益型属性。依据不同属性的特点，决策者们决定采用区间数型偏好值来描述属性 C_1 的属性值，采用梯形模糊数来表示属性 C_2 的属性值，采用直觉模糊数

来表示属性 C_3 的属性值，采用三角直觉模糊数来描述属性 C_4 的属性值。决策者们经过充分的分析论证，给出独立情形下属性 C_1、C_2、C_3、C_4 的权重分别为 0.2、0.25、0.3、0.25。交互情形下属性 C_1、C_2、C_3、C_4 的局部相对重要性范围分别为 [0.1, 0.25]、[0.3, 0.5]、[0.15, 0.6]、[0.2, 0.6]。三位决策者的权重分别为：$\omega_{D_1} = 0.4$，$\omega_{D_2} = 0.35$，$\omega_{D_3} = 0.25$。决策者意见偏差容忍度阈值 $ODT = 0.35$。各决策者给出的初始异构偏好决策矩阵如表3-1所示。

表3-1 决策者异构偏好决策矩阵

决策者	方案	C_1	C_2	C_3	C_4
D_1	A_1	[3, 4]	(3, 5, 6, 7)	(0.4, 0.3)	([4, 5, 6]; 0.7, 0.2)
	A_2	[4, 5]	(2, 4, 5, 6)	(0.4, 0.2)	([5, 6, 7]; 0.7, 0.1)
	A_3	[6, 7]	(4, 5, 5, 8)	(0.5, 0.2)	([3.5, 4, 5]; 0.65, 0.2)
	A_4	[5, 8]	(2, 3, 4, 5)	(0.6, 0.3)	([2, 3, 4]; 0.7, 0.3)
	A_5	[5, 6]	(3, 4, 5, 6)	(0.3, 0.4)	([2, 4, 5]; 0.6, 0.3)
D_2	A_1	[2, 4]	(2, 4, 5, 6)	(0.5, 0.2)	([5, 5.5, 6]; 0.7, 0.2)
	A_2	[5, 6]	(3, 4, 4, 6)	(0.4, 0.1)	([6, 7, 8]; 0.75, 0.1)
	A_3	[6, 7]	(2, 5, 5, 6)	(0.4, 0.2)	([4.5, 6, 6.5]; 0.65, 0.25)
	A_4	[3, 5]	(3, 4, 5, 6)	(0.4, 0)	([3.5, 5, 6]; 0.5, 0.3)
	A_5	[6, 7]	(2, 4, 5, 6)	(0.4, 0.2)	([3, 5, 7]; 0.5, 0.2)
D_3	A_1	[3, 4]	(3, 4, 5, 6)	(0.6, 0.2)	([3.5, 4, 5]; 0.65, 0.2)
	A_2	[2, 6]	(3, 5, 5, 8)	(0.4, 0.3)	([6, 6.5, 8]; 0.8, 0.1)
	A_3	[4, 5]	(5, 6, 7, 8)	(0.5, 0.3)	([4, 5, 6]; 0.7, 0.15)
	A_4	[3, 4]	(2, 4, 5, 6)	(0.4, 0.2)	([2.5, 3.5, 5]; 0.6, 0.2)
	A_5	[3, 5]	(3, 4, 6, 6)	(0.5, 0.3)	([4, 5, 6]; 0.4, 0.3)

步骤1：决策者 $D_k(k = 1, 2, 3)$ 对备选方案 $A_i(i = 1, 2, 3, 4, 5)$ 在属性 $C_j(j = 1, 2, 3, 4)$ 下的异构偏好评价值如表3-1所示。

步骤2：异构偏好信息的规范化处理。通过式（2-11）~式（2-15）获得决策者规范化异构偏好决策矩阵，如表3-2所示。

表 3-2 规范化异构偏好决策矩阵

决策者	方案	C_1	C_2	C_3	C_4
D_1	A_1	[0.5, 0.625]	(0.375, 0.625, 0.75, 0.875)	(0.4, 0.3)	([0.571, 0.714, 0.857]; 0.7, 0.2)
	A_2	[0.375, 0.5]	(0.25, 0.5, 0.625, 0.75)	(0.4, 0.2)	([0.714, 0.857, 1]; 0.7, 0.1)
	A_3	[0.125, 0.25]	(0.5, 0.625, 0.625, 1)	(0.5, 0.2)	([0.5, 0.571, 0.714]; 0.65, 0.2)
	A_4	[0, 0.375]	(0.25, 0.375, 0.5, 0.625)	(0.6, 0.3)	([0.286, 0.429, 0.571]; 0.7, 0.3)
	A_5	[0.25, 0.375]	(0.375, 0.5, 0.625, 0.75)	(0.3, 0.4)	([0.286, 0.571, 0.714]; 0.6, 0.3)
D_2	A_1	[0.429, 0.714]	(0.333, 0.5, 0.833, 1)	(0.5, 0.2)	([0.625, 0.688, 0.75]; 0.7, 0.2)
	A_2	[0.143, 0.286]	(0.5, 0.667, 0.667, 1)	(0.4, 0.1)	([0.75, 0.875, 1]; 0.75, 0.1)
	A_3	[0, 0.143]	(0.333, 0.833, 0.833, 1)	(0.4, 0.2)	([0.563, 0.75, 0.813]; 0.65, 0.25)
	A_4	[0.286, 0.571]	(0.5, 0.667, 0.833, 1)	(0.4, 0.3)	([0.438, 0.625, 0.75]; 0.5, 0.3)
	A_5	[0, 0.143]	(0.333, 0.667, 0.833, 1)	(0.4, 0.2)	([0.375, 0.625, 0.875]; 0.5, 0.2)
D_3	A_1	[0.333, 0.5]	(0.375, 0.5, 0.625, 0.75)	(0.6, 0.2)	([0.438, 0.5, 0.625]; 0.65, 0.2)
	A_2	[0, 0.667]	(0.375, 0.625, 0.625, 1)	(0.4, 0.3)	([0.75, 0.813, 1]; 0.8, 0.1)
	A_3	[0.167, 0.333]	(0.625, 0.75, 0.875, 1)	(0.5, 0.3)	([0.5, 0.625, 0.75]; 0.7, 0.15)
	A_4	[0.333, 0.5]	(0.25, 0.5, 0.625, 0.75)	(0.4, 0.2)	([0.313, 0.438, 0.625]; 0.6, 0.2)
	A_5	[0.167, 0.5]	(0.375, 0.5, 0.75, 0.75)	(0.5, 0.3)	([0.5, 0.625, 0.75]; 0.4, 0.3)

步骤3：规范化异构偏好的极端值检验与调整。经计算，偏好值均满足 $\ell_{ij} < ODT$，$i = 1, 2, \cdots, m$；$j = 1, 2, \cdots, n$，即决策者异构偏好决策矩阵符合极端值检验要求，为有效的决策矩阵。

步骤4：异构偏好的同构化。将规范化的区间数、梯形模糊数、直觉模糊数以及三角直觉模糊等异构偏好信息按 3.2 节定义的映射规则向 TwD-DU 空间映射，并通过式（3-11）对属性 C_2 下存在的非规范化 CD 值进行规范化处理，所获规范化同构决策矩阵如表 3-3 所示。

表 3-3　规范化同构决策矩阵

决策者	方案	C_1	C_2	C_3	C_4
D_1	A_1	0.6	1	0.571	0.656
	A_2	0.469	0.846	0.6	0.774
	A_3	0.188	0.924	0.688	0.554
	A_4	0	0.654	0.686	0.452
	A_5	0.333	0.807	0.45	0.465
D_2	A_1	0.6	0.831	0.688	0.643
	A_2	0.215	0.792	0.622	0.811
	A_3	0	1	0.6	0.607
	A_4	0.429	0.873	0.571	0.437
	A_5	0	0.917	0.6	0.469
D_3	A_1	0.444	0.737	0.75	0.506
	A_2	0	0.877	0.571	0.825
	A_3	0.25	1	0.643	0.625
	A_4	0.444	0.774	0.6	0.431
	A_5	0.278	0.804	0.643	0.368

步骤 5：集成各个决策者规范化的同构决策矩阵获得集成规范化同构决策矩阵，结果如表 3-4 所示。

表 3-4　集成规范化同构决策矩阵

方案	C_1	C_2	C_3	C_4
A_1	0.561	0.875	0.657	0.614
A_2	0.263	0.835	0.6	0.8
A_3	0.138	0.97	0.646	0.59
A_4	0.261	0.761	0.624	0.442
A_5	0.203	0.845	0.551	0.442

步骤 6：求解属性的 2 可加模糊测度及静态固权 Banzhaf 值。$\mathfrak{R}^+ =$

(0.138, 0.97, 0.657, 0.8),$\mathfrak{R}^-$ = (0.561, 0.761, 0.551, 0.442),则利用式 (3-14) 可构建如下非线性优化模型：

$$\max A = \frac{\left\{\begin{array}{l} 0.93\mu(C_1C_2) + 0.851\mu(C_1C_3) + 1.029\mu(C_1C_4) \\ + 0.402\mu(C_2C_3) + 0.580\mu(C_2C_4) + 0.501\mu(C_3C_4) \\ - 1.431(\mu(C_1) + \mu(C_2) + \mu(C_2) + \mu(C_3) + \mu(C_4)) \end{array}\right\}}{\left\{\begin{array}{l} 0.316\mu(C_1C_2) + 0.265\mu(C_1C_3) + 0.391\mu(C_1C_4) \\ + 0.158\mu(C_2C_3) + 0.284\mu(C_2C_4) + 0.232\mu(C_3C_4) \\ - 0.548(\mu(C_1) + \mu(C_2) + \mu(C_3) + \mu(C_4)) \end{array}\right\}}$$

(3-15)

$$\text{s. t} \begin{cases} \mu(C_1) + \mu(C_2) + \mu(C_4) - \mu(C_1C_2) - \mu(C_1C_4) \leq 0 \\ \mu(C_1) + \mu(C_2) + \mu(C_4) - \mu(C_1C_4) - \mu(C_2C_4) \leq 0 \\ \mu(C_1) + \mu(C_3) + \mu(C_4) - \mu(C_1C_3) - \mu(C_3C_4) \leq 0 \\ \mu(C_1) + \mu(C_2) + \mu(C_3) - \mu(C_1C_2) - \mu(C_1C_3) \leq 0 \\ \mu(C_1) + \mu(C_2) + \mu(C_3) - \mu(C_1C_2) - \mu(C_2C_3) \leq 0 \\ \mu(C_1) + \mu(C_2) + \mu(C_3) - \mu(C_1C_3) - \mu(C_2C_3) \leq 0 \\ \mu(C_1) + \mu(C_2) + \mu(C_4) - \mu(C_1C_2) - \mu(C_2C_4) \leq 0 \\ \mu(C_1) + \mu(C_3) + \mu(C_4) - \mu(C_1C_3) - \mu(C_1C_4) \leq 0 \\ \mu(C_1) + \mu(C_3) + \mu(C_4) - \mu(C_2C_4) - \mu(C_3C_4) \leq 0 \\ \mu(C_2) + \mu(C_3) + \mu(C_4) - \mu(C_2C_3) - \mu(C_2C_4) \leq 0 \\ \mu(C_2) + \mu(C_3) + \mu(C_4) - \mu(C_2C_3) - \mu(C_3C_4) \leq 0 \\ \mu(C_2) + \mu(C_3) + \mu(C_4) - \mu(C_2C_4) - \mu(C_3C_4) \leq 0 \\ \mu(C_1) + \mu(C_2) - \mu(C_1C_2) \leq 0 \\ \mu(C_1) + \mu(C_3) - \mu(C_1C_3) \leq 0 \\ \mu(C_1) + \mu(C_4) - \mu(C_1C_4) \leq 0 \\ \mu(C_2) + \mu(C_3) - \mu(C_2C_3) \leq 0 \\ \mu(C_2) + \mu(C_4) - \mu(C_2C_4) \leq 0 \\ \mu(C_3) + \mu(C_4) - \mu(C_3C_4) \leq 0 \\ \mu(C_1) \in [0.1, 0.25], \mu(C_2) \in [0.3, 0.5], \mu(C_3) \in [0.15, 0.6], \\ \mu(C_4) \in [0.2, 0.6] \\ \mu(C_1C_2) + \mu(C_1C_3) + \mu(C_1C_4) + \mu(C_2C_3) + \mu(C_2C_4) + \mu(C_3C_4) \\ - 2(\mu(C_1) + \mu(C_2) + \mu(C_3) + \mu(C_4)) = 1 \end{cases}$$

通过 Lingo11 求解式（3-15），所得结果为：$\mu(C_1) = 0.25$；$\mu(C_2) = 0.3$；$\mu(C_3) = 0.15$；$\mu(C_4) = 0.2$；$\mu(C_1C_2) = 0.3$；$\mu(C_1C_3) = 0.75$；$\mu(C_1C_4) = 0.45$；$\mu(C_2C_3) = 0.45$；$\mu(C_2C_4) = 0.5$；$\mu(C_3C_4) = 0.35$。

进一步，基于 2 可加模糊测度值及式（2-22），各属性的静态固权 Banzhaf 值为：$\varphi_{C_1} = 0.3$，$\varphi_{C_2} = 0.175$，$\varphi_{C_3} = 0.325$，$\varphi_{C_4} = 0.2$。

步骤 7：确定交互状态变权公式，并基于各属性的静态固权 Banzhaf 值 φ_{C_j} 求解各属性的动态变权 $\varphi_{C_j}^{vw}$。本书构造惩罚型状态变权 $L_j(X) = e^{-|g_{ij} - \bar{g}_i|}$（$j = 1, 2, 3, 4$；$i = 1, 2, 3, 4, 5$），$\bar{g}_i = \sum_{j=1}^{4} g_{ij}/4$ 来确定各备选方案在不同属性下的动态变权 Banzhaf 值。结果如表 3-5 所示。

表 3-5　动态变权 Banzhaf 值

方案	C_1	C_2	C_3	C_4
A_1	0.291	0.157	0.347	0.205
A_2	0.25	0.17	0.379	0.201
A_3	0.235	0.146	0.375	0.244
A_4	0.273	0.163	0.346	0.218
A_5	0.262	0.148	0.369	0.221

步骤 8：利用式（3-9）融合属性的偏好信息获得各备选方案的排序系数为：$TIDVWBC(A_1) = 0.338$；$TIDVWBC(A_2) = 0.701$；$TIDVWBC(A_3) = 0.785$；$TIDVWBC(A_4) = 0.405$；$TIDVWBC(A_5) = 0.409$。依据 $TIDVWBC(A_i)$ 值越大备选方案 A_i 越优的排序规则，则备选方案的排序为：$A_3 > A_2 > A_5 > A_4 > A_1$（" > "表示优先于）。即从综合角度来看绿色供应商 A_3 为最佳选择，应优先考虑与其展开合作。

3.5.3　对比分析

本书基于集对理论、2 可加模糊测度、广义 Banzhaf 值、Choquet 积分以及 TOPSIS 方法构建了一种适用于异构偏好以及属性交互环境下的多属性群决策方法。为了验证本书所提模型的有效性，本节基于 3.4.2 节案例数据进行了方法的对比分析。为了使对比具有可比性及针对性，本书选择异构 TOPSIS 方法进行对比。具体原因为：其一，TOPSIS 方法具有处理异构偏好的能力，被广泛应用于异构多属性群决策建模[99,101]，也被广泛应用于绿色供应商选择[202-205]；其二，异构 TOPSIS 法与提议方法具有一定程度上的内源相似性，提议方法相当于异构 TOPSIS 法的一种更为普适、广义化的形式。尽管本章提议方法与异构 VIKOR 法也有一定的类似性，但总体来看相关程度要远低于异构 TOPSIS 方法，此外相比于 VIKOR 方法，本章提议方法的明显优势在于：首先提议模型的先验参数要少于 VIKOR 方法，VIKOR 方法的个体或群体效用参数对决策结果有着显著影响且难以准确地决定其合理取值；其次，VIKOR 方法可能出现多个方案均为最优方案的情况，进而难以对备选方案进行有效的区分排序。从实践角度来说，这可能使得决策者难以适从，无法为决策者提供最有效的决策参考。

综合上述分析，使用不考虑异构偏好的系统不确定性、属性交互以及偏好融合补偿性问题的异构 TOPSIS 方法来解决上述绿色供应商选择问题，其具体决策步骤如下：

步骤 1 及步骤 2 与提议方法相同。

步骤 3：确定各属性下的正理想解 V_j^+ 与负理想解 V_j^-。对于效益型指标，区间数型：$\mathfrak{R}_j^+ = [\max\limits_{1\leq i\leq m} x_{ij}^{Lk}, \max\limits_{1\leq i\leq m} x_{ij}^{Uk}]$，$\mathfrak{R}_j^- = [\min\limits_{1\leq i\leq m} x_{ij}^{Lk}, \min\limits_{1\leq i\leq m} x_{ij}^{Uk}]$；梯形模糊数：$\mathfrak{R}_j^+ = (\max\limits_{1\leq i\leq m} x_{ij}^{1k}, \max\limits_{1\leq i\leq m} x_{ij}^{2k}, \max\limits_{1\leq i\leq m} x_{ij}^{3k}, \max\limits_{1\leq i\leq m} x_{ij}^{4k})$，$\mathfrak{R}_j^- = (\min\limits_{1\leq i\leq m} x_{ij}^{1k}, \min\limits_{1\leq i\leq m} x_{ij}^{2k}, \min\limits_{1\leq i\leq m} x_{ij}^{3k}, \min\limits_{1\leq i\leq m} x_{ij}^{4k})$；直觉模糊数：$\mathfrak{R}_j^+ = (\max\limits_{1\leq i\leq m} u_{ij}^k, \min\limits_{1\leq i\leq m} v_{ij}^k)$，$\mathfrak{R}_j^- = (\min\limits_{1\leq i\leq m} u_{ij}^k, \max\limits_{1\leq i\leq m} v_{ij}^k)$；三角直觉模糊数：$\mathfrak{R}_j^+ = ([\max\limits_{1\leq i\leq m} \underline{x}_{ij}^k, \max\limits_{1\leq i\leq m} x_{ij}^k, \max\limits_{1\leq i\leq m} \overline{x}_{ij}^k]; \max\limits_{1\leq i\leq m} u_{ij}^k, \min\limits_{1\leq i\leq m} v_{ij}^k)$，$\mathfrak{R}_j^- = ([\min\limits_{1\leq i\leq m} \underline{x}_{ij}^k, \min\limits_{1\leq i\leq m} x_{ij}^k, \min\limits_{1\leq i\leq m} \overline{x}_{ij}^k]; \min\limits_{1\leq i\leq m} u_{ij}^k, \max\limits_{1\leq i\leq m} v_{ij}^k)$。对于成本型指标，其正负理想解的取值恰好与效益型指标相反，即值取最小化。

步骤 4：计算各属性值与正理想解之间的距离 d_{ij}^{k+} 及负理想解之间的距离 d_{ij}^{k-}，获得各决策者的正负距离矩阵。

步骤 5：聚集各决策者的正负距离矩阵，获得集成的正负距离矩阵。令

d_{ij}^+ 与 d_{ij}^- 分别为决策者正距离矩阵及负距离矩阵中的元素，则：

$$d_{ij}^+ = \sum_{k=1}^{p} w_p d_{ij}^{k+} \quad (3-16)$$

$$d_{ij}^- = \sum_{k=1}^{p} w_p d_{ij}^{k-} \quad (3-17)$$

步骤6：计算备选方案在各属性下的贴近系数 $CC_{ij} = \dfrac{d_{ij}^-}{d_{ij}^- + d_{ij}^+}$。

步骤7：计算备选方案 A_i 在各属性下的综合贴近系数 $CC_i = \sum_{j=1}^{n} w_j CC_{ij}$。其中，$w_j$ 为属性 C_j 的权重，CC_i 越大则备选方案 A_i 越优。

运用异构TOPSIS法计算得到各备选方案的贴近系数分别为 $CC_1 = 0.376$、$CC_2 = 0.570$、$CC_3 = 0.703$、$CC_4 = 0.330$、$CC_5 = 0.389$，则备选方案间的排序结果为 $A_3 > A_2 > A_5 > A_1 > A_4$。对比分析可知，异构TOPSIS与本书所提模型确定的备选方案排序结果基本一致。最优备选方案均为 A_3，这验证了提议方法的可靠性与有效性。两种方法在备选方案 A_1 与 A_4 之间的排序上存在差异。为了探究哪种方法排序更为准确可靠，引入广泛应用于度量决策模型有效性的整体辨识度指标。决策模型本身具有的整体辨识度越高，则决策模型的排序结果越准确可靠[175,206]。其可通过备选方案先后次序间排序值差值的绝对值与先次序排序值的比值之和的均值进行量化计算。经计算可得，提议的属性交互情形下的异构多属性群决策模型的整体辨识度为0.175，异构TOPSIS决策模型的整体辨识度为0.151，提议模型比异构TOPSIS模型的整体辨识度提高了13.714%。这从数据角度证明了提议模型的科学合理性，说明同等条件下提议模型能更为精细地区分辨别方案之间的细微特征差异。相应地，排序结果也更加准确可靠。同时，也证明了属性交互及信息融合的补偿性问题会较大程度地影响决策结果的准确性，在MAGDM模型中应予以考虑。

从理论角度来看，本书提议的动态交互变权不仅扩展、丰富了变权理论的研究，更是创新了交互MAGDM方面的研究。相比文献［197］构建的 λ-Shapley交互变权MAGDM模型来说，两者虽同为交互情形下动态变权方面的多属性群决策研究，但无论是在研究思路还是在模型方法上均与本书研究存在着显著差异。对比分析如下：① 文献［197］基于 λ 模糊测度度量属性或属性集间的交互关系并确定它们的交互权重，但 λ 模糊测度默认假定所有属性间仅存在一种交互关联关系，即所有属性间要么为互补交互，要么为冗余交互，要么为完全独立。基于本章案例可知，属性集中不同属性间可能同时存在着多种交互关系，如 $\mu(C_1)+\mu(C_2)>\mu(C_1C_2)$ 表明属性 C_1 与属性 C_2 间存在冗余消极的交互关系，$\mu(C_1)+\mu(C_3)<\mu(C_1C_3)$ 表明属性 C_1 与属性 C_3 间存在互补的交互关系，$\mu(C_2)+\mu(C_3)=\mu(C_2C_3)$ 表明属性 C_2 与属性 C_3 间相互独立。属性间的交互关系正确与否直接关系到交互属性权重的确定及融合结果的准确性。因此假定不同属性间仅存在一种交互关系明显不合理，会降低决策质量。而本书提议的 2 可加 Banzhaf 交互动态变权 MAGDM 模型不仅完全避免了上述问题，而且还使得模型的决策步骤及运算过程更为简单，大幅提升了模型的实践应用及推广价值。② 文献［197］所建模型需要决策者准确地提供交互属性的 Shapley 值，这对于决策者来说是难以做到的，即使能做到也难以保证所提供 Shapley 值的准确性及有效性。同时，也大幅度地增加了决策难度及决策过程的主观模糊性。而提议模型则不存在相应问题，其通过属性数据本身确定模型的参数取值，不仅减轻了决策者的决策压力，而且降低了决策过程的主观模糊性，提高了决策结果的可靠性及准确性。

3.6　本章小结

本章针对属性交互及异构情形下的决策问题提出了一种新的 MAGDM 方法。该方法有效克服了异构偏好同构化的信息损失或扭曲以及交互偏好信息非可加融合的补偿性问题。具体来说，首先，提出并定义了基于集对二维确定-不确定空间的异构偏好同构化新方法，即 TwD-DU 法。不同于现有的异构偏好同构化方法，提议的 TwD-DU 同构化方法充分考虑了异构偏好信息自身的系统不确定性而不是局部不确定性，有效地提高了同构化质量，避免了因同构化造成的信息"污染"而带来的决策偏差。其次，定义了 Banzhaf 交互变权及交互状态变权，并提出了一种新的基于 TOPSIS 的交互动态变权 Banzhaf-

Choquet 积分来更合理地融合交互非可加偏好信息。最后，通过算例以及对比分析验证了提议方法的有效性以及科学合理性。

从理论意义角度来说：① 本章提出的多型异构数据同构化方法为异构多属性决策提供了一种新思路。② 提出的基于 TOPSIS 的交互动态变权 Banzhaf-Choquet 模型巧妙地利用了 Banzhaf 函数在 2 可加模糊测度下特有的可加特性，这不仅为交互动态变权的实现奠定了坚实的基础，实现了非可加信息融合从静态到动态的突破，而且也降低了交互偏好信息非可加融合的复杂性，简化了流程步骤。因此，综合来看，本章的研究成果创新、扩展和丰富了异构多属性决策、交互多属性决策、集对理论以及变权理论方法体系，具有较强的理论意义。

从实践意义角度来说，现实的 MAGDM 问题往往难以满足属性间相互独立的苛刻条件，也呈现出多型异构性，从而使得在 MAGDM 问题中考虑异构性、属性交互性以及补偿性是十分必要且重要的，其直接关乎决策结果的准确性。本章模型在充分考虑上述现实决策问题特性的基础上进行建模，最大限度地消除了交互性、补偿性以及异构性对决策结果的不利影响。因此，相比已有 MAGDM 方法，本章提出的方法更贴合实际情况，决策结果也更精准可靠，具有较强的实践应用价值。

第4章 基于属性方案双重交互的异构多属性群决策方法

本章针对属性及备选方案双重交互下的异构 MAGDM 问题，提出了一种双重交互下的异构 MAGDM 新方法。由于集对 TwD-DU 空间映射忽略了集对的对立性，本章进一步定义了异构偏好的集对三维确定-不确定（three-dimensional determinacy-uncertainty，TD-DU）空间同构化处理方法。考虑到实际的 MAGDM 问题中不仅属性之间存在着复杂交互关系，备选方案之间同样可能存在复杂的交互关系。因此，本章同时考虑属性及备选方案双重交互影响建立模型。最后，通过算例及对比分析验证了提议方法的可行性及有效性。

4.1 问题分析

现有交互 MAGDM 方法大部分集中在属性交互的研究上[120-130]，忽略了备选方案之间的交互对决策结果的影响。然而，在多数的 MAGDM 问题中，不仅属性之间存在着交互关系，备选方案之间同样可能存在着复杂的交互关系。比如，在绿色供应商选择评价问题中，由于在开放的经济系统中供应商企业之间的合作、联盟以及竞争等商业行为的存在，它们之间通常存在着千丝万缕的复杂交互关系。再比如，在能源开发选址评价问题中，依据著名的地理学第一定律可知，地球上任意空间之间都是相关的，只是距离的远近造成空间交互关联关系存在着强弱之分而已。所以，各备选开发区位之间在空间分布或地理气象等方面通常或多或少存在着一定的交互关联关系，即一个备选开发区位的某些开发条件（如地质、气候、交通等）可能直接决定了另一个备选区位开发条件的好坏。因此，从实践的角度来看，在现实的 MAGDM 问题中，备选方案交互是确实存在的，独立仅是交互情形下的一种特殊情形。因此，有必要在 MAGDM 问题建模时考虑方案间的交互关系。

另外，从理论层面来看，学者们发现一些经典的 MAGDM 排序方法（如 TOPSIS 法、VIKOR 法、层次分析法等）在某些情况下可能出现逆序现象，即在不改变原有方案属性值的情况下，如果增加或减少一些备选方案，则原有备选方案之间的排序次序会在增加或减少备选方案后发生变化[7,207,208]。例如，假设存在两个备选方案 A_i 与 A_h，并且依据某一排序方法得到备选方案 A_i 优于 A_h。但是，在保持两备选方案属性值不变的情况下，增加若干备选方案（数量 ≥ 1），再使用同一方法排序则可能出现备选方案 A_i 与 A_h 之间的排序次序发生改变，得出 A_h 优于 A_i 的结果。虽然少数学者从不同角度研究并提出了一些避免排序方法出现逆序的措施[7,207,208]，但是究其根本原因还是在于备选方案之间存在着复杂的交互关系。如果备选方案之间完全独立，那么在不改变原有备选方案决策条件的情况下增加或减少备选方案必定不会使得原有备选方案之间的排序发生变化或逆转。这从理论角度证明了备选方案交互的存在并且确实会影响排序结果的准确性。实际上，通过后续的建模研究发现，从方案优劣排序角度来说，现有忽略备选方案之间交互影响的 MAGDM 方法相当于是基于绝对优势的假设排列备选方案的顺序。即在融合某一备选方案的偏好信息获得排序系数时，假设该备选方案在所有备选方案中是最优的。而备选方案之间优劣排序的基础就是它们之间存在着优劣差异，假设每一个备选方案均优于其他备选方案或备选方案之间无交互差异影响本身就是相冲突、明显不合理的。

对于备选方案之间的交互建模来说，要想准确地度量备选方案之间的交互影响差异，三个主要的挑战或难题必须解决：①如何客观地描述和确定备选方案之间在单一属性下的交互关系及交互强度？②如何客观地描述和表达备选方案之间在多属性下的交互关系及交互强度？③在解决前述两个问题的基础上，如何准确地度量各备选方案在复杂交互情形下的交互影响（优势度）？此外，前述提出的 TwD-DU 空间异构偏好同构化方法虽然完全考虑了异构偏好信息自身的系统不确定性，可以较好地同构化异构偏好信息，且相对简单，但是并没有考虑映射集对的对立性，这可能在处理更为复杂或精度要求较高的异构 MAGDM 问题时仍会造成一定的排序偏差。

综上所述，实际的 MAGDM 问题中备选方案交互确实存在，且会影响决策结果的准确性。而目前少有 MAGDM 方法考虑其影响。因此为了弥补当前研究的不足，针对属性及备选方案交互的异构 MAGDM 问题，本章首先提出了一种异构偏好信息的集对 TD-DU 空间同构化新方法，相比于 TwD-DU 空间异构偏好同构化方法，其具有更强的信息处理能力及更高的精度。其次，建立了一种基于改进加权离差最大化的非线性优化模型来度量属性交互程度。在此基础上，基于复杂网络理论，提出了备选方案在单属性及多属性下的交互网络构建规则，通过多属性备选方案交互（multi-attribute alternative interaction, MAAI）网络来客观描述备选方案之间的复杂交互关系，进而建立了全局视角下的方案交互影响度量模型。最后，提出了一种新的 2 可加模糊测度下的 Shapley-Choquet 双重交互优势度积分（shapley-choquet dual interaction superiority integral w. r. t 2-additive fuzzy measure，SCDISIWTAFM）来更为合理地融合交互非可加偏好信息，获得备选方案排序。

4.2 异构偏好的 TD-DU 空间同构化

令 x_{ij}^k 为决策者 D_k 提供的备选方案 A_i 在属性 C_j 下的偏好值，$\mathfrak{R}_j^+$ 与 $\mathfrak{R}_j^-$ 分别为属性 C_j 的正理想点以及负理想点，$\mathfrak{R}^{z_0}$ 为零点，那么可以将 x_{ij}^k 与理想点集合 $\mathfrak{R}_j = \{\mathfrak{R}_j^+, \mathfrak{R}_j^-\}$ 构成集合对 $(x_{ij}^k, \mathfrak{R}_j)$，并将 x_{ij}^k 映射到集对 TD-DU 空间中。集合对 $(x_{ij}^k, \mathfrak{R}_j)$ 中 x_{ij}^k 与 $\mathfrak{R}_j$ 之间的同、异、反关系如图 4-1 所示。为了更清楚地表示映射过程，先给出 x_{ij}^k 与 $\mathfrak{R}_j^+$ 的联系度 $\theta(x_{ij}^k, \mathfrak{R}_j^+)$，以及 x_{ij}^k 与 $\mathfrak{R}_j^-$ 的联系度 $\theta(x_{ij}^k, \mathfrak{R}_j^-)$ 的定义：

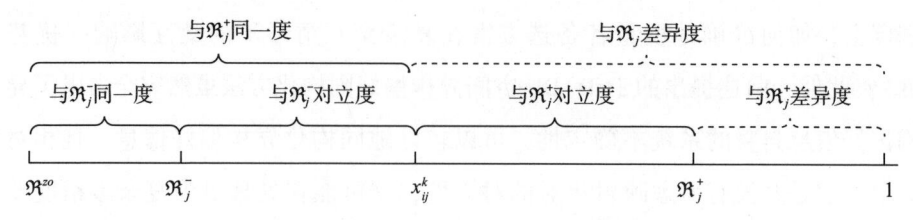

图 4-1 x_{ij}^k 与 $\mathfrak{R}_j$ 之间的同、异、反关系

$$\theta(x_{ij}^k, \mathfrak{R}_j^+)^+ = \frac{d(x_{ij}^k, \mathfrak{R}^{zo})}{d(\mathfrak{R}_j^+, \mathfrak{R}^{zo})} + \left(1 - \frac{d(x_{ij}^k, \mathfrak{R}^{zo})}{d(\mathfrak{R}_j^+, \mathfrak{R}^{zo})} - \frac{d(\mathfrak{R}_j^+, x_{ij}^k)}{d(\mathfrak{R}_j^+, \mathfrak{R}^{zo})}\right)\tau$$
$$+ \frac{d(\mathfrak{R}_j^+, x_{ij}^k)}{d(\mathfrak{R}_j^+, \mathfrak{R}^{zo})}\varepsilon \tag{4-1}$$

$$\theta(x_{ij}^k, \mathfrak{R}_j^-)^- = \frac{d(\mathfrak{R}_j^-, \mathfrak{R}^{zo})}{d(x_{ij}^k, \mathfrak{R}^{zo})} + \left(1 - \frac{d(\mathfrak{R}_j^-, \mathfrak{R}^{zo})}{d(x_{ij}^k, \mathfrak{R}^{zo})} - \frac{d(\mathfrak{R}_j^-, x_{ij}^k)}{d(x_{ij}^k, \mathfrak{R}^{zo})}\right)\tau$$
$$+ \frac{d(\mathfrak{R}_j^-, x_{ij}^k)}{d(x_{ij}^k, \mathfrak{R}^{zo})}\varepsilon \tag{4-2}$$

其中，$d(\cdot,\cdot)$ 表示 Hamming 距离测度。其他符号的含义与前文所述相同。

在此基础上，基于属性值越接近正理想点的同时又越远离负理想点则 x_{ij}^k 越优的思想，本书用 $\frac{d(x_{ij}^k, \mathfrak{R}^{zo})}{d(\mathfrak{R}^+, \mathfrak{R}^{zo})} \times \frac{d(\mathfrak{R}_j^-, x_{ij}^k)}{d(x_{ij}^k, \mathfrak{R}^{zo})}$ 表示 x_{ij}^k 接近正理想点的同时又远离负理想点的程度，用 $\frac{d(\mathfrak{R}_j^-, \mathfrak{R}^{zo})}{d(x_{ij}^k, \mathfrak{R}^{zo})} \times \frac{d(\mathfrak{R}_j^+, x_{ij}^k)}{d(\mathfrak{R}_j^+, \mathfrak{R}^{zo})}$ 表示 x_{ij}^k 接近负理想点的同时又远离正理想点的程度，那么偏好值 x_{ij}^k 映射到集对 $(x_{ij}^k, \mathfrak{R}_j)$ TD-DU 空间的联系度为：

$$\theta(x_{ij}^k, \mathfrak{R}_j) = \frac{d(x_{ij}^k, \mathfrak{R}^{zo})}{d(\mathfrak{R}^+, \mathfrak{R}^{zo})} \times \frac{d(\mathfrak{R}_j^-, x_{ij}^k)}{d(x_{ij}^k, \mathfrak{R}^{zo})}$$
$$+ \left(1 - \frac{d(x_{ij}^k, \mathfrak{R}^{zo})}{d(\mathfrak{R}^+, \mathfrak{R}^{zo})} \times \frac{d(\mathfrak{R}_j^-, x_{ij}^k)}{d(x_{ij}^k, \mathfrak{R}^{zo})} - \frac{d(\mathfrak{R}_j^-, \mathfrak{R}^{zo})}{d(x_{ij}^k, \mathfrak{R}^{zo})} \times \frac{d(\mathfrak{R}_j^+, x_{ij}^k)}{d(\mathfrak{R}_j^+, \mathfrak{R}^{zo})}\right)\tau$$
$$+ \frac{d(\mathfrak{R}_j^-, \mathfrak{R}^{zo})}{d(x_{ij}^k, \mathfrak{R}^{zo})} \times \frac{d(\mathfrak{R}_j^+, x_{ij}^k)}{d(\mathfrak{R}_j^+, \mathfrak{R}^{zo})}\varepsilon \tag{4-3}$$

式（4-3）中各符号的含义与前文相同。基于公式（4-3），精确数、区间数、三角模糊数、梯形模糊数、直觉模糊数以及三角直觉模糊数的集对 TD-DU 空间具体映射形式如下：

(1) 精确数 TD-DU 空间映射

如果偏好值 x_{ij}^k 是一个规范化的精确数，那么 $\mathfrak{R}^{zo} = 0$，$x_{ij}^k \in [0, 1]$，$\mathfrak{R}_j^+ = \max\limits_{1 \leq i \leq m} x_{ij}^k$，$\mathfrak{R}_j^- = \min\limits_{1 \leq i \leq m} x_{ij}^k$。则精确数的 TD-DU 空间具体映射公式定义为：

$$\theta(x_{ij}^k, \mathfrak{R}_j)_{RN} = \frac{|x_{ij}^k - \mathfrak{R}_j^-|}{\mathfrak{R}_j^+} + \left(1 - \frac{x_{ij}^k - \mathfrak{R}_j^-}{\mathfrak{R}_j^+} - \frac{\mathfrak{R}_j^-}{x_{ij}^k} \times \frac{|\mathfrak{R}_j^+ - x_{ij}^k|}{\mathfrak{R}_j^+}\right)\tau$$

$$- \frac{\mathfrak{R}_j^-}{x_{ij}^k} \times \frac{|\mathfrak{R}_j^+ - x_{ij}^k|}{\mathfrak{R}_j^+}\varepsilon \tag{4-4}$$

(2) 区间数 TD-DU 空间映射

如果偏好值 $x_{ij}^k = [\underline{x}_{ij}^k, \overline{x}_{ij}^k]$ 是一个规范化的区间数，那么 $\mathfrak{R}^{zo} = [0, 0]$，$\underline{x}_{ij}^k, \overline{x}_{ij}^k \in [0, 1]$，$\underline{x}_{ij}^k \leq \overline{x}_{ij}^k$，$\mathfrak{R}_j^+ = [R_j^{L+}, R_j^{U+}] = [\max\limits_{1 \leq i \leq m} \underline{x}_{ij}^k, \max\limits_{1 \leq i \leq m} \overline{x}_{ij}^k]$，$\mathfrak{R}_j^- = [R_j^{L-}, R_j^{U-}] = [\min\limits_{1 \leq i \leq m} \underline{x}_{ij}^k, \min\limits_{1 \leq i \leq m} \overline{x}_{ij}^k]$。那么，区间数 TD-DU 空间映射的具体形式为：

$$\theta(x_{ij}^k, \mathfrak{R}_j)_{IN} = \frac{|\underline{x}_{ij}^k - R_j^{L-}| + |\overline{x}_{ij}^k - R_j^{U-}|}{R_j^{L+} + R_j^{U+}}$$

$$+ \left(1 - \frac{|\underline{x}_{ij}^k - R_j^{U-}| + |\overline{x}_{ij}^k - R_j^{U+}|}{R_j^{L+} + R_j^{U+}} - \frac{R_j^{L-} + R_j^{U-}}{\underline{x}_{ij}^k + \overline{x}_{ij}^k} \times \right.$$

$$\left.\frac{|\underline{x}_{ij}^k - R_j^{L+}| + |\overline{x}_{ij}^k - R_j^{U+}|}{R_j^{L+} + R_j^{U+}}\right)\tau - \frac{R_j^{L-} + R_j^{U-}}{\underline{x}_{ij}^k + \overline{x}_{ij}^k} \times$$

$$\frac{|\underline{x}_{ij}^k - R_j^{L+}| + |\overline{x}_{ij}^k - R_j^{U+}|}{R_j^{L+} + R_j^{U+}}\varepsilon \tag{4-5}$$

(3) 三角模糊数 TD-DU 空间映射

如果偏好值 $x_{ij}^k = (x_{ij}^{1k}, x_{ij}^{2k}, x_{ij}^{3k})$ 是一个规范化的三角模糊数，$0 \leq x_{ij}^{1k} \leq x_{ij}^{2k} \leq x_{ij}^{3k} \leq 1$，$\mathfrak{R}_j^+ = (R_j^{L+}, R_j^{M+}, R_j^{U+}) = (\max\limits_{1 \leq i \leq m} x_{ij}^{1k}, \max\limits_{1 \leq i \leq m} x_{ij}^{2k}, \max\limits_{1 \leq i \leq m} x_{ij}^{3k})$，$\mathfrak{R}_j^- = (R_j^{L-}, R_j^{M-}, R_j^{U-}) = (\min\limits_{1 \leq i \leq m} x_{ij}^{1k}, \min\limits_{1 \leq i \leq m} x_{ij}^{2k}, \min\limits_{1 \leq i \leq m} x_{ij}^{3k})$，$\mathfrak{R}^{zo} = (0, 0, 0)$，那么，三角模糊数 TD-DU 空间映射的具体形式为：

$$\theta(x_{ij}^k, \mathfrak{R}_j)_{\text{TFN}} = \frac{|R_j^{L-} - x_{ij}^{1k}| + |R_j^{M-} - x_{ij}^{2k}| + |R_j^{U-} - x_{ij}^{3k}|}{R_j^{L+} + R_j^{M+} + R_j^{U+}}$$

$$+ \left(1 - \frac{|R_j^{L-} - x_{ij}^{1k}| + |R_j^{M-} - x_{ij}^{2k}| + |R_j^{U-} - x_{ij}^{3k}|}{R_j^{L+} + R_j^{M+} + R_j^{U+}} \right. $$

$$\left. - \frac{R_j^{L-} + R_j^{M-} + R_j^{U-}}{x_{ij}^{1k} + x_{ij}^{2k} + x_{ij}^{3k}} \times \frac{|x_{ij}^{1k} - R_j^{L+}| + |x_{ij}^{2k} - R_j^{M+}| + |x_{ij}^{3k} - R_j^{U+}|}{R_j^{L+} + R_j^{M+} + R_j^{U+}} \right) \tau$$

$$- \frac{R_j^{L-} + R_j^{M-} + R_j^{U-}}{x_{ij}^{1k} + x_{ij}^{2k} + x_{ij}^{3k}} \times \frac{|x_{ij}^{1k} - R_j^{L+}| + |x_{ij}^{2k} - R_j^{M+}| + |x_{ij}^{3k} - R_j^{U+}|}{R_j^{L+} + R_j^{M+} + R_j^{U+}} \varepsilon$$

(4-6)

（4）梯形模糊数 TD-DU 空间映射

如果偏好值 $x_{ij}^k = (x_{ij}^{1k}, x_{ij}^{2k}, x_{ij}^{3k}, x_{ij}^{4k})$ 是一个规范化的梯形模糊数，$0 \leq x_{ij}^{1k} \leq x_{ij}^{2k} \leq x_{ij}^{3k} \leq x_{ij}^{4k} \leq 1$，$\mathfrak{R}^{zo} = (0, 0, 0, 0)$，$\mathfrak{R}_j^+ = (R_j^{L+}, R_j^{M1+}, R_j^{M2+}, R_j^{U+}) = (\max_{1 \leq i \leq m} x_{ij}^{1k}, \max_{1 \leq i \leq m} x_{ij}^{2k}, \max_{1 \leq i \leq m} x_{ij}^{3k}, \max_{1 \leq i \leq m} x_{ij}^{4k})$，$\mathfrak{R}_j^- = (R_j^{L-}, R_j^{M1-}, R_j^{M2-}, R_j^{U-}) = (\min_{1 \leq i \leq m} x_{ij}^{1k}, \min_{1 \leq i \leq m} x_{ij}^{2k}, \min_{1 \leq i \leq m} x_{ij}^{3k}, \min_{1 \leq i \leq m} x_{ij}^{4k})$。那么，梯形模糊数 TD-DU 空间映射的具体形式为：

$$\theta(x_{ij}^k, \mathfrak{R}_j)_{\text{TrFN}} = \frac{|R_j^{L-} - x_{ij}^{1k}| + |R_j^{M1-} - x_{ij}^{2k}| + |R_j^{M2-} - x_{ij}^{3k}| + |R_j^{U-} - x_{ij}^{4k}|}{R_j^{L+} + R_j^{M1+} + R_j^{M2+} + R_j^{U+}} +$$

$$\left(1 - \frac{|R_j^{L-} - x_{ij}^{1k}| + |R_j^{M1-} - x_{ij}^{2k}| + |R_j^{M2-} - x_{ij}^{3k}| + |R_j^{U-} - x_{ij}^{4k}|}{R_j^{L+} + R_j^{M1+} + R_j^{M2+} + R_j^{U+}} - \right.$$

$$\left. \frac{R_j^{L-} + R_j^{M1-} + R_j^{M2-} + R_j^{U-}}{x_{ij}^{1k} + x_{ij}^{2k} + x_{ij}^{3k} + x_{ij}^{4k}} \times \frac{|R_j^{L+} - x_{ij}^{1k}| + |R_j^{M1+} - x_{ij}^{2k}| + |R_j^{M2+} - x_{ij}^{3k}| + |R_j^{U+} - x_{ij}^{4k}|}{R_j^{L+} + R_j^{M1+} + R_j^{M2+} + R_j^{U+}} \right) \tau$$

$$- \frac{R_j^{L-} + R_j^{M1-} + R_j^{M2-} + R_j^{U-}}{x_{ij}^{1k} + x_{ij}^{2k} + x_{ij}^{3k} + x_{ij}^{4k}} \times \frac{|R_j^{L+} - x_{ij}^{1k}| + |R_j^{M1+} - x_{ij}^{2k}| + |R_j^{M2+} - x_{ij}^{3k}| + |R_j^{U+} - x_{ij}^{4k}|}{R_j^{L+} + R_j^{M1+} + R_j^{M2+} + R_j^{U+}} \varepsilon$$

(4-7)

（5）直觉模糊数 TD-DU 空间映射

如果偏好值 $x_{ij}^k = (u_{x_{ij}}^k, v_{x_{ij}}^k)$ 是一个规范化的直觉模糊数，$\mathfrak{R}^{zo} = (0, 0)$，$0 \leq u_{x_{ij}}, v_{x_{ij}} \leq 1$，$\mathfrak{R}_j^+ = (u_j^+, v_j^+) = (\max_{1 \leq i \leq m} u_{ij}^k, \min_{1 \leq i \leq m} v_{x_{ij}}^k)$，$\mathfrak{R}_j^- = (u_j^-, v_j^-) = (\min_{1 \leq i \leq m} u_{ij}^k, \max_{1 \leq i \leq m} v_{x_{ij}}^k)$。那么，直觉模糊数 TD-DU 空间映射的具体形式为：

$$\theta(x_{ij}^k, \Re_j)_{\mathrm{IFN}} = \frac{|u_j^- - u_{x_{ij}}^k| + |v_j^- - v_{x_{ij}}^k| + |u_j^- + v_j^- - u_{x_{ij}}^k - v_{x_{ij}}^k|}{2(u_j^+ + v_j^+)}$$

$$+ \left(1 - \frac{|u_j^- - u_{x_{ij}}^k| + |v_j^- - v_{x_{ij}}^k| + |u_j^- + v_j^- - u_{x_{ij}}^k - v_{x_{ij}}^k|}{2(u_j^+ + v_j^+)} - \frac{u_j^- + v_j^-}{u_{x_{ij}}^k + v_{x_{ij}}^k} \times \frac{|u_{x_{ij}}^k - u_j^+| + |v_{x_{ij}}^k - v_j^+| + |u_j^+ + v_j^+ - u_{x_{ij}}^k - v_{x_{ij}}^k|}{2(u_j^+ + v_j^+)} \right) \tau$$

$$- \frac{u_j^- + v_j^-}{u_{x_{ij}}^k + v_{x_{ij}}^k} \times \frac{|u_{x_{ij}}^k - u_j^+| + |v_{x_{ij}}^k - v_j^+| + |u_j^+ + v_j^+ - u_{x_{ij}}^k - v_{x_{ij}}^k|}{2(u_j^+ + v_j^+)} \varepsilon$$

(4-8)

(6) 三角直觉模糊数 TD-DU 空间映射

如果偏好值 $x_{ij}^k = ([\underline{x}_{ij}^k, x_{ij}^k, \bar{x}_{ij}^k]; u_{ij}^k, v_{ij}^k)$ 是一个规范化的三角直觉模糊数，$\Re^{zo} = ([0, 0, 0]; 1, 0)$，$0 \leq \underline{x}_{ij}^k \leq x_{ij}^k \leq \bar{x}_{ij}^k \leq 1$，$0 \leq u_{ij}^k, v_{ij}^k \leq 1$，$\Re_j^+ = ([R_j^{L+}, R_j^{M+}, R_j^{U+}]; u, v_{j+}) = ([\max_{1 \leq i \leq m} \underline{x}_{ij}, \max_{1 \leq i \leq m} x_{ij}^k, \max_{1 \leq i \leq m} \bar{x}_{ij}^k]; \max_{1 \leq i \leq m} u_{ij}^k, \min_{1 \leq i \leq m} v_{ij}^k)$，$\Re_j^- = ([R_j^{L-}, R_j^{M-}, R_j^{U-}]; u_{j-}, v_{j-}) = ([\min_{1 \leq i \leq m} \underline{x}_{ij}^k, \min_{1 \leq i \leq m} x_{ij}^k, \min_{1 \leq i \leq m} \bar{x}_{ij}^k]; \min_{1 \leq i \leq m} u_{ij}^k, \max_{1 \leq i \leq m} v_{ij}^k)$。那么，三角直觉模糊数 TD-DU 空间映射的具体形式为：

$$\theta(x_{ij}^k, \Re_j)_{\mathrm{TIFN}} = \frac{|\Lambda \underline{x}_{ij}^k - \Psi R_j^{L-}| + |\Lambda x_{ij}^k - \Psi R_j^{M-}| + |\Lambda \bar{x}_{ij}^k - \Psi R_j^{U-}|}{\Gamma(R_j^{L+} + R_j^{M+} + R_j^{U+})}$$

$$+ (1 - a_{ij} - c_{ij})\tau - \frac{\Psi(R_j^{L-} + R_j^{M-} + R_j^{U-})}{\Lambda(\underline{x}_{ij}^k + x_{ij}^k + \bar{x}_{ij}^k)}$$

$$\times \frac{|\Gamma R_j^{L+} - \Lambda \underline{x}_{ij}^k| + |\Gamma R_j^{M+} - \Lambda x_{ij}^k| + |\Gamma R_j^{U+} - \Lambda \bar{x}_{ij}^k|}{\Gamma(R_j^{L+} + R_j^{M+} + R_j^{U+})}$$

(4-9)

其中，$\Lambda = 1 + u_{ij} - v_{ij}$，$\Psi = 1 + u_{j-} - v_{j-}$，$\Gamma = 1 + u_{j+} - v_{j+}$，

$a_{ij} = (|\Lambda f_{ij}^k - \Psi R_j^{L-}| + |\Lambda g_{ij}^k - \Psi R_j^{M-}| + |\Lambda h_{ij}^k - \Psi R_j^{U-}|)/\Gamma(R_j^{L+} + R_j^{M+} + R_j^{U+})$，

$c_{ij} = \frac{\Psi(R_j^{L-} + R_j^{M-} + R_j^{U-})}{\Lambda(f_{ij}^k + g_{ij}^k + h_{ij}^k)} \times \frac{|\Gamma R_j^{L+} - \Lambda f_{ij}^k| + |\Gamma R_j^{M+} - \Lambda g_{ij}^k| + |\Gamma R_j^{U+} - \Lambda h_{ij}^k|}{\Gamma(R_j^{L+} + R_j^{M+} + R_j^{U+})}$。

4.3 属性交互影响测度建模

2可加模糊测度是测度属性之间交互程度及交互关系的有效工具。因此，本研究采用2可加模糊测度值来量化属性之间的交互程度。为了科学合理地确定交互属性2可加模糊测度值，借鉴独立MAGDM方法中广泛用于属性权重计算的离差最大化方法的相关思想[209-211]，即某一属性下各备选方案属性值之间的差异越大，则表明该属性在决策中发挥的作用越大。相应地，其权重也应越大。相反，若属性下各备选方案属性值之间的差异越小，则表明该属性在决策中发挥的作用越小。若无差异，则该属性的权重应为零。本研究将离差最大化方法扩展到属性交互情形下，提出了适用于交互属性权重完全未知或部分已知的加权离差最大化的Shapley优化模型来客观确定2可加模糊测度值。

当交互属性权重部分已知时，提议的非线性优化模型构建如下：

$$\max \aleph = \sum_{j=1}^{n} \sum_{i=1}^{m} \sum_{h=1}^{m} \varphi_{C_j}(\mu, C) |\theta(x_{ij}, \Re_j) - \theta(x_{hj}, \Re_j)| \quad (4-10)$$

$$\text{s.t} \begin{cases} \sum_{C_l \subset K \setminus C_j} (\mu(C_j, C_l) - \mu(C_l)) \geq (|K| - 2)\mu(C_j), \forall K \subset C, C_j \in K, |K| \geq 2, \\ \sum_{\{C_j, C_l\} \subset C} \mu(C_j, C_l) - (|C| - 2) \sum_{C_j \in C} \mu(C_j) = 1, \\ 0 \leq \mu(C_j) \leq 1, \mu(C_j) \in IR_{C_j} \end{cases}$$

当交互属性权重完全未知时，提议的非线性优化模型构建如下：

$$\max \aleph = \sum_{j=1}^{n} \sum_{i=1}^{m} \sum_{l=1}^{m} \varphi_{C_j}(\mu, C) |\theta(x_{ij}, \Re_j) - \theta(x_{lj}, \Re_j)| \quad (4-11)$$

$$\text{s.t} \begin{cases} \sum_{C_l \subset K \setminus C_j} (\mu(C_j, C_l) - \mu(C_l)) \geq (|K| - 2)\mu(C_j), \forall K \subset C, C_j \in K, |K| \geq 2, \\ \sum_{\{C_j, C_l\} \subset C} \mu(C_j, C_l) - (|C| - 2) \sum_{C_j \in C} \mu(C_j) = 1, \\ 0 \leq \mu(C_j) \leq 1 \end{cases}$$

其中，$\varphi_{C_j}(\mu, C)$ 表示交互属性 C_j 的 Shapley 值，即交互情形下属性 C_j 的权重；

$\theta(x_{ij}, \Re_j)$ 为异构偏好 x_{ij}^k 映射到 TD-DU 空间同构化并集成各决策者相应同构化值后的量化集成的 CD 偏好值，存在 $\theta(x_{ij}, \Re_j) = \sum_{k=1}^{p} w_{D_k} \theta(x_{ij}^k, \Re_j)$，$\theta(x_{ij}, \Re_j) \geq 0$；$w_{D_k}$ 为决策者 D_k 的权重；m 为备选方案的总数量。不难发现式（4-10）或式（4-11）非线性优化模型的可行域 $\Omega = \{\mu(C_j), \mu(C_j, C_l) \mid 0 < \mu(C_j) \leq 1, 0 \leq \mu(C_j, C_l) \leq 1, j, l = 1, 2, \cdots, n\}$ 是非空有界的，且目标函数连续、可微。因此，式（4-10）或式（4-11）最优解必定存在。

根据交互属性权重信息知悉情况，通过求解式（4-10）或（4-11）即可量化确定属性间的交互程度。在此基础上，通过式（2-26）可准确地确定复杂交互情形下各属性的重要程度。

4.4 备选方案交互影响建模

度量备选方案之间的交互影响，需先分析和表达备选方案之间的交互作用关系。本小节首先基于复杂网络理论提出了备选方案在单属性及多属性下的交互关系及可视化复杂网络的构建规则，构建了多属性备选方案交互网络（MAAI 网络）。在此基础上，提出了一种测度备选方案交互影响的新方法。

4.4.1 构建 MAAI 网络及交互关系 DSM 表示

不同属性下备选方案之间的属性值差异反映了它们在不同属性下的优劣关系，也是备选方案排序的前提与基础。换句话来说，任意备选方案 A_i 必然在某些属性下优于或劣于其他备选方案，即备选方案之间必定存在着优劣交互关系（superiority-inferiority interaction relation，SIIR）。从方案优劣排序角度来看，无论方案之间内部存在何种复杂的交互关系，其主要的外在表现体现在方案之间的优劣差异上。基于这一事实，以备选方案为节点，以它们之间的优劣度为边，构建备选方案在各属性下的有向加权复杂交互网络 G_j，$j = 1$，$2, \cdots, n$。最后，集结所有单属性下的交互网络得到 MAAI 网络 G。具体的构建规则及过程如下：

步骤1：让异构偏好 TD-TU 映射并集成各决策者映射值后获得的量化集成 CD 决策矩阵为：$\boldsymbol{\theta} = [\theta(x_{ij}, \Re_j)]_{m \times n}$。那么基于矩阵 $\boldsymbol{\theta}$，可以用优劣函数确定任意两个备选方案 A_i 与 A_h 在任意属性 C_j 下的优劣程度。优劣函数的定义如下：

$$SIIR(A_i(C_j), A_h(C_j)) = \begin{cases} \theta(x_{ij}, \Re_j) - \theta(x_{hj}, \Re_j), & \theta(x_{ij}, \Re_j) > \theta(x_{hj}, \Re_j) \\ -(\theta(x_{hj}, \Re_j) - \theta(x_{ij}, \Re_j)), & \theta(x_{ij}, \Re_j) < \theta(x_{hj}, \Re_j) \\ 0, & \theta(x_{ij}, \Re_j) = \theta(x_{hj}, \Re_j) \end{cases}$$

(4-12)

其中，$\theta(x_{ij}, \Re_j)$ 表示备选方案 A_i 在属性 C_j 下量化集成的 CD 偏好值。$SIIR(A_i(C_j), A_h(C_j))$ 表示备选方案 A_i 与 A_h 在属性 C_j 下的优劣关系强度。

步骤2：根据备选方案间的优劣关系，绘制单属性备选方案交互网络 G_j，$j = 1, 2, \cdots, n$。若 $\theta(x_{ij}, \Re_j) > \theta(x_{hj}, \Re_j)$，则表明在属性 C_j 下存在一条由节点 A_i 指向节点 A_h 的有向边，有向边的权重为 $\theta(x_{ij}, \Re_j) - \theta(x_{hj}, \Re_j)$；若 $\theta(x_{ij}, \Re_j) < \theta(x_{hj}, \Re_j)$，则表明存在一条由节点 A_h 指向节点 A_i 的有向边，边的权重为 $-(\theta(x_{ij}, \Re_j) - \theta(x_{hj}, \Re_j))$；若 $\theta(x_{ij}, \Re_j) = \theta(x_{hj}, \Re_j)$ 则表示节点 A_i 与 A_h 之间不存在连接边。

步骤3：聚集所有的单属性交互网络 G_j，$j = 1, 2, \cdots, n$ 形成 MAAI 网络 G。在聚集过程中需综合考虑有向边的方向及权重。整个聚集过程中，备选方案间有向边的方向始终不变。同时，在 MAAI 网络中有向边的权重计算规则为：若在单属性备选方案交互网络 $G_b, G_l, \cdots, G_n$ 均存在由 A_i 指向 A_h 的有向边，那么在 MAAI 网络中必定也存在一条由 A_i 指向 A_h 的有向边，且权重为：

$$SIIR(A_i, A_h) = \sum_{j \in \Omega^+} \varphi_{C_j}(\mu, C) \times \{\theta(x_{ij}, \Re_j) - \theta(x_{hj}, \Re_j)\} \quad (4-13)$$

同理，若在单属性备选方案交互网络 $G_b, G_l, \cdots, G_n$ 均存在由 A_h 指向 A_i 的有向边，那么在 MAAI 网络中必定也存在一条由 A_h 指向 A_i 的有向边，且权重为：

$$SIIR(A_h, A_i) = \sum_{j \in \Omega^-} \varphi_{C_j}(\mu, C) \times \{\theta(x_{hj}, \Re_j) - \theta(x_{ij}, \Re_j)\} \quad (4-14)$$

其中，Ω^+ 表示所有存在 A_i 指向 A_h 有向边的单属性交互网络集合；Ω^- 表示所有存在 A_h 指向 A_i 有向边的单属性交互网络集合；$\varphi_{C_j}(\mu, C)$ 表示交互属性 C_j 的 Shapley 值。

例如，属性 C_j 和 C_l 下的备选方案（$A_1 \sim A_5$）之间的单属性网络图分别如图 4-2-a 和图 4-2-b 所示，$\varphi_{C_j}(\mu, C) = 0.4$，$\varphi_{C_l}(\mu, C) = 0.6$，则备选方案间的 MAAI 网络及其对应的 DSM 矩阵分别如图 4-2-c 和图 4-2-d 所示。

图4-2-a　C_j 下备选方案交互网络

图4-2-b　C_l 下备选方案交互网络

图4-2-c　MAAI网络

	A_1	A_2	A_3	A_4	A_5
A_1	A_1	0.060	0.000	0.000	0.040
A_2	0.120	A_2	0.180	0.180	0.080
A_3	0.200	0.040	A_3	0.000	0.120
A_4	0.040	0.040	0.220	A_4	0.120
A_5	0.240	0.180	0.000	0.120	A_5

图4-2-d　MAAI网络的DSM表达

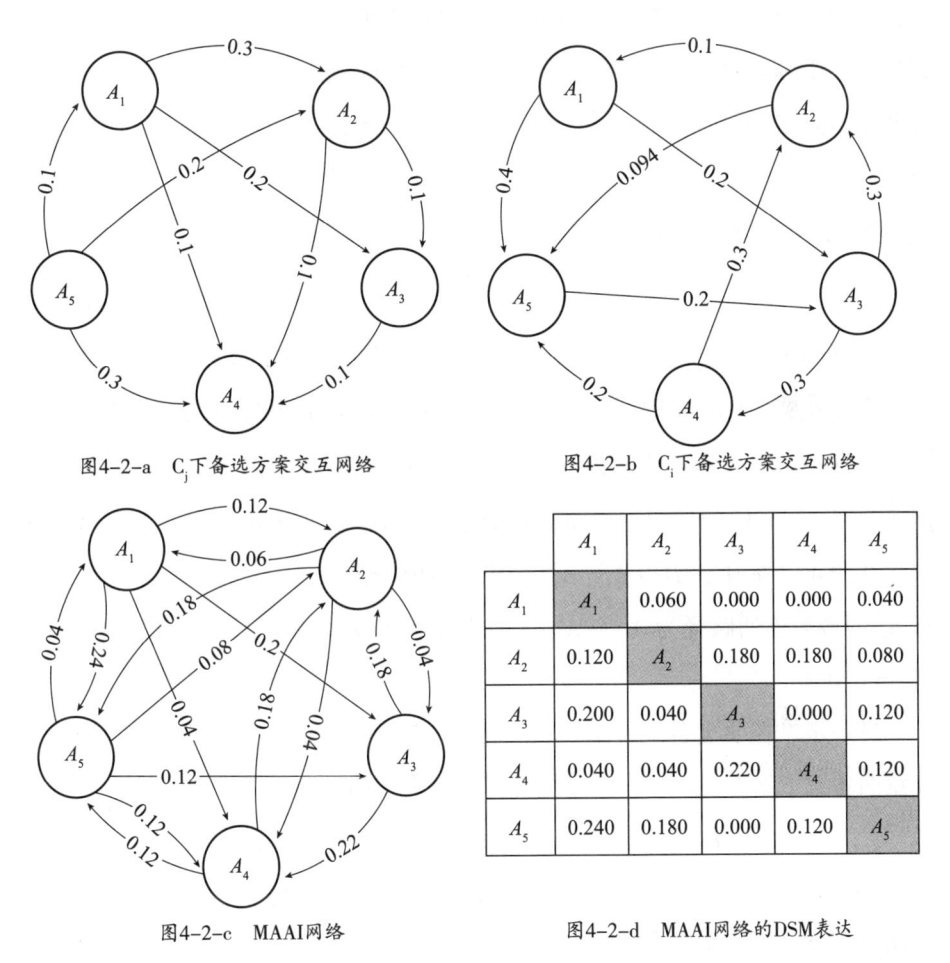

图 4-2　MAAI 网络及 DSM 构造示例

4.4.2　测度备选方案的总交互影响

式（4-13）及式（4-14）反映了 MAAI 网络中备选方案节点之间的直接交互强度。然而，从全局交互视角来看，任意两个备选方案节点之间不仅存在着直接交互强度，而且还可能存在间接交互强度。因此，为了更准确地度量备选方案的总交互影响，本章同时考虑备选方案节点间的直接交互强度及间接交互强度来建立总交互影响度量模型。

两个节点间的间接交互强度主要是通过它们之间形成的有向连通路径产生，连通路径越长，间接交互影响越弱。相应地，它们间的间接交互强度也就越弱。受Sosa等[212]提出的二元间接交互强度测度模型启发，同时考虑任意两个节点之间可能存在多条连通路径，本章提出了一种度量MAAI网络中备选方案节点间间接交互强度的多元模型，具体如下：

$$IIS(A_i, A_h) = \max_{\mathfrak{B}} SIIR(A_i, A_g) \times SIIR(A_g, A_r) \cdots SIIR(A_r, A_h); A_g, A_r \in \Lambda \tag{4-15}$$

其中，$IIS(A_i, A_h)$表示全局视角下MAAI网络中备选方案节点A_i与A_h之间的间接交互强度；Λ为MAAI网络中节点A_i与A_h之间最短连通路径的中间节点个数，存在$\Lambda \geq 1$，并且Λ值越大$IIS(A_i, A_h)$值越小；$\mathfrak{B}$表示MAAI网络中连接节点A_i与A_h的最短连通路径的数量；$SIIR(\cdot, \cdot)$表示直接交互强度。例如，在图4-2-c中，$SIIR(A_1, A_3) = 0.2$，$SIIR(A_3, A_4) = 0.22$，节点A_1指向节点A_4的最短连通路径为$A_1 \to A_3 \to A_4$，那么依据式（4-15）可知，$IIS(A_1, A_4) = 0.044$。

进一步，在明确备选方案节点间直接交互强度及间接交互强度的基础上，任意两备选方案节点A_i与A_h间总交互强度定义如下：

$$TIS(A_i, A_h) = SIIR(A_i, A_h) + IIS(A_i, A_h) \tag{4-16}$$

其中，$TIS(A_i, A_h)$表示MAAI网络中备选方案节点A_i与A_h之间总交互强度。其他符号含义与前文一致。

在获得MAAI网络中任意两节点之间总交互强度的基础上，考虑到MAAI网络是一个有向加权网络，即节点边之间是存在指向性的，根据任意节点之间边指向的差异性，将MAAI网络中任意节点的交互影响划分为出度影响与入度影响。节点A_i的出度影响$\mathcal{H}_i^o$是指A_i影响邻点的情况，反映了A_i对备选方案集中其他备选方案施加的交互影响。$\mathcal{H}_i^o$越大表明方案交互情形下备选方案A_i相对于其备选方案的优势度越大或重要性程度越高。节点A_i的入度影响

$\mathcal{H}_i^I$ 是指备选方案 A_i 受到方案集中其他备选方案的影响程度,反映了方案集中其他备选方案对 A_i 施加的影响程度。$\mathcal{H}_i^I$ 越大表明方案交互情形下备选方案 A_i 相对于其他备选方案来说劣势程度越大或越不重要。$\mathcal{H}_i^O$ 与 $\mathcal{H}_i^I$ 具体度量公式定义为:

$$\mathcal{H}_i^O = \sum_{h=1,h\neq i}^m TIS(A_i, A_h) \tag{4-17}$$

$$\mathcal{H}_i^I = \sum_{h=1,h\neq i}^m TIS(A_h, A_i) \tag{4-18}$$

综合考虑备选方案 A_i 的出度影响 $\mathcal{H}_i^O$ 与入度影响 $\mathcal{H}_i^I$,备选方案 A_i 总交互影响(即优势度)$\mathcal{H}_i$ 定义如下:

$$\mathcal{H}_i = \frac{\mathcal{H}_i^O}{\mathcal{H}_i^O + \mathcal{H}_i^I} = \frac{\sum_{h=1,h\neq i}^m TIS(A_i, A_h)}{\sum_{h=1,h\neq i}^m TIS(A_i, A_h) + \sum_{h=1,h\neq i}^m TIS(A_h, A_i)} \tag{4-19}$$

其中,$\mathcal{H}_i \in [0, 1]$ 表示备选方案 A_i 在整体考虑备选方案间全局交互之后的总交互影响。$\mathcal{H}_i$ 越大表明备选方案 A_i 的交互影响越大,即 A_i 在方案交互情形下的优势度越高。当 $\mathcal{H}_i = 0$ 时,表明备选方案 A_i 对其他备选方案几乎不存在交互影响。换句话说,相比于方案集中的其他备选方案来说是最差的。当 $\mathcal{H}_i = 1$ 时,情形则正好与 $\mathcal{H}_i = 0$ 相反,表明备选方案 A_i 相比于方案集中的其他备选方案来说具有绝对的交互影响力,是最优的。$\mathcal{H}_i = 0$ 与 $\mathcal{H}_i = 1$ 仅是两种特殊的极端情况,通常来说 $0 < \mathcal{H}_i < 1$。

4.5 一种新的 Shapley-Choquet 双重交互优势度积分

为了科学合理地对属性与备选方案双重交互情形下的非可加偏好信息进行集结与融合,本研究基于 2 可加模糊测度的 Shapley-Choquet 积分,提出了一种新的 2 可加模糊测度下的 Shapley-Choquet 双重交互优势度积分算子(shapley-Choquet dual interaction superiority integral w. r. t 2-Additive fuzzy measure,SCDISIWTAFM),定义如下:

$$SCDISIWTAFM(A_i) = \mathcal{H}_i \sum_{j=1}^{n} \varphi_{C_j}(\mu, C) \theta(x_{ij}, \mathfrak{R}_j) \quad (4-20)$$

其中，$\varphi_{C_j}(\mu, C)$ 是考虑了属性全局交互后确定的交互属性 C_j 的权重；$\mathcal{H}_i$ 是考虑了备选方案全局交互影响后备选方案 A_i 的总交互影响（优势度）；$\theta(x_{ij}, \mathfrak{R}_j)$ 是备选方案 A_i 在属性 C_j 下量化集成的 CD 偏好值。

这里需要说明的是，SCDISIWTAFM 交互非可加融合算子是经典 Shapley-Choquet 积分非可加融合算子的更广义化形式，具有经典 Shapley-Choquet 积分的一切性质。换句话来说，经典 Shapley-Choquet 积分算子仅是 SCDISIWTAFM 算子的一种特例。当 $\mathcal{H}_i = 1$ 时，SCDISIWTAFM 交互非可加融合算子退化为经典 Shapley-Choquet 积分。

SCDISIWTAFM 交互非可加融合算子与经典 Shapley-Choquet 积分主要区别在于 SCDISIWTAFM 分析了备选方案间的交互程度，并从全局交互视角确定了备选方案总交互影响，在此基础上同时考虑属性和备选方案的双重交互影响来融合交互非可加偏好信息，而经典 Shapley-Choquet 积分仅考虑了属性交互而忽略了备选方案交互影响差异。实际上，经典 Shapley-Choquet 积分相当于假设各备选方案的交互影响均等于 1 来融合交互非可加偏好信息。换句话说，经典 Shapley-Choquet 积分在融合任意备选方案 A_i 的属性偏好信息是在假设备选方案 A_i 所有属性均优于其他备选方案（即绝对优势假设）的基础上进行的。然而，方案排序的前提与基础是不同方案间存在着优劣关系，因此绝对优势假设显然有违实际。这将造成非可加偏好信息融合结果的偏差，进而影响决策结果的准确性。而提议的 SCDISIWTAFM 交互非可加融合算子则不存在这一问题，因此其结果更加准确可靠。

4.6 双重交互下的异构多属性群决策方法

基于 4.1~4.5 节的研究成果，本节提出了一种用于解决属性及备选方案双重交互情形下的 MAGDM 问题的新方法，并详细展示了提议方法的具体实施过程。在此基础上，通过算例分析及对比分析验证了提议方法的有效性及可靠性。

4.6.1 决策过程

步骤 1：收集决策者 $D_k(k = 1, 2, \cdots, p)$ 对备选方案 $A_i(i = 1, 2, \cdots, m)$ 在属性 $C_j(j = 1, 2\cdots, n)$ 下的异构偏好评价值，形成异构决策矩阵 $\boldsymbol{R}^k = [r_{ij}^k]_{m \times n}$。

步骤 2：异构偏好信息的规范化处理。为消除不同属性度量量纲对决策结果的负面影响，需对非 [0, 1] 区间上的偏好值进行规范化处理。不同类型的异构偏好规范处理方法如式（2-11）~（2-15）所示。

步骤 3：规范化异构偏好极端值检验与调整。实施过程详见 3.4.1 小节步骤 3。

步骤 4：将成本型属性偏好信息转化为效益型属性信息，转化公式为：

$$\ddot{x}_{xj}^k = \begin{cases} \Theta^+ - x_{ij}^k, & x_{ij}^k \in \text{RN} \\ (\Theta^+ - \bar{x}_{ij}^k, \Theta^+ - \underline{x}_{ij}^k), & x_{ij}^k \in \text{IN} \\ (\Theta^+ - x_{ij}^{1k}, \Theta^+ - x_{ij}^{2k}, \Theta^+ - x_{ij}^{3k}), & x_{ij}^k \in \text{TFN} \\ (\Theta^+ - x_{ij}^{1k}, \Theta^+ - x_{ij}^{2k}, \Theta^+ - x_{ij}^{3k}, \Theta^+ - x_{ij}^{4k}), & x_{ij}^k \in \text{TrFN} \\ (v_{ij}^k, \mu_{ij}^k), & x_{ij}^k \in \text{IFN} \\ ([\Theta^+ - \underline{x}_{ij}^k, \Theta^+ - x_{ij}^k, \Theta^+ - \bar{x}_{ij}^k]; v_{ij}^k, \mu_{ij}^k), & x_{ij}^k \in \text{TIFN} \end{cases} \quad (4\text{-}21)$$

其中，Θ^+ 是偏好值取值范围内的最大值。在规范化的情况下，$\Theta^+ = 1$。

步骤 5：异构偏好的同构化处理。基于 4.2 节定义的异构偏好 TD-DU 空间映射法则，将不同类型的异构偏好映射到 TD-DU 空间进行同构化处理，并获得同构化后的 CD 偏好决策矩阵 $\boldsymbol{\theta}^k = [\theta_{ij}^k(x_{ij}, \Re_j)]_{m \times n}$。

步骤 6：通过式（2-18）集成所有决策者个体 CD 偏好决策矩阵 $\boldsymbol{\theta}^k(k = 1, 2, \cdots, p)$ 以获得集成的 CD 偏好决策矩阵 $\boldsymbol{\theta} = [\theta_{ij}(x_{ij}, \Re_j)]_{m \times n}$。其中，$\theta_{ij}(x_{ij}, \Re_j) = a_{ij} + b_{ij}\tau + c_{ij}\varepsilon$。系数 a_{ij}，b_{ij}，c_{ij} 已知，$\varepsilon = -1$，τ 未知。不过，对于任意的 $\theta_{ij}(x_{ij}, \Re_j)$，$\tau$ 表示差异不确定程度。当 $\tau \in (0, 1]$ 时，表示同一确定度在差异不确定度中的比例，τ 越大则偏好值越接近正理想值，备选方案

越优。因此，让 $\tau = 1$ 以保证属性值尽可能接近正理想值。在确定参数 τ 的基础上，可获得量化集成 CD 偏好决策矩阵 $\boldsymbol{\theta}$。

步骤7：求解式（4-10）或（4-11）确定属性的交互程度，进而通过式（2-26）确定全局交互视角下各交互属性权重 $\varphi_{C_j}(\mu, C)$。

步骤8：基于 4.4.1 小节构建多属性备选方案交互网络（MAAI 网络），明确备选方案间的直接交互强度及交互方向。

步骤9：通过式（4-15）及（4-16）分别计算任意两备选方案间的间接交互强度 $IIS(A_i, A_h)$ 及总交互强度 $TIS(A_i, A_h)$。在此基础上，通过式（4-17）~（4-19）计算备选方案的总交互影响 $\mathcal{H}_i, i = 1, 2, \cdots, m$。

步骤10：通过式（4-20）计算各备选方案的 SCDISIWTAFM 值，并按 SCDISIWTAFM 值的降序排列各备选方案。即 SCDISIWTAFM 值越大，备选方案越优。

本节提议方法流程简洁、明晰，易于理解掌握及程序化处理，同时具备兼容处理异构信息的能力，避免了信息处理过程的信息丢失或扭曲，进而为高质量决策提供了坚实的基础。此外，提议的 SCDISIWTAFM 算子从全局视角同时考虑了属性及备选方案的双重交互影响，因此能更为合理地融合交互非可加偏好信息，极大地提高了融合结果的准确性及决策质量。

4.6.2 算例分析

本章针对属性及备选方案双重交互下的异构多属性群决策问题提出了一种新的决策方法，并对提议方法的具体实施过程进行了详细展示。为了验证提议方法的有效性，本小节将提议方法应用于可再生清洁能源风能的开发选址案例中。若能有效地解决案例问题，则表明本章提议方法是科学可行的，能够有效解决同类问题。此外，为了进一步明晰提议方法的优越性，与现有方法的对比分析也在本小节中进行。

4.6.2.1 算例问题描述

能源是制约社会发展的重要物质之一。当前社会经济发展高度依赖于能源的支撑，造成能源需求持续性增长。然而，传统的化石能源在为社会发展提供动力的同时，也在迅速枯竭。此外，大量化石能源的开采以及燃烧造成的环境问题也不容小觑，能源危机及环境污染两大社会问题持续凸显。为了发展经济的同时解决这两大社会问题，世界各国均在极力寻找更为友好的化石替代能源。风能就是一种不错的选择。其不仅具有清洁、可再生、体量大等优点，而且生产、运行和维护成本低，宜使用高效多兆瓦级风力涡轮机，发电功率大，是一种很有前途的可再生清洁能源。此外，风力发电站一般建于地广人稀的偏远地方，开发及土地使用成本相对低廉，对居民生活的负面影响更是少之又少。因此，风力发电受到了世界各国的青睐。我国甚至将风能的使用列入"能源发展十二五规划"及"能源发展十三五规划"中，明确提出增加风能的开发利用。

风能开发的首要环节是开发选址，选择合适的开发位置，不仅有利于降低开发成本，而且对运营期的影响也是极大。风能开发选址决策是一个典型的属性及备选方案交互的异构 MAGDM 问题。中国某大型能源企业现拟对海上风能进行开发利用。有 5 个备选地点可供选择，分别为 A_1、A_2、A_3、A_4、A_5。决策委员会由企业不同专业领域的 3 位高层管理人员组成，分别为 D_1、D_2、D_3。三位决策者的权重分别为：$\omega_{D_1}=0.4$、$\omega_{D_2}=0.35$、$\omega_{D_3}=0.25$。决策者分别从风速 C_1，建设与维护成本 C_2，环境影响 C_3，经济效益 C_4 四个方面评价备选位置的优劣。决策小组决定，属性 C_1 采用精确数来表示其属性值，属性 C_2 采用区间数来描述其属性值，属性 C_3 的属性值数据类型为三角模糊数，属性 C_4 的属性值数据类型为三角直觉模糊数。另外，属性 C_1 与属性 C_4 两个评价属性为属性值越大越好的效益型属性，其余两个属性为属性值越小越好的成本型属性。交互情形下属性 C_1、C_2、C_3、C_4 的局部相对重要性范围分别为 $IR_{C_1} \in [0.1, 0.2]$，$IR_{C_2} \in [0.25, 0.4]$，$IR_{C_3} \in [0.35, 0.6]$，$IR_{C_4} \in [0.4, 0.65]$。决策者意见偏差容忍度阈值为 $ODT=0.35$。

4.6.2.2 算例决策过程

步骤 1：收集决策者 $D_k(k=1, 2, 3)$ 对备选方案 $A_i(i=1, 2, 3, 4, 5)$ 在属性 $C_j(j=1, 2, 3, 4)$ 下的异构偏好评价值，获得异构决策矩阵。如表

4-1 所示。

表 4-1　决策者异构偏好决策矩阵

决策者	方案	C_1	C_2	C_3	C_4
D_1	A_1	30	[5.0, 6.0]	(4.0, 5.0, 6.5)	([4.0, 5.0, 6.0]; 0.70, 0.20)
	A_2	40	[4.0, 6.0]	(3.0, 4.5, 6.0)	([5.0, 6.0, 7.0]; 0.70, 0.10)
	A_3	60	[5.0, 6.5]	(5.0, 6.0, 7.0)	([3.5, 4.0, 5.0]; 0.65, 0.20)
	A_4	70	[4.0, 5.0]	(4.0, 5.0, 7.5)	([2.0, 3.0, 4.0]; 0.70, 0.30)
	A_5	60	[7.0, 8.0]	(2.0, 3.0, 4.0)	([4.0, 4.5, 5.0]; 0.60, 0.20)
D_2	A_1	45	[5.0, 6.0]	(4.0, 5.0, 6.0)	([3.0, 4.5, 6.0]; 0.65, 0.20)
	A_2	30	[4.0, 5.0]	(3.0, 4.0, 5.5)	([4.0, 6.0, 6.5]; 0.60, 0.15)
	A_3	50	[3.0, 4.0]	(5.0, 6.5, 8.0)	([3.0, 5.0, 6.0]; 0.55, 0.20)
	A_4	65	[5.0, 6.0]	(5.0, 6.0, 7.0)	([4.0, 5.0, 6.0]; 0.70, 0.25)
	A_5	70	[6.0, 7.0]	(4.0, 5.0, 6.0)	([4.0, 5.0, 6.0]; 0.60, 0.30)
D_3	A_1	40	[6.0, 7.0]	(4.0, 5.0, 6.0)	([5.0, 6.0, 7.0]; 0.70, 0.20)
	A_2	45	[3.0, 4.0]	(4.0, 4.5, 6.0)	([4.0, 5.0, 6.5]; 0.75, 0.10)
	A_3	50	[5.0, 7.0]	(3.0, 4.0, 6.5)	([4.0, 5.0, 6.0]; 0.60, 0.20)
	A_4	60	[3.0, 4.5]	(5.0, 6.0, 8.0)	([4.0, 5.0, 5.5]; 0.60, 0.30)
	A_5	65	[6.0, 7.5]	(3.0, 4.0, 5.0)	([5.0, 6.0, 6.5]; 0.70, 0.15)

步骤 2：异构偏好信息的规范化处理。为消除不同属性量纲对决策结果的负面影响，需对非 [0, 1] 区间上的偏好值进行规范化处理。不同类型的异构偏好规范处理方法如公式(2-11)~(2-15)所示。规范化的结果如表 4-2 所示。

表 4-2　规范化异构偏好决策矩阵

决策者	方案	C_1	C_2	C_3	C_4
D_1	A_1	0.429	[0.250, 0.375]	(0.133, 0.333, 0.467)	([0.571, 0.714, 0.857]; 0.70, 0.20)
	A_2	0.571	[0.250, 0.500]	(0.200, 0.400, 0.600)	([0.714, 0.857, 1.000]; 0.70, 0.10)
	A_3	0.857	[0.188, 0.375]	(0.067, 0.200, 0.333)	([0.500, 0.571, 0.714]; 0.65, 0.20)

续表(4-2)

决策者	方案	C_1	C_2	C_3	C_4
D_1	A_4	1.000	[0.375, 0.500]	(0.000, 0.333, 0.467)	([0.286, 0.429, 0.571]; 0.70, 0.30)
	A_5	0.857	[0.000, 0.125]	(0.467, 0.600, 0.733)	([0.571, 0.643, 0.714]; 0.60, 0.20)
D_2	A_1	0.643	[0.143, 0.286]	(0.250, 0.375, 0.500)	([0.462, 0.692, 0.923]; 0.65, 0.20)
	A_2	0.429	[0.286, 0.429]	(0.313, 0.500, 0.625)	([0.615, 0.923, 1.000]; 0.60, 0.15)
	A_3	0.714	[0.429, 0.571]	(0.000, 0.188, 0.375)	([0.462, 0.769, 0.923]; 0.55, 0.20)
	A_4	0.929	[0.143, 0.286]	(0.125, 0.250, 0.375)	([0.615, 0.769, 0.923]; 0.70, 0.25)
	A_5	1.000	[0.000, 0.143]	(0.250, 0.375, 0.500)	([0.615, 0.769, 0.923]; 0.60, 0.30)
D_3	A_1	0.615	[0.067, 0.200]	(0.250, 0.375, 0.500)	([0.714, 0.857, 1.000]; 0.70, 0.20)
	A_2	0.692	[0.467, 0.600]	(0.250, 0.438, 0.500)	([0.571, 0.714, 0.929]; 0.75, 0.10)
	A_3	0.769	[0.067, 0.333]	(0.188, 0.500, 0.625)	([0.571, 0.714, 0.857]; 0.60, 0.20)
	A_4	0.923	[0.400, 0.600]	(0.000, 0.250, 0.375)	([0.571, 0.714, 0.786]; 0.60, 0.30)
	A_5	1.000	[0.400, 0.600]	(0.000, 0.250, 0.375)	([0.714, 0.857, 0.929]; 0.70, 0.15)

步骤 3：规范化异构偏好极端值检验与调整。经计算，偏好值均满足 $\ell_{ij} < ODT$，$i = 1, 2, \cdots, m$；$j = 1, 2, \cdots, n$，即决策者异构偏好决策矩阵符合极端值检验要求，为有效决策矩阵。

步骤 4：将成本型属性偏好信息转化为效益型属性信息，获得规范化的全效益型异构偏好信息，如表4-3所示。

表 4-3 规范化的效益型异构偏好决策矩阵

决策者	方案	C_1	C_2	C_3	C_4
D_1	A_1	0.429	[0.625, 0.750]	(0.533, 0.667, 0.867)	([0.571, 0.714, 0.857]; 0.700, 0.200)
	A_2	0.571	[0.500, 0.750]	(0.400, 0.600, 0.800)	([0.714, 0.857, 1.000]; 0.70, 0.10)
	A_3	0.857	[0.625, 0.812]	(0.667, 0.800, 0.933)	([0.500, 0.571, 0.714]; 0.65, 0.20)
	A_4	1.000	[0.500, 0.625]	(0.533, 0.667, 1.000)	([0.286, 0.429, 0.571]; 0.70, 0.30)
	A_5	0.857	[0.875, 1.000]	(0.267, 0.400, 0.533)	([0.571, 0.643, 0.714]; 0.60, 0.20)
D_2	A_1	0.643	[0.714, 0.857]	(0.500, 0.625, 0.750)	([0.462, 0.692, 0.923]; 0.65, 0.20)
	A_2	0.429	[0.571, 0.714]	(0.375, 0.500, 0.687)	([0.615, 0.923, 1.000]; 0.60, 0.15)
	A_3	0.714	[0.429, 0.571]	(0.625, 0.812, 1.000)	([0.462, 0.769, 0.923]; 0.55, 0.20)
	A_4	0.929	[0.714, 0.857]	(0.625, 0.750, 0.875)	([0.615, 0.769, 0.923]; 0.70, 0.25)
	A_5	1.000	[0.857, 1.000]	(0.500, 0.625, 0.750)	([0.615, 0.769, 0.923]; 0.60, 0.30)
D_3	A_1	0.615	[0.800, 0.933]	(0.500, 0.625, 0.750)	([0.714, 0.857, 1.000]; 0.700, 0.200)
	A_2	0.692	[0.400, 0.533]	(0.500, 0.562, 0.750)	([0.571, 0.714, 0.929]; 0.75, 0.10)
	A_3	0.769	[0.667, 0.933]	(0.375, 0.500, 0.812)	([0.571, 0.714, 0.857]; 0.60, 0.20)
	A_4	0.923	[0.400, 0.600]	(0.625, 0.750, 1.000)	([0.571, 0.714, 0.786]; 0.60, 0.30)
	A_5	1.000	[0.800, 1.000]	(0.375, 0.500, 0.625)	([0.714, 0.857, 0.929]; 0.70, 0.15)

步骤 5：多型异构数据同构化。基于 4.2 节定义的异构偏好 TD-DU 空间映射法则，将不同类型的异构偏好映射到 TD-DU 空间进行同构化处理。各决策者同构化后的 CD 偏好决策矩阵 $\boldsymbol{\theta}^k = [\theta_{ij}^k(x_{ij}, \mathfrak{R}_j)]_{m \times n}$ 如表 4-4 所示。

表 4-4 同构 CD 偏好决策矩阵

决策者	方案	C_1	C_2	C_3	C_4
D_1	A_1	$0.000+0.429\tau+0.571\varepsilon$	$0.267+0.515\tau+0.218\varepsilon$	$0.351+0.555\tau+0.094\varepsilon$	$0.375+0.511\tau+0.114\varepsilon$
	A_2	$0.142+0.536\tau+0.322\varepsilon$	$0.200+0.500\tau+0.300\varepsilon$	$0.243+0.577\tau+0.014\varepsilon$	$0.594+0.406\tau+0.000\varepsilon$
	A_3	$0.428+0.500\tau+0.072\varepsilon$	$0.300+0.517\tau+0.183\varepsilon$	$0.486+0.5\tau+0.014\varepsilon$	$0.223+0.537\tau+0.240\varepsilon$
	A_4	$0.571+0.429\tau+0.000\varepsilon$	$0.133+0.467\tau+0.400\varepsilon$	$0.405+0.536\tau+0.059\varepsilon$	$0.031+0.447\tau+0.522\varepsilon$
	A_5	$0.428+0.5\tau+0.072\varepsilon$	$0.533+0.467\tau+0.000\varepsilon$	$0.000+0.486\tau+0.514\varepsilon$	$0.250+0.537\tau+0.213\varepsilon$
D_2	A_1	$0.214+0.548\tau+0.238\varepsilon$	$0.307+0.595\tau+0.098\varepsilon$	$0.128+0.68\tau+0.192\varepsilon$	$0.106+0.692\tau+0.202\varepsilon$
	A_2	$0.000+0.429\tau+0.571\varepsilon$	$0.153+0.607\tau+0.240\varepsilon$	$0.000+0.641\tau+0.359\varepsilon$	$0.276+0.678\tau+0.046\varepsilon$
	A_3	$0.285+0.543\tau+0.172\varepsilon$	$0.000+0.539\tau+0.461\varepsilon$	$0.359+0.641\tau+0.000\varepsilon$	$0.079+0.688\tau+0.233\varepsilon$
	A_4	$0.500+0.467\tau+0.033\varepsilon$	$0.307+0.595\tau+0.098\varepsilon$	$0.282+0.665\tau+0.053\varepsilon$	$0.190+0.694\tau+0.116\varepsilon$
	A_5	$0.571+0.429\tau+0.000\varepsilon$	$0.461+0.539\tau+0.000\varepsilon$	$0.128+0.68\tau+0.192\varepsilon$	$0.102+0.692\tau+0.206\varepsilon$
D_3	A_1	$0.075+0.517\tau+0.408\varepsilon$	$0.307+0.567\tau+0.127\varepsilon$	$0.225+0.629\tau+0.147\varepsilon$	$0.256+0.612\tau+0.132\varepsilon$
	A_2	$0.076+0.527\tau+0.397\varepsilon$	$0.152+0.523\tau+0.325\varepsilon$	$0.130+0.623\tau+0.247\varepsilon$	$0.391+0.568\tau+0.042\varepsilon$
	A_3	$0.309+0.555\tau+0.135\varepsilon$	$0.194+0.555\tau+0.251\varepsilon$	$0.340+0.590\tau+0.07\varepsilon$	$0.135+0.622\tau+0.243\varepsilon$
	A_4	$0.480+0.495\tau+0.024\varepsilon$	$0.170+0.532\tau+0.298\varepsilon$	$0.353+0.605\tau+0.042\varepsilon$	$0.079+0.580\tau+0.341\varepsilon$
	A_5	$0.467+0.504\tau+0.029\varepsilon$	$0.467+0.524\tau+0.000\varepsilon$	$0.045+0.59\tau+0.365\varepsilon$	$0.205+0.622\tau+0.172\varepsilon$

步骤 6：通过式（2-18）集成所有决策者个体 CD 偏好决策矩阵 $\boldsymbol{\theta}^k$（$k=1,2,\cdots,p$），以获得集成的 CD 偏好决策矩阵 $\boldsymbol{\theta}=[\theta_{ij}(x_{ij},\Re_j)]_{m\times n}$。同时，取 $\varepsilon=-1$，$\tau=1$，则量化集成的同构 CD 偏好决策矩阵 θ 如表 4-5 所示。

表 4-5 量化集成的同构 CD 偏好决策矩阵

方案	C_1	C_2	C_3	C_4
A_1	0.184	0.747	0.707	0.736
A_2	0.206	0.350	0.506	0.917
A_3	0.729	0.498	0.86	0.514
A_4	0.951	0.404	0.916	0.318
A_5	0.942	1.000	0.270	0.655

步骤 7：确定属性的交互程度。通过式（4-10）可构建如下非线性优化模型：

$$\max \varphi = 4.067\mu(C_1C_2) + 3.93\mu(C_1C_3) + 3.612\mu(C_1C_4) + 3.456\mu(C_2C_3) \\ + 3.139\mu(C_2C_4) + 3.002\mu(C_3C_4) - 7.068(\mu(C_1) + \mu(C_2) + \mu(C_3) + \mu(C_4))$$

(4-22)

$$\text{s.t.} \begin{cases} \mu(C_1) + \mu(C_2) + \mu(C_4) - \mu(C_1C_2) - \mu(C_1C_4) \le 0 \\ \mu(C_1) + \mu(C_2) + \mu(C_4) - \mu(C_1C_4) - \mu(C_2C_4) \le 0 \\ \mu(C_1) + \mu(C_3) + \mu(C_4) - \mu(C_1C_3) - \mu(C_3C_4) \le 0 \\ \mu(C_1) + \mu(C_2) + \mu(C_3) - \mu(C_1C_2) - \mu(C_1C_3) \le 0 \\ \mu(C_1) + \mu(C_2) + \mu(C_3) - \mu(C_1C_2) - \mu(C_2C_3) \le 0 \\ \mu(C_1) + \mu(C_2) + \mu(C_3) - \mu(C_1C_3) - \mu(C_2C_3) \le 0 \\ \mu(C_1) + \mu(C_2) + \mu(C_4) - \mu(C_1C_2) - \mu(C_2C_4) \le 0 \\ \mu(C_1) + \mu(C_3) + \mu(C_4) - \mu(C_1C_3) - \mu(C_1C_4) \le 0 \\ \mu(C_1) + \mu(C_3) + \mu(C_4) - \mu(C_2C_4) - \mu(C_3C_4) \le 0 \\ \mu(C_2) + \mu(C_3) + \mu(C_4) - \mu(C_2C_3) - \mu(C_2C_4) \le 0 \\ \mu(C_2) + \mu(C_3) + \mu(C_4) - \mu(C_2C_3) - \mu(C_3C_4) \le 0 \\ \mu(C_2) + \mu(C_3) + \mu(C_4) - \mu(C_2C_4) - \mu(C_3C_4) \le 0 \\ \mu(C_1) + \mu(C_2) - \mu(C_1C_2) \le 0 \\ \mu(C_1) + \mu(C_3) - \mu(C_1C_3) \le 0 \\ \mu(C_1) + \mu(C_4) - \mu(C_1C_4) \le 0 \\ \mu(C_2) + \mu(C_3) - \mu(C_2C_3) \le 0 \\ \mu(C_2) + \mu(C_4) - \mu(C_2C_4) \le 0 \\ \mu(C_3) + \mu(C_4) - \mu(C_3C_4) \le 0 \\ \mu(C_1) \in [0.1,0.2], \mu(C_2) \in [0.25,0.4], \mu(C_3) \in [0.35,0.6], \mu(C_4) \in [0.4,0.65] \\ \mu(C_1C_2) + \mu(C_1C_3) + \mu(C_1C_4) + \mu(C_2C_3) + \mu(C_2C_4) + \mu(C_3C_4) \\ - 2(\mu(C_1) + \mu(C_2) + \mu(C_3) + \mu(C_4)) = 1 \end{cases}$$

利用 Lingo11 求解式（4-22）可得：$\mu(C_1) = 0.2; \mu(C_2) = 0.25; \mu(C_3) =$

0.35；$\mu(C_4) = 0.4$；$\mu(C_1C_2) = 0.75$；$\mu(C_1C_3) = 0.55$；$\mu(C_1C_4) = 0.6$；$\mu(C_2C_3) = 0.5$；$\mu(C_2C_4) = 0.5$；$\mu(C_3C_4) = 0.5$。

进一步，基于属性之间的交互程度，通过公式（2-26）求得各交互属性的权重为：$\varphi_{C_1}(\mu, C) = 0.35$，$\varphi_{C_2}(\mu, C) = 0.275$，$\varphi_{C_3}(\mu, C) = 0.175$，$\varphi_{C_4}(\mu, C) = 0.2$。

步骤8：基于4.4.1小节构建多属性备选方案交互网络，明确备选方案间的交互强度及交互方向。备选方案间的 MAAI 网络及 DSM 矩阵如图4-3所示。

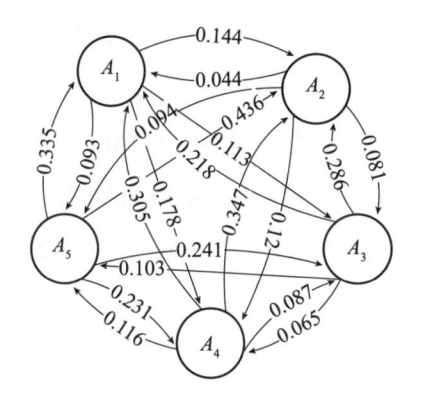

	A_1	A_2	A_3	A_4	A_5
A_1	A_1	0.044	0.218	0.305	0.335
A_2	0.144	A_2	0.286	0.347	0.436
A_3	0.113	0.081	A_3	0.087	0.241
A_4	0.178	0.120	0.065	A_4	0.231
A_5	0.093	0.094	0.103	0.116	A_5

图4-3 MAAI 网络及 DSM 矩阵

步骤9：通过式（4-15）及（4-16）分别计算备选方案间的间接交互强度 $IIS(A_i, A_h)$ 及总交互强度 $TIS(A_i, A_h)$。在此基础上，通过式（4-17）～（4-19）计算各备选方案的总交互影响 $\mathcal{H}_i$。计算结果见表4-6和表4-7。

表4-6 备选方案间的间接交互强度 $IIS(A_i, A_h)$

	A_1	A_2	A_3	A_4	A_5
A_1	A_1	0.037	0.035	0.039	0.07
A_2	0.062	A_2	0.045	0.051	0.08
A_3	0.022	0.023	A_3	0.034	0.038
A_4	0.021	0.022	0.039	A_4	0.06
A_5	0.021	0.014	0.027	0.033	A_5

表4-7 备选方案间总交互强度 TIS (A_i, A_h)

	A_1	A_2	A_3	A_4	A_5
A_1	A_1	0.081	0.253	0.344	0.405
A_2	0.206	A_2	0.331	0.398	0.516
A_3	0.135	0.104	A_3	0.121	0.279
A_4	0.199	0.142	0.104	A_4	0.291
A_5	0.114	0.108	0.13	0.149	A_5

基于上述计算基础，通过式（4-17）~（4-19）可得各备选方案的总交互影响为：$\mathcal{H}_1 = 0.377$；$\mathcal{H}_2 = 0.231$；$\mathcal{H}_3 = 0.561$；$\mathcal{H}_4 = 0.579$；$\mathcal{H}_5 = 0.748$。

步骤 10：通过式（4-20）计算各备案的 SCDISIWTAFM 值为：$SCDISIWTAFM(A_1) = 0.204$；$SCDISIWTAFM(A_2) = 0.102$；$SCDISIWTAFM(A_3) = 0.362$；$SCDISIWTAFM(A_4) = 0.387$；$SCDISIWTAFM(A_5) = 0.586$。按 SCDISIWTAFM 值降序确定备选方案的优劣排序为：$A_5 > A_4 > A_3 > A_1 > A_2$。即备选开发位置 A_5 为最佳的风能开发地点，应予以优先考虑。

4.6.3 对比分析

本章对属性及备选方案交互情形下的异构多属性群决策问题提出了一种新的方法。具体而言，提议方法创新了异构偏好的同构化方式，并提出了一种更为科学合理的偏好融合方法来集成非可加偏好信息。为了验证本章提议方法的可行性及有效性，本小节对异构偏好的同构化方法及交互非可加融合方法进行了详细的对比分析。

4.6.3.1 异构偏好同构化方法对比

异构偏好同构化处理是异构 MAGDM 重要且必要的步骤。在目前的研究中，一般采用转换法和距离法来实现异构偏好的同构化。然而，通过转换方法获得的同构化结果通常以诸如二元语义、直觉模糊数、区间直觉模糊数等复杂数据形式呈现，不仅增加了决策模型运算的复杂性，降低了实践应用能力，而且也不适用于交互情形下的 MAGDM 问题。因此，为了使对比更具有针对性，本研究对比了能适用于交互情形的异构偏好距离同构化方法，其核心是通过偏好值与参考点之间的距离来实现异构偏好的同构化。具体步骤如下：

步骤 1：确定参考点。参考点的选取一般为正理想点或负理想点。

步骤 2：计算异构偏好与参考点之间的距离，进而实现异构偏好的同构化。例如，通过异构偏好与负理想点之间的距离将异构偏好同构化（类似于文献 [213]）。同时考虑异构偏好与正理想点的距离 d^+ 以及负理想点间的距离 d^-，进而通过贴近度 $d^-/(d^-+d^+)$ 实现异构偏好的同构化处理（类似于文献 [99]）。

步骤 3：集成所有决策者的同构化决策矩阵，获得集成的同构化决策矩阵。

在对比过程中，决策数据、决策者权重等均与本章的应用案例相同，仅异构偏好的同构化处理方法存在差异。此外，为了量化评价各种方法同构化质量，引入广泛应用于 MAGDM 问题并能有效评价信息质量的熵及总体熵这两个指标[77-78]。熵及总体熵值越大，则表明信息中蕴含的不确定性越大，信息质量就越低。相应地，可能造成的决策偏差也就越大。计算式如下：

$$En(A_i) = -\frac{1}{\ln(n)} \sum_{j=1}^{n} x_{ij} \ln x_{ij} \quad (4-23)$$

$$TEn = \frac{\sum_{i=1}^{m} En(A_i)}{m} \quad (4-24)$$

其中，$En(A_i)$ 表示备选方案 A_i 的熵值，反映了 A_i 的评价信息所具有的模糊不确定性程度；TEn 表示总体熵，反映了所有备选方案的评价信息的模糊不确定性情况；x_{ij} 是属性 C_j（$j=1, 2, \cdots, n$）下备选方案 A_i 的属性值。

文献 [99] 与 [213] 与本书提议的 TD-DU 异构偏好同构化方法具体的对比结果如表 4-8 所示。

表 4-8 异构偏好同构化方法对比

特征	方法源	不确定性处理程度	$En(A_i)$	TEn
正负理想贴近度同构化法	文献 [99]	局部	{0.893, 0.881, 0.889, 0.685, 0.485}	0.767

续表(4-8)

特征	方法源	不确定性处理程度	$En(A_i)$	TEn
负理想偏差同构化法	文献［213］	局部	{0.867, 0.712, 0.949, 0.884, 0.862}	0.855
TD-DU 空间同构化法	提议方法	系统	{0.721, 0.806, 0.757, 0.619, 0.496}	0.680

通过表4-8的对比结果可知，所提 TD-DU 空间异构偏好同构化方法表现是最好的，其具有较低的 $En(A_i)$ 及 TEn 值。从单个备选方案来看，尽管在备选方案 A_5 下，所提同构化方法的 $En(A_5)$ 值略高于文献［99］提出的正负理想贴近度同构化方法，但在其余备选方案 A_1、A_2、A_3、A_4 下所提方法的 $En(A_i)$ 值均远远低于文献［99］所提方法，分别低了 19.3%、8.5%、14.8%以及9.6%；相比于文献［213］提议方法来说，所提同构化方法除了 $En(A_2)$ 值略高于文献［213］方法外，其余备选方案 A_1、A_3、A_4、A_5 下所提方法的 $En(A_i)$ 值均远低于文献［213］提议的负理想点偏差同构化法，分别低了 16.8%、20.2%、30%、42.5%。从整体上来看，所提同构化方法的 TEn 值较文献［99］与［213］提议方法分别低了 11.323%及20.473%。$En(A_i)$ 及 TEn 值越低，则表明信息中不确定性程度越低，即同构化质量越高。因此，综合上述分析可以看出，所提 TD-DU 空间同构化方法获得的同构化结果不确定性最小，同构化质量最高，这证明了所提 TD-DU 方法具有科学性及有效性。此外，从理论上来看，只有所提 TD-DU 空间同构化方法充分考虑了异构偏好的系统不确定性而不是局部不确定性。系统不确定性的综合考虑与利用能有效避免同构化过程中偏好信息的损失或扭曲，进而保证了同构化质量。这在一定程度上解释了所提 TD-DU 空间同构化方法具有较低 $En(A_i)$ 及 TEn 值的原因。

4.6.3.2 交互非可加融合方法对比

不同于传统的交互非可加融合方法，本章提出了一种新颖的同时考虑了属性及备选方案双重交互影响的非可加交互融合算子来融合交互非可加偏好

第4章 基于属性方案双重交互的异构多属性群决策方法

信息。为了展示所提方法的有效性及优越性，将所提出 Shapley-Choquet 双重交互优势度非可加融合方法与一些具有代表性的交互非可加融合方法进行了详细的对比分析。为了使得对比更具有针对性和准确性，集体偏好决策矩阵、模糊测度值、Shapley 值等数据均基于本章案例数据，仅交互非可加融合方法存在差异。同时，为了更好地量化评价各类交互非可加融合方法的质量，引入了广泛在 MAGDM 中使用的辨识度（Discrimination degree, DD）及总体辨识度（Total discrimination degree, TDD）两个评价指标来客观地量化评价不同方法的融合质量。同等条件下，DD 值及 TDD 值越大，则表明方法对备选方案的辨识能力越强，能更为细致地区分备选方案之间的差异。相应地，排序结果也就越准确合理[112,175,206]。DD 值及 TDD 值的计算公式为：

$$DD(A^i, A^{i+1}) = \frac{|R_i - R_{i+1}|}{R_i} \quad (4-25)$$

$$TDD = \frac{\sum_{i=1}^{m-1} DD(A^i, A^{i+1})}{m-1} \quad (4-26)$$

其中，$DD(A^i, A^{i+1})$ 表示排序在第 i 与第 $i+1$ 备选方案之间的区分度；TDD 表示备选方案间总体区分程度；R_i 是排序在第 i 的备选方案的排序值；m 表示备选方案的总数。$DD(A^i, A^{i+1})$ 值和 TDD 值越高，排序结果就越准确、合理[112,175,206]。

本章提议的 Shapley-Choquet 双重交互优势度非可加融合算子与其他各类经典的非可加融合算子的详细对比如表 4-9 所示。

表 4-9 交互非可加融合方法对比

方法	方法源	排序系数	$DD(A^i, A^{i+1})$	TDD	方案排序
加权 max-min 法	文献 [214]	{0.5, 0.5, 0.550, 0.550, 0.750}	{0.267, 0, 0.091, 0}	0.089 5	$A_5 > A_3 = A_4 > A_1 = A_2$
经典 Choquet 积分	文献 [132]	{0.463, 0.52, 0.673, 0.693, 0.885}	{0.217, 0.029, 0.227, 0.11}	0.146	$A_5 > A_4 > A_3 > A_2 > A_1$
Shapley-Choquet 积分	文献 [215]	{0.541, 0.440, 0.656, 0.693, 0.783}	{0.115, 0.053, 0.175, 0.187}	0.133	$A_5 > A_4 > A_3 > A_1 > A_2$

续表（4-9）

方法	方法源	排序系数	$DD(A^i, A^{i+1})$	TDD	方案排序
有序几何算术Choquet积分	文献[138]	{0.369, 0.410, 0.654, 0.639, 0.873}	{0.251, 0.023, 0.358, 0.1}	0.183	$A_5 > A_3 > A_4 > A_2 > A_1$
几何算术Shapley-Choquet积分	文献[142]	{0.452, 0.376, 0.641, 0.693, 0.783}	{0.115, 0.075, 0.295, 0.168}	0.163	$A_5 > A_4 > A_3 > A_1 > A_2$
基于TOPSIS的Choquet积分	文献[16]	{0.381, 0.214, 0.471, 0.534, 0.68}	{0.215, 0.118, 0.191, 0.438}	0.241	$A_5 > A_4 > A_3 > A_1 > A_2$
Shapley-Choquet双重交互优势度	提议方法	{0.204, 0.102, 0.362, 0.387, 0.586}	{0.34, 0.065, 0.436, 0.5}	0.335	$A_5 > A_4 > A_3 > A_1 > A_2$

从表 4-9 交互非可加融合方法的对比结果可以看到，不同交互非可加融合方法得到的排序结果与本章所提 Shapley-Choquet 双重交互优势度法排序结果可能会有所差异，不过多数方法得到的排序结果与所提方法是一致的，最优备选方案均为方案 A_5，这验证了所提 Shapley-Choquet 双重交互优势度交互非可加融合方法的有效性。不过，无论从辨识度 $DD(A^i, A^{i+1})$ 还是从总体辨识度 TDD 来看，所提方法均远高于其他方法（TDD 分别高了 73.284%、56.418%、60.299%、45.373%、28.06%、51.343%），这从数据角度证明了备选方案之间的复杂交互确实会对排序结果产生影响的同时，也表明本章所提 Shapley-Choquet 双重交互优势度交互非可加融合方法具有较高的辨识能力及精度，能更为合理地融合交互非可加偏好信息，进而展现了所提方法的有效性及优越性。进一步详细的理论和数据对比分析如下：

（1）文献 [214] 通过取最小值和最大值来融合交互非可加偏好信息，容易造成信息丢失或损失。因此，它无法区分备选方案 A_1 与 A_2 及 A_3 与 A_4 的排列次序，而所提方法可以有效区分它们，区分度分别高达 6.5% 与 50%。且提议方法的总体区分度 TDD 值比加权最大最小算子也高了 73.284%。

（2）文献 [132]、[138]、[16] 考虑了属性交互作用，但忽略了备选方案交互影响以及属性交互的全局影响。这样在交互非可加偏好信息集结过程中，会造成大量的信息损失或扭曲，降低方法对备选方案的辨识程度，进而影响排序结果的可靠性。三种方法的整体辨识度 TDD 分别比提议方法低了 56.418%、45.373%、28.06%，进一步验证了上述分析。

（3）文献［215］、［142］虽然相对于文献［132］、［138］、［16］所提方法有所改进，不仅考虑了属性的交互作用，而且还考虑了属性的全局交互影响，但仍存在假设备选方案之间绝对独立的不足，未能充分考虑备选方案之间的交互对排序结果的影响，进而降低了排序结果的准确性，易引起排序偏差。两种方法对备选方案的整体辨识度比所提方法分别低了 60.299%、51.343%，进一步验证了上述分析。

（4）相对于现有的交互非可加融合方法来说，提议的 Shapley-Choquet 双重交互优势度非可加融合方法不仅具有较高的辨识度及准确度，而且还充分利用了 2 可加模糊测度下 Shapley 函数的可加特性，这极大地简化了非可加偏好信息融合过程的复杂性，提高了方法的实践应用能力。

4.7 本章小结

在现实世界的 MAGDM 问题中，不仅是评价属性之间存在着复杂的交互关系，而且备选方案之间同样可能存在着复杂的交互关系。如果忽略备选方案之间的交互关系，即假设备选方案之间绝对独立，则可能降低决策结果质量，引起决策失误。此外，决策者及评价属性的异构性导致决策者很难采用单一偏好形式准确地表达所有备选方案在不同属性下的偏好值，因此异构也是现实 MAGDM 的主要特征。而在现有的 MAGDM 方法研究中，要么仅考虑 MAGDM 问题的异构性特征，要么仅考虑 MAGDM 问题的属性交互特征，尚无 MAGDM 方法能同时解决属性及备选方案双重交互情形下的异构 MAGDM 问题。并且，现有研究在处理异构偏好、融合交互非可加偏好信息时也存在一些问题。针对现有研究的不足，本章从实际出发，提出了一种解决属性及备选方案双重交互情形下的异构 MAGDM 问题的新方法。

具体而言，首先，提出了一种异构偏好信息同构化新方法，构建了异构偏好的集对 TD-DU 空间同构化模型。相比于现有的异构偏好同构化方法来说，所提 TD-DU 空间同构化方法不仅能有效避免异构偏好信息的丢失、损失或扭曲，提高同构化精度，进而为高质量决策打下坚实基础，而且同构化后的数据形式简单、直观、易懂，极大地简化了 MAGDM 方法的复杂性，提高了模型的实践应用推广能力。

其次，提出了备选方案多属性交互网络构建规则，建立了备选方案的 MAAI 网络，在此基础上，构建了适合有向加权网络的度中心模型来客观地度量复杂交互情形下备选方案的交互影响。在此基础上，进一步构建了 Shapley-Choquet 双重交互优势度积分来融合交互非可加偏好信息，这不仅弥补了现有交互非可加融合方法的不足，大幅提高了融合结果的准确性及可靠性，而且极大地简化了交互非可加偏好信息融合过程的复杂性。

最后，案例应用及对比分析从数据与理论角度证明了所提方法的有效性及科学合理性。

第5章 基于属性方案双重交互及风险动态传播的异构多属性群决策方法

本章针对属性方案双重交互及决策风险动态传播情形下的异构 MAGDM 问题，提出了一种新的 MAGDM 方法。首先，为避免异构偏好信息同构化过程中的信息损失或扭曲，提出了一种基于指数相似度的三维 D-U 空间异构偏好同构化方法。其次，考虑到现实 MAGDM 问题中属性及备选方案的双重交互性，以及决策过程决策风险不可避免，且风险一旦进入决策系统中就可能在交互备选方案之间进行动态级联传播演化，本章建立了决策风险动态传播影响模型。在此基础上，提出了一种基于属性方案双重交互及风险动态传播的异构多属性群决策方法。最后，算例分析展示了提议方法的可行性，对比分析展示了提议方法的优越性。

5.1 问题分析

实际的 MAGDM 过程中，存在着大量的不确定性。将这些可能对决策结果产生不利影响的不确定性统称为决策风险[216]。决策风险反映了不确定性对整个备选方案排序的影响。由于 MAGDM 问题自身的复杂性以及参与主体异质性等原因，决策风险不仅具有来源广泛、种类繁多等特征，而且还具有风险识别、风险度量不充分及高度动态化等特征。决策风险来源不仅涉及决策机制的不健全、决策信息的不完备等诸多客观原因，而且还涉及决策主体知识、经验、教育背景、个体认知及综合判断力等诸多主观因素[217,218]。因此，可以说决策风险在MAGDM过程中是不可避免的，且其一旦进入决策系统并作用于某一备选方案就可能对整个决策结果产生影响。换句话来说，一个备选方案发生风险可能导致整个备选方案排序产生偏差，进而引起决策失误。为此，在MAGDM问题建模过程中考虑决策风险影响是十分必要且重要的，具有重大现实意义。

目前，国内外一些学者从不同视角对决策风险进行了研究。按照已有研究成果来看，可大致将其分为风险识别、风险度量以及风险消减三类。如文献［219］基于系统动力学理论识别绿色建筑决策阶段的风险因素；文献［220］从群体及个体因素两方面对应急决策风险进行系统识别，建立了大群体应急决策风险影响体系；文献［221］认为决策过程中决策者易受到环境及个体主观偏好的影响，从偏好特征的角度对群决策风险进行了量化度量；文献［222］基于三支决策理论，构建了效用风险度量函数来量化风险程度，提出了三支风险决策模型；文献［223］通过信息熵构建了应急决策下的风险消减模型来降低群体决策风险；文献［224］基于统计学的相关理论来量化决策者的风险态度及决策风险，在此基础上实现决策风险的消减；文献［225］基于谈判聚集论、后悔理论以及蒙特卡洛模拟等方法，提出了一种量化并消减决策者心理行为风险的多属性群决策方法；文献［226］为了消除决策者心理行为所带来的决策风险，构建了一种基于前景理论及聚类分析的失效模式风险优先级模型。

上述文献从各个角度对决策风险展开了研究，并取得了丰富成果，这从客观上证明了决策风险的重要性。然而，现有的决策风险研究仍存在一定不足。首先，现有决策风险研究绝大多数是基于静态环境下展开的，仅考虑了决策风险可能存在于决策系统中，并未考虑决策风险在决策系统中的动态传播。其次，现有研究试图从各个角度去量化或度量决策风险，然而就如前文所述，决策风险来源广泛、种类繁多，且具有动态变化特性。因此，要想精确地度量各种类型的决策风险十分困难。

从决策风险影响载体及影响形式来看，其主要载体为备选方案，体现在

第 5 章　基于属性方案双重交互及风险动态传播的异构多属性群决策方法

对备选方案排序系数的影响。而基于上一章节的研究可知，备选方案之间通常存在着复杂的交互作用及依赖关系，这就为风险在备选方案间的动态传播提供了基础。决策风险动态传播是指某个备选方案发生风险，其可能会向与之有交互关系的邻居备选方案节点传播风险，进而引发连锁反应，造成其他备选方案发生风险。通过进一步研究发现，决策风险动态传播需要三个核心要件，即分别为决策风险传播方向、传播概率以及传播过程（统称为风险传播机制）。决策风险传播方向明晰了当某一备选方案发生风险时会向谁进行传播，或者说哪些备选方案可能会被该备选方案的风险感染。这一问题的答案就在 MAAI 网络。MAAI 网络是一个表达备选方案间复杂交互关系的有向加权网络，而决策风险动态传播的基础是备选方案间的交互依赖关系，因此备选方案的决策风险一般沿 MAAI 网络中与其存在有向边箭头指向的邻居备选方案进行传播，而传播概率则是有向边的权重。因为有向边权重反映了备选方案间的交互依赖强度。交互依赖强度越大，备选方案之间的联系越密切，风险也就更易于在它们之间传播。因此，本书第 4 章提出的 MAAI 网络及备选方案间的总交互强度模型为研究决策风险的动态传播打下了坚实的基础。决策风险在 MAAI 网络中的动态传播过程可用图 5-1 进行可视化描述。

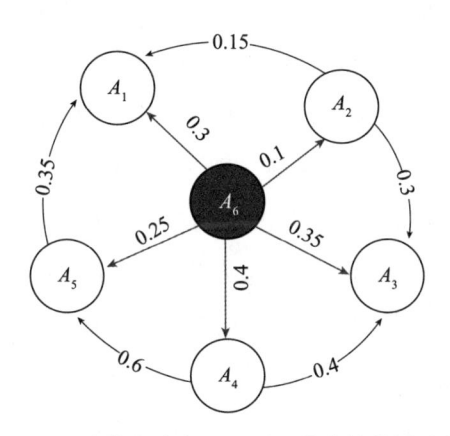

图 5-1　决策风险在 MAAI 网络中的传播过程

如图 5-1 所示，当备选方案 A_6 发生风险时，备选方案 A_6 向与其有交互关系的备选方案节点 A_1、A_2、A_3、A_4、A_5 传播风险。备选方案节点 A_1、A_2、A_3、

A_4、A_5感染风险后可能成为新的风险节点，进而可能再度向与其存在交互关系的备选方案节点传播风险，以此循环动态级联传播（如 $A_4 \to A_5 \to A_1$），直至决策风险在方案间达到动态传播平衡。在明晰风险传播机制的基础上，考虑到风险难以准确地分类度量，而风险度量的最终目的也是为了测度风险对方案排序的影响，本书直接进行风险动态传播影响下的备选方案排序分析。这里的风险动态传播影响（risk dynamic spreading influence，RDSI）是指某一备选方案发生风险对其他备选方案排序的影响程度。显然，从 MAAI 网络全局交互视角来看，备选方案风险动态传播影响越大，其发生风险时对其他备选方案排序的影响也就越大，则相对其他备选方案来说也就越重要、越关键。相应地，其排序也应越靠前。

基于上述分析，本章从动态及系统的角度对决策风险在 MAAI 网络中的动态传播问题进行了研究，构建了风险动态传播影响度量模型，并进一步建立了风险动态传播影响下的备选方案交互影响测度模型。在此基础上，综合考虑现实 MAGDM 问题的异构性及属性方案双重交互特性，提出了一种新的基于属性方案双重交互及风险动态传播的异构多属性群决策方法。

具体来说，本章首先有机融合了相似度理论与确定-不确定空间理论，提出了一种基于相似三维确定-不确定（similarity three-dimensional determinacy-uncertainty，STD-DU）空间的异构偏好同构化方法。其次，提出了一种全局视角下的属性交互测度模型。在此基础上，基于 MAAI 网络，进一步提出了改进的基于马尔可夫链的 SIRS 模型（即 SIRS-MC 模型）来度量决策风险的动态传播影响。然后，提出了一种改进的有向加权中心性模型，从全局视角衡量风险动态传播影响下的备选方案交互影响（alternative interaction influence，AII）。最后，提出了一种新的 2 可加模糊测度下的 Shapley-Choquet 双重交互风险优势度积分（shapley-Choquet double interaction risk superiority integral w. r. t 2-additive fuzzy measure，SCDIRSIWTAFM）来融合交互非可加偏好信息，获得准确的排序结果。

5.2 异构偏好 STD-DU 空间同构化

基于模型构建需要，本节首先介绍了相似度理论，提出了异构偏好的指数相似度度量模型。在此基础上，构建了异构偏好 STD-DU 空间映射法则。

5.2.1 异构偏好指数相似度度量

相似度（similarity degree，SD）是衡量两对象之间接近程度或一致性的重要工具[227]。目前已广泛应用于决策[228]、信息系统[229]、聚类分析[230]等领域。受文献［231］Pythagoreanm 模糊集指数相似度（exponential similarity degree，ESD）的激发，本书提出了一种新的指数相似度方法处理各类异构偏好，该方法与其他诸如经典余弦相似度方法相比，具有更好的数据区分效果，且克服了偏好值为 0 或为精确数时失效的情形。

定义 5.1[227]　对任意两个 n 维元素 $r = (r_1, r_2, \cdots, r_n)$ 和 $t = (t_1, t_2, \cdots, t_n)$，两者在元素空间 p 的相似度 $SD(r, t)$ 是一个 $p \times p \rightarrow [0, 1]$ 的映射，并具有如下特征：

(1) $0 \leqslant SD(r, t) \leqslant 1$；

(2) $SD(r, t) = SD(t, r)$；

(3) $SD(r, t) = 1 \Leftrightarrow r = t$；

(4) $SD(r, t) = 0$，表明 r 与 t 两者完全不相似；

(5) $SD(r, t) < SD(r, \mathcal{B})$，$r, t, \mathcal{B} \in p$，表明 $\mathcal{B}$ 与 t 相比，$\mathcal{B}$ 与 r 更相似；

(6) 若 $r \subseteq t \subseteq \mathcal{B}$，$r, t, \mathcal{B} \in p$，那么存在 $SD(r, \mathcal{B}) \leqslant SD(t, \mathcal{B})$，$SD(r, \mathcal{B}) \leqslant SD(r, t)$。

基于相似度定义可知，两目标之间的相似度越大则越接近或越相似。当两目标完全不相似时，则相似度为 0。然而需要说明的是，在 MAGDM 中相似度等于 0 是一种非常极端情况，任意属性下两个偏好值之间的相似度通常大于 0，即属性偏好值之间或多或少存在一定的相似性。指数相似度是经典相似度的一种特殊情形，具有经典相似度的一切性质。同时，为了使 ESD 数学上更为严谨，定义 $ESD(Ep^+, Ep^-)=0$，其中 Ep^+ 与 Ep^- 分别为任意属性下取值的极大、极小点值（如正负理想点），Ep^+ 与 Ep^- 数据类型相同且存在 Ep^+、$Ep^- \in$ RN、IN、TFN、TrFN、IFN、TIFN。由于 Ep^+ 与 Ep^- 分别为属性下两个完全相反的极点，因此定义两者完全不相似是完全合理的。当相同数据类型的两个偏好不同时为极点值时，规范化异构偏好 ESD 度量公式定义如下：

(1) 对于任意两个规范化的精确数 a 与 b，两者的指数相似度 ESD_{RN} 为：

$$ESD_{RN}(a, b) = e^{-|a-b|} \qquad (5-1)$$

(2) 对于任意两个规范化的区间数 $\bar{a} = [a^L, a^U]$ 与 $\bar{b} = [b^L, b^U]$，两者的指数相似度 ESD_{IN} 为：

$$ESD_{IN}(\bar{a}, \bar{b}) = e^{-|a^L-b^L|} \times e^{-|a^U-b^U|} \qquad (5-2)$$

(3) 对于任意两个规范化的三角模糊数 $\tilde{a} = (a_1, a_2, a_3)$ 与 $\tilde{b} = (b_1, b_2, b_3)$，两者的指数相似度 ESD_{TFN} 为：

$$ESD_{TFN}(\tilde{a}, \tilde{b}) = \prod_{i=1}^{3} e^{-|a_i-b_i|} \qquad (5-3)$$

(4) 对于任意两个规范化的梯形模糊数 $\tilde{g} = (g_1, g_2, g_3, g_4)$ 与 $\tilde{v} = (v_1, v_2, v_3, v_4)$，两者的指数相似度 ESD_{TrFN} 为：

$$ESD_{TrFN}(\tilde{g}, \tilde{v}) = \prod_{i=1}^{4} e^{-|g_i-v_i|} \qquad (5-4)$$

(5) 对于任意两个规范化的直觉模糊数 $\tilde{\tilde{a}} = (u_{\tilde{a}}, v_{\tilde{a}})$ 与 $\tilde{\tilde{b}} = (u_{\tilde{b}}, v_{\tilde{b}})$，两者的指数相似度 ESD_{IFN} 为：

$$ESD_{IFN}(\tilde{\tilde{a}}, \tilde{\tilde{b}}) = e^{-|u_{\tilde{a}}-u_{\tilde{b}}|} \times e^{-|v_{\tilde{a}}-v_{\tilde{b}}|} \times e^{-|\pi_{\tilde{a}}-\pi_{\tilde{b}}|} \qquad (5-5)$$

(6) 对于任意两个规范化的三角直觉模糊数 $\hat{\tilde{a}} = ([\underline{a}, a, \bar{a}]; u_{\hat{a}}, v_{\hat{a}})$，$\hat{\tilde{b}} = ([\underline{b}, b, \bar{b}]; u_{\hat{b}}, v_{\hat{b}})$，两者的指数相似度 ESD_{TIFN} 为：

$$ESD_{TIFN}(\hat{\tilde{a}}, \hat{\tilde{b}}) = e^{-|(1+u_{\hat{a}}-v_{\hat{a}})\underline{a}-(1+u_{\hat{b}}-v_{\hat{b}})\underline{b}|}$$
$$\times e^{-|(1+u_{\hat{a}}-v_{\hat{a}})a-(1+u_{\hat{b}}-v_{\hat{b}})b|} \times e^{-|(1+u_{\hat{a}}-v_{\hat{a}})\bar{a}-(1+u_{\hat{b}}-v_{\hat{b}})\bar{b}|} \qquad (5-6)$$

易证，式（5-3）~（5-6）中 $ESD(\cdot,\cdot)$ 均满足定义 5.1 中相似度的特性，即 ESD 是有效的相似度度量。由于其证明较为简单，在此省略。

5.2.2 异构偏好 STD-DU 空间映射法则

令 $A=\{A_1,A_2,\cdots,A_m\}$ 为备选方案集，$C=\{C_1,C_2,\cdots,C_n\}$ 为属性集，$D=\{D_1,D_2,\cdots,D_p\}$ 为决策者集合，x_{ij}^k 为决策者 D_k 提供的关于备选方案 A_i 在属性 C_j 下的偏好值，$\mathfrak{R}_j^+$ 与 $\mathfrak{R}_j^-$ 分别为属性 C_j 下的正理想点及负理想点，$\mathfrak{R}_j=\{\mathfrak{R}_j^+,\mathfrak{R}_j^-\}$ 为属性 C_j 的理想点集合，那么，可以将偏好值 x_{ij}^k 与理想点集合 $\mathfrak{R}_j=\{\mathfrak{R}_j^+,\mathfrak{R}_j^-\}$ 构成集合对 $(x_{ij}^k,\mathfrak{R}_j)$，并结合异构偏好 ESD 测度，将偏好值 x_{ij}^k 映射到 STD-DU 空间的映射联系度定义为：

$$\begin{aligned}\theta(x_{ij}^k,\mathfrak{R}_j)=&ESD(x_{ij}^k,\mathfrak{R}_j^+)\times(1-ESD(x_{ij}^k,\mathfrak{R}_j^-))\\&+(1-ESD(x_{ij}^k,\mathfrak{R}_j^+)-ESD(x_{ij}^k,\mathfrak{R}_j^-)\\&+2ESD(x_{ij}^k,\mathfrak{R}_j^+)\times ESD(x_{ij}^k,\mathfrak{R}_j^-))\tau\\&+ESD(x_{ij}^k,\mathfrak{R}_j^-)\times(1-ESD(x_{ij}^k,\mathfrak{R}_j^+))\varepsilon\end{aligned} \quad (5\text{-}7)$$

其中，$\theta(x_{ij}^k,\mathfrak{R}_j)$ 为映射联系度 CD 值；$ESD(\cdot,\cdot)$ 表示两者间的指数相似度值；$\tau\in[-1,1]$ 表示差异不确定程度系数；ε 为对立程度系数，一般取 $\varepsilon=1$；偏好值 x_{ij}^k 与理想点集合的同一度为 $ESD(x_{ij}^k,\mathfrak{R}_j^+)*(1-ESD(x_{ij}^k,\mathfrak{R}_j^-))$，反映了 x_{ij}^k 与正理想点 $\mathfrak{R}_j^+$ 相似同时又与负理想点 $\mathfrak{R}_j^-$ 不相似的程度；对立程度 $ESD(x_{ij}^k,\mathfrak{R}_j^-)\times(1-ESD(x_{ij}^k,\mathfrak{R}_j^+))$ 则恰好与同一度含义相反，反映了偏好值 x_{ij}^k 与负理想点 $\mathfrak{R}_j^-$ 相似而同时又与正理想点 $\mathfrak{R}_j^+$ 不相似的程度。

基于式（5-7），精确数、区间数、三角模糊数、梯形模糊数、直觉模糊数以及三角直觉模糊数的 STD-DU 空间具体映射形式如下：

（1）精确数 STD-DU 空间映射

令偏好值 x_{ij}^k 是一个规范化的精确数（RN），则 $x_{ij}^k\in[0,1]$。如果属性 $C_j\in\text{Be}$，$\mathfrak{R}_j^+=\max\limits_{1\leqslant i\leqslant m}x_{ij}^k$，$\mathfrak{R}_j^-=\min\limits_{1\leqslant i\leqslant m}x_{ij}^k$；如果 $C_j\in\text{Co}$，$\mathfrak{R}_j^+=\min\limits_{1\leqslant i\leqslant m}x_{ij}^k$，$\mathfrak{R}_j^-=\max\limits_{1\leqslant i\leqslant m}x_{ij}^k$。那么，精确数的 STD-DU 空间映射联系度具体形式为：

$$\theta(x_{ij}^k,\mathfrak{R}_j)_{\text{RN}}=e^{-|x_{ij}^k-\mathfrak{R}_j^+|}-e^{-|x_{ij}^k-\mathfrak{R}_j^+|-|x_{ij}^k-\mathfrak{R}_j^-|}$$

$$+ (1 - e^{-|x_{ij}^k - \mathfrak{R}_j^+|} - e^{-|x_{ij}^k - \mathfrak{R}_j^-|} + 2e^{-|x_{ij}^k - \mathfrak{R}_j^+| - |x_{ij}^k - \mathfrak{R}_j^-|})\tau$$
$$+ (e^{-|x_{ij}^k - \mathfrak{R}_j^-|} - e^{-|x_{ij}^k - \mathfrak{R}_j^+| - |x_{ij}^k - \mathfrak{R}_j^-|})\varepsilon \qquad (5-8)$$

（2）区间数 STD-DU 空间映射

让偏好值 $x_{ij}^k = [\underline{x}_{ij}^k, \overline{x}_{ij}^k]$ 是一个规范化的区间数 IN，则 $\underline{x}_{ij}^k, \overline{x}_{ij}^k \in [0, 1]$，$\underline{x}_{ij}^k \leq \overline{x}_{ij}^k$。如果属 $C_j \in \text{Be}$，$\mathfrak{R}_j^+ = [R_j^{L+}, R_j^{U+}] = [\max_{1 \leq i \leq m} \underline{x}_{ij}^k, \max_{1 \leq i \leq m} \overline{x}_{ij}^k]$，$\mathfrak{R}_j^- = [R_j^{L-}, R_j^{U-}] = [\min_{1 \leq i \leq m} \underline{x}_{ij}^k, \min_{1 \leq i \leq m} \overline{x}_{ij}^k]$；如果属性 $C_j \in \text{Co}$，$\mathfrak{R}_j^+ = [R_j^{L+}, R_j^{U+}] = [\min_{1 \leq i \leq m} \underline{x}_{ij}^k, \min_{1 \leq i \leq m} \overline{x}_{ij}^k]$，$\mathfrak{R}_j^- = [R_j^{L-}, R_j^{U-}] = [\max_{1 \leq i \leq m} \underline{x}_{ij}^k, \max_{1 \leq i \leq m} \overline{x}_{ij}^k]$。那么，区间数的 STD-DU 空间映射联系度具体形式为：

$$\theta(x_{ij}^k, \mathfrak{R}_j)_{\text{IN}} = e^{-|\underline{x}_{ij}^k - R_j^{L+}| - |\overline{x}_{ij}^k - R_j^{U+}|} - e^{-|\underline{x}_{ij}^k - R_j^{L+}| - |\overline{x}_{ij}^k - R_j^{U+}| - |\underline{x}_{ij}^k - R_j^{L-}| - |\overline{x}_{ij}^k - R_j^{U-}|}$$
$$+ (1 - e^{-|\underline{x}_{ij}^k - R_j^{L+}| - |\overline{x}_{ij}^k - R_j^{U+}|} - e^{-|\underline{x}_{ij}^k - R_j^{L-}| - |\overline{x}_{ij}^k - R_j^{U-}|}$$
$$+ 2e^{-|\underline{x}_{ij}^k - R_j^{L+}| - |\overline{x}_{ij}^k - R_j^{U+}| - |\underline{x}_{ij}^k - R_j^{L-}| - |\overline{x}_{ij}^k - R_j^{U-}|})\tau$$
$$+ (e^{-|\underline{x}_{ij}^k - R_j^{L-}| - |\overline{x}_{ij}^k - R_j^{U-}|} - e^{-|\underline{x}_{ij}^k - R_j^{L+}| - |\overline{x}_{ij}^k - R_j^{U+}| - |\underline{x}_{ij}^k - R_j^{L-}| - |\overline{x}_{ij}^k - R_j^{U-}|})\varepsilon$$
$$(5-9)$$

（3）三角模糊数 STD-DU 空间映射

令偏好值 $x_{ij}^k = (x_{ij}^{1k}, x_{ij}^{2k}, x_{ij}^{3k})$ 是一个规范化的三角模糊数（TFN），则 $0 \leq x_{ij}^{1k} \leq x_{ij}^{2k} \leq x_{ij}^{3k} \leq 1$。如果属性 $C_j \in \text{Be}$，$\mathfrak{R}_j^+ = (R_j^{1+}, R_j^{2+}, R_j^{3+}) = (\max_{1 \leq i \leq m} x_{ij}^{1k}, \max_{1 \leq i \leq m} x_{ij}^{2k}, \max_{1 \leq i \leq m} x_{ij}^{3k})$，$\mathfrak{R}_j^- = (R_j^{1-}, R_j^{2-}, R_j^{3-}) = (\min_{1 \leq i \leq m} x_{ij}^{1k}, \min_{1 \leq i \leq m} x_{ij}^{2k}, \min_{1 \leq i \leq m} x_{ij}^{3k})$；如果属性 $C_j \in \text{Co}$，$\mathfrak{R}_j^+ = (R_j^{1+}, R_j^{2+}, R_j^{3+}) = (\min_{1 \leq i \leq m} x_{ij}^{1k}, \min_{1 \leq i \leq m} x_{ij}^{2k}, \min_{1 \leq i \leq m} x_{ij}^{3k})$，$\mathfrak{R}_j^- = (R_j^{1-}, R_j^{2-}, R_j^{3-}) = (\max_{1 \leq i \leq m} x_{ij}^{1k}, \max_{1 \leq i \leq m} x_{ij}^{2k}, \max_{1 \leq i \leq m} x_{ij}^{3k})$。那么，三角模糊数的 STD-DU 空间映射联系度具体形式为：

$$\theta(x_{ij}^k, \mathfrak{R}_j)_{\text{TFN}} = \prod_{l=1}^3 e^{-|x_{ij}^{lk} - R_j^{l+}|} - \prod_{l=1}^3 e^{-|x_{ij}^{lk} - R_j^{l+}| - |x_{ij}^{lk} - R_j^{l-}|}$$
$$+ \left(1 - \prod_{l=1}^3 e^{-|x_{ij}^{lk} - R_j^{l+}|} - \prod_{l=1}^3 e^{-|x_{ij}^{lk} - R_j^{l-}|} + 2\prod_{l=1}^3 e^{-|x_{ij}^{lk} - R_j^{l+}| - |x_{ij}^{lk} - R_j^{l-}|}\right)\tau$$
$$+ \left(\prod_{l=1}^3 e^{-|x_{ij}^{lk} - R_j^{l-}|} - \prod_{l=1}^3 e^{-|x_{ij}^{lk} - R_j^{l+}| - |x_{ij}^{lk} - R_j^{l-}|}\right)\varepsilon \qquad (5-10)$$

（4）梯形模糊数 STD-DU 空间映射

令偏好值 $x_{ij}^k = (x_{ij}^{1k}, x_{ij}^{2k}, x_{ij}^{3k}, x_{ij}^{4k})$ 是一个规范化的梯形模糊数（TrFN），

则 $0 \leqslant x_{ij}^{1k} \leqslant x_{ij}^{2k} \leqslant x_{ij}^{3k} \leqslant x_{ij}^{4k} \leqslant 1$。如果属性 $C_j \in \text{Be}$，$\mathfrak{R}_j^+ = (R_j^{1+}, R_j^{2+}, R_j^{3+}, R_j^{4+}) = (\max\limits_{1 \leqslant i \leqslant m} x_{ij}^{1k}, \max\limits_{1 \leqslant i \leqslant m} x_{ij}^{2k}, \max\limits_{1 \leqslant i \leqslant m} x_{ij}^{3k}, \max\limits_{1 \leqslant i \leqslant m} x_{ij}^{4k})$，$\mathfrak{R}_j^- = (R_j^{1-}, R_j^{2-}, R_j^{3-}, R_j^{4-}) = (\min\limits_{1 \leqslant i \leqslant m} x_{ij}^{1k}, \min\limits_{1 \leqslant i \leqslant m} x_{ij}^{2k}, \min\limits_{1 \leqslant i \leqslant m} x_{ij}^{3k}, \min\limits_{1 \leqslant i \leqslant m} x_{ij}^{4k})$；如果属性 $C_j \in \text{Co}$，$\mathfrak{R}_j^+ = (R_j^{1+}, R_j^{2+}, R_j^{3+}, R_j^{4+}) = (\min\limits_{1 \leqslant i \leqslant m} x_{ij}^{1k}, \min\limits_{1 \leqslant i \leqslant m} x_{ij}^{2k}, \min\limits_{1 \leqslant i \leqslant m} x_{ij}^{3k}, \min\limits_{1 \leqslant i \leqslant m} x_{ij}^{4k})$，$\mathfrak{R}_j^- = (R_j^{1-}, R_j^{2-}, R_j^{3-}, R_j^{4-}) = (\max\limits_{1 \leqslant i \leqslant m} x_{ij}^{1k}, \max\limits_{1 \leqslant i \leqslant m} x_{ij}^{2k}, \max\limits_{1 \leqslant i \leqslant m} x_{ij}^{3k}, \max\limits_{1 \leqslant i \leqslant m} x_{ij}^{4k})$。那么，梯形模糊数的 STD-DU 空间映射联系度具体形式为：

$$\theta(x_{ij}^k, \mathfrak{R}_j)_{\text{TrFN}} = \prod_{l=1}^{4} e^{-|x_{ij}^{lk} - R_j^{l+}|} - \prod_{l=1}^{4} e^{-|x_{ij}^{lk} - R_j^{l+}| - |x_{ij}^{lk} - R_j^{l-}|}$$
$$+ \left(1 - \prod_{l=1}^{4} e^{-|x_{ij}^{lk} - R_j^{l+}|} - \prod_{l=1}^{4} e^{-|x_{ij}^{lk} - R_j^{l-}|} + 2\prod_{l=1}^{4} e^{-|x_{ij}^{lk} - R_j^{l+}| - |x_{ij}^{lk} - R_j^{l-}|}\right)\tau$$
$$+ \left(\prod_{l=1}^{4} e^{-|x_{ij}^{lk} - R_j^{l-}|} - \prod_{l=1}^{4} e^{-|x_{ij}^{lk} - R_j^{l+}| - |x_{ij}^{lk} - R_j^{l-}|}\right)\varepsilon \quad (5-11)$$

（5）直觉模糊数 STD-DU 空间映射

令偏好值 $x_{ij}^k = (u_{x_{ij}}^k, v_{x_{ij}}^k)$ 是一个规范化的直觉模糊数（IFN），则 $0 \leqslant u_{x_{ij}}, v_{x_{ij}} \leqslant 1$。如果属性 $C_j \in \text{Be}$，$\mathfrak{R}_j^+ = (u_j^+, v_j^+) = (\max\limits_{1 \leqslant i \leqslant m} u_{ij}^k, \min\limits_{1 \leqslant i \leqslant m} v_{x_{ij}}^k)$，$\mathfrak{R}_j^- = (u_j^-, v_j^-) = (\min\limits_{1 \leqslant i \leqslant m} u_{ij}^k, \max\limits_{1 \leqslant i \leqslant m} v_{x_{ij}}^k)$；如果属性 $C_j \in \text{Co}$，$\mathfrak{R}_j^+ = (u_j^+, v_j^+) = (\min\limits_{1 \leqslant i \leqslant m} u_{ij}^k, \max\limits_{1 \leqslant i \leqslant m} v_{x_{ij}}^k)$，$\mathfrak{R}_j^- = (u_j^-, v_j^-) = (\max\limits_{1 \leqslant i \leqslant m} u_{ij}^k, \min\limits_{1 \leqslant i \leqslant m} v_{x_{ij}}^k)$。那么，直觉模糊数的 STD-DU 空间映射联系度具体形式为：

$$\theta(x_{ij}^k, \mathfrak{R}_j)_{\text{IFN}} = e^{-\mathfrak{S}} - e^{-(\mathfrak{S}+\mathfrak{K})} + (1 - e^{-\mathfrak{S}} - e^{-\mathfrak{K}} + 2e^{-(\mathfrak{S}+\mathfrak{K})})\tau$$
$$+ (e^{-\mathfrak{K}} - e^{-(\mathfrak{S}+\mathfrak{K})})\varepsilon \quad (5-12)$$

其中，$\mathfrak{S} = |u_{x_{ij}}^k - u_j^+| + |v_{x_{ij}}^k - v_j^+| + |u_{x_{ij}}^k + v_{x_{ij}}^k - u_j^+ - v_j^+|$；$\mathfrak{K} = |u_{x_{ij}}^k - u_j^-| + |v_{x_{ij}}^k - v_j^-| + |u_{x_{ij}}^k + v_{x_{ij}}^k - u_j^- - v_j^-|$。

（6）三角直觉模糊数 STD-DU 空间映射

令属性值 $x_{ij}^k = ([x_{ij}^{1k}, x_{ij}^{2k}, x_{ij}^{3k}]; u_{ij}^k, v_{ij}^k)$ 是一个规范化的三角直觉模糊数（TIFN），则 $0 \leqslant x_{ij}^{1k} \leqslant x_{ij}^{2k} \leqslant x_{ij}^{3k} \leqslant 1$，$0 \leqslant u_{ij}^k, v_{ij}^k \leqslant 1$。如果属性 $C_j \in \text{Be}$，$\mathfrak{R}_j^+ = ([R_j^{1+}, R_j^{2+}, R_j^{3+}]; u_{j+}, v_{j+}) = ([\max\limits_{1 \leqslant i \leqslant m} x_{ij}^{1k}, \max\limits_{1 \leqslant i \leqslant m} x_{ij}^{2k}, \max\limits_{1 \leqslant i \leqslant m} x_{ij}^{3k}]; \max\limits_{1 \leqslant i \leqslant m} u_{ij}^k, \min\limits_{1 \leqslant i \leqslant m} v_{ij}^k)$，$\mathfrak{R}_j^- = ([R_j^{1-}, R_j^{2-}, R_j^{3-}]; u_{j-}, v_{j-}) = ([\min\limits_{1 \leqslant i \leqslant m} x_{ij}^{1k}, \min\limits_{1 \leqslant i \leqslant m} x_{ij}^{2k}, \min\limits_{1 \leqslant i \leqslant m} x_{ij}^{3k}]; \min\limits_{1 \leqslant i \leqslant m} u_{ij}^k, \max\limits_{1 \leqslant i \leqslant m} v_{ij}^k)$；如果属性 $C_j \in \text{Co}$，$\mathfrak{R}_j^+ = ([R_j^{1+}, R_j^{2+}, R_j^{3+}]; u_{j+}, v_{j+}) =$

$([\min\limits_{1\leqslant i\leqslant m} \underline{x}_{ij}^k, \min\limits_{1\leqslant i\leqslant m} x_{ij}^k, \min\limits_{1\leqslant i\leqslant m} \overline{x}_{ij}^k]; \min\limits_{1\leqslant i\leqslant m} u_{ij}^k, \max\limits_{1\leqslant i\leqslant m} v_{ij}^k)$，$\mathfrak{R}_j^- = ([R_j^{1-}, R_j^{2-}, R_j^{3-}];$
$u_{j-}, v_{j-}) = ([\max\limits_{1\leqslant i\leqslant m} \underline{x}_{ij}, \max\limits_{1\leqslant i\leqslant m} x_{ij}^k, \max\limits_{1\leqslant i\leqslant m} \overline{x}_{ij}^k]; \max\limits_{1\leqslant i\leqslant m} u_{ij}^k, \min\limits_{1\leqslant i\leqslant m} v_{ij}^k)$。那么，三角直觉模糊数的 STD-DU 空间映射联系度具体形式为：

$$\theta(x_{ij}^k, \mathfrak{R}_j)_{\text{TIFN}} = \prod_{l=1}^{3} e^{-|\mathfrak{J}x_{ij}^{lk} - \mathfrak{H}R_j^{l+}|} - \prod_{l=1}^{3} e^{-|\mathfrak{J}x_{ij}^{lk} - \mathfrak{H}R_j^{l+}| - |\mathfrak{J}x_{ij}^{lk} - \mathfrak{U}R_j^{l-}|}$$
$$+ \left(1 - \prod_{l=1}^{3} e^{-|\mathfrak{J}x_{ij}^{lk} - \mathfrak{H}R_j^{l+}|} - \prod_{l=1}^{3} e^{-|\mathfrak{J}x_{ij}^{lk} - \mathfrak{U}R_j^{l-}|}\right.$$
$$\left. + 2\prod_{l=1}^{3} e^{-|\mathfrak{J}x_{ij}^{lk} - \mathfrak{H}R_j^{l+}| - |\mathfrak{J}x_{ij}^{lk} - \mathfrak{U}R_j^{l-}|}\right)\tau$$
$$+ \left(\prod_{l=1}^{3} e^{-|\mathfrak{J}x_{ij}^{lk} - \mathfrak{U}R_j^{l-}|} - \prod_{l=1}^{3} e^{-|\mathfrak{J}x_{ij}^{lk} - \mathfrak{H}R_j^{l+}| - |\mathfrak{J}x_{ij}^{lk} - \mathfrak{U}R_j^{l-}|}\right)\varepsilon \quad (5-13)$$

其中，$\mathfrak{J} = 1 + u_{ij}^k - v_{ij}^k$，$\mathfrak{H} = 1 + u_{j+} - v_{j+}$，$\mathfrak{U} = 1 + u_{j-} - v_{j-}$。

5.2.3 集成的 CD 偏好决策矩阵

在对各决策者异构偏好决策矩阵进行 STD-TU 空间映射获得同构化 CD 偏好决策矩阵 $\boldsymbol{\theta}^k = [\theta_{ij}^k(x_{ij}, \mathfrak{R}_j)]_{m\times n}(k=1, 2, \cdots, p)$ 的基础上，需进一步融合决策者的群体观点以获得集成的 CD 偏好决策矩阵。通过公式（2-18），集成的 CD 偏好决策矩阵如下：

$$\boldsymbol{\theta} = [\theta_{ij}(x_{ij}, \mathfrak{R}_j)]_{m\times n} = \begin{bmatrix} \theta(x_{11}, \mathfrak{R}_1) & \cdots & \theta(x_{1n}, \mathfrak{R}_n) \\ \vdots & & \vdots \\ \theta(x_{m1}, \mathfrak{R}_1) & \cdots & \theta(x_{mn}, \mathfrak{R}_n) \end{bmatrix} \quad (5-14)$$

其中，$\theta(x_{ij}, \mathfrak{R}_j) = a_{ij} + b_{ij}\tau + c_{ij}\varepsilon$ 是 CD 形式的偏好值。a_{ij}、b_{ij}、c_{ij} 分别表征同一度、差异不确定度及对立度，可根据偏好值 x_{ij} 具体的数据类型通过公式（5-8）~（5-13）确定。对立程度系数 $\varepsilon = -1$，差异不确定程度系数 $\tau = 1$。在此基础上，将相关参数代入式（5-14）即可获得完全量化的 $\boldsymbol{\theta}$ 偏好决策矩阵。由于 MAGDM 问题中 $\theta_{ij}(x_{ij}, \mathfrak{R}_j) \geqslant 0$ 恒成立，且其是基于 x_{ij} 与正负理想点相似性映射获得。因此，若量化时出现 $\theta_{ij}(x_{ij}, \mathfrak{R}_j) < 0$ 的情形，则取其补集 $1 + \theta_{ij}(x_{ij}, \mathfrak{R}_j)$。

5.3　全局视角下属性交互影响测度建模

2 可加模糊测度可以客观描述任意两个属性之间的交互程度。但从全局视角来看，属性交互关联情形下任意两属性之间的交互程度不仅取决于它们自身的特点，还可能取决于其他属性的交互程度[147]。因此，本节进一步从全局交互视角建立了属性间的交互程度度量模型。为实现这一目标，首先需明晰交互属性间的局部交互程度，即如何客观求解交互属性或属性集的 2 可加模糊测度。考虑到 MAGDM 问题中，如果各备选方案在各属性下的偏好值离散程度越大，则越容易分辨备选方案之间的优劣，且决策结果的精确度及鲁棒性越高。同时，借鉴统计学中变异系数相关思想，建立了属性交互情形下改进的加权变异程度最大化非线性优化模型来客观求解交互属性间的 2 可加模糊测度，具体如下所示：

$$\max \aleph = \sum_{j=1}^{n} \sum_{i=1}^{m} \varphi_{C_j}(\mu, C) \frac{(\theta(x_{ij}, \Re_j) - \bar{\theta}(x_j, \Re_j))^2}{\bar{\theta}(x_j, \Re_j)} \quad (5\text{-}15)$$

$$\text{s.t} \begin{cases} \sum_{C_l \subset K \setminus C_j} (\mu(C_j, C_l) - \mu(C_l)) \geqslant (|K| - 2)\mu(C_j), \forall K \subset C, C_j \in K, |K| \geqslant 2, \\ \sum_{|C_j, C_l| \subset C} \mu(C_j, C_l) - (|C| - 2) \sum_{C_j \in C} \mu(C_j) = 1, \\ 0 \leqslant \mu(C_j) \leqslant 1, \mu(C_j) \in IR_{C_j}. \end{cases}$$

其中，$\varphi_{C_j}(\mu, C)$ 表示交互属性 C_j 的 Shapley 值，即 C_j 的权重；$\theta(x_{ij}, \Re_j)$ 为量化集成的 CD 偏好值；$\bar{\theta}(x_j, \Re_j)$ 为属性 C_j 下偏好的平均值，存在 $\bar{\theta}(x_j, \Re_j) = \sum_{i=1}^{m} \frac{\theta_{ij}(x_{ij}, \Re_j)}{m}$；$IR_{C_j}$ 为交互属性 C_j 的权重范围，如去除约束条件 $\mu(C_j) \in IR_{C_j}$，则式（5-15）退化为交互属性权重完全未知情形下的 2 可模糊测度求解模型。不难发现非线性优化模型（5-15）的可行域 $\Omega = \{\mu(C_j), \mu(C_j, C_l) | 0 < \mu(C_j) \leqslant 1, 0 \leqslant \mu(C_j, C_l) \leqslant 1, j, l = 1, 2, \cdots, n\}$ 是非空有界的，且目标函数连续、可微。因此，式（5-15）在可行域 Ω 中最优解必定存在。

在式（5-15）的基础上，进一步求解交互属性的全局交互程度，计算如下[124]：

$$g_{C_j C_l}(u, C) = \sum_{k=0}^{n-2} \frac{(n-k-2)! \, k!}{(n-1)!}$$

$$\left(\sum_{K \subseteq C \setminus \{C_i, C_j\}} u(C_j C_l \cup K) - u(C_j, K) - u(C_l, K) + u(K) \right)$$

(5-16)

式（5-16）中，$g_{C_j C_l}(u, C) \in [-1, 1]$ 表示属性集 C 中任意两属性 C_j 与 C_l 间的全局交互程度；$u(\cdot)$ 或 $u(\cdot, \cdot)$ 为属性或属性集的 2 可加模糊测度；任意集合 K 满足条件 $K \subseteq C \setminus \{C_i, C_j\}$。

5.4 风险动态传播下的备选方案交互影响测度建模

本节在第 4 章提出的 MAAI 网络及备选方案间总交互强度模型的基础上，进一步考虑了决策过程中风险动态传播影响，建立了 MAAI 网络下风险动态传播影响测度模型。在此基础上，进一步提出了风险动态传播下的备选方案交互影响测度模型。

5.4.1 SIRS-MC 决策风险动态传播影响测度模型

如前文所述，决策风险不可避免且可能会影响决策结果的准确性。决策风险进入决策系统并发挥影响主要通过备选方案的排序系数体现。而通过前文研究成果可知，备选方案之间存在着复杂的交互关系，这就为风险在备选方案间的级联传播提供了基础条件。此外，风险进入决策系统并在备选方案间传播的过程中，需要一定时间才能达到动态传播平衡。换句话来说，决策风险在 MAAI 网络中动态传播达到稳定之前，不同时刻下备选方案所处风险状态是动态变化的。而不同风险状态下，风险影响是不同的。因此，决策风险建模不仅需要考虑决策风险在备选方案间的级联传播特性，而且还需要考虑备选方案风险状态的动态变化特性。

风险动态传播过程中，备选方案并不是一接触风险就立马变化风险状态并传播风险，其存在一个累积缓冲的过程。这可以解释为各备选方案自身具备一定的风险容忍度，虽然备选方案接触了风险但可能由于风险量等原因使得备选方案所处风险状态并不会发生改变。换句话来说，备选方案风险状态变化存在一定概率。其过程类似于 SIR 模型所刻画的过程。区别在于，在备选方案交互情形下的 MAGDM 问题中，备选方案节点处于风险免疫 R 状态是暂时的，随着决策风险动态传播、累积，免疫 R 状态的备选方案节点会再次变为易感染的 S 状态。因此，为了贴近实际，本书在传统 SIR 模型的基础上进一步建立了 SIRS 模型来刻画备选方案在决策风险动态传播过程的风险状态变化，具体如图 5-2 所示。

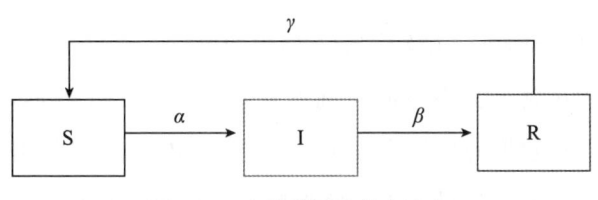

图 5-2　方案的风险状态变化

其中，S 表示备选方案处于易感染状态；I 表示备选方案处于感染状态，处于此状态的备选方案节点会向与其存在出度交互关系的备选方案节点传播风险，进而可能引起其他备选方案的风险状态变化；R 表示备选方案处于风险免疫状态，处于此状态的备选方案节点既不会传播风险，也不易感染风险。$0 \leqslant \alpha \leqslant 1$ 表示备选方案由 S 状态转移到 I 状态的概率；$0 \leqslant \beta \leqslant 1$ 表示备选方案由 I 状态转移到 R 状态的概率；$0 \leqslant \gamma \leqslant 1$ 表示备选方案由 R 状态转移到 S 状态的概率。

如图 5-2 所示，备选方案存在 I、R、S 三种风险状态。在风险动态传播达到稳定之前，风险动态传播可能引起备选方案风险状态变化。相应地，备选方案处于不同风险状态的概率也随之改变，但同一时刻处于三种风险状态的概率之和始终为 1。此外，备选方案处于风险状态 S 或风险状态 R 时不会进一步传播扩散风险也不会对方案排序造成影响，风险是否在备选方案间继续传播扩散并对方案排序造成影响主要由风险状态 I 决定。基于这一事实，通过测度各备选方案 I 状态概率变化来分析风险动态传播影响是合理的。即通过测度各备选方案初始时刻 ($t = 0$) 和稳定时刻处于风险 ($t \rightarrow \infty$) 状态 I 下的概率波动来衡量各备选方案的风险动态传播影响。基于上述分析，备选方案 A_i 初始时刻 ($t = 0$) 处于 I 状态的概率定义如下：

$$P_{A_i}^I(0) = 1 - \prod_{h \in \Re}(1 - M_h \times SIIR(A_h, A_i)) \quad (5\text{-}17)$$

其中，$P_{A_i}^I(0) \in [0, 1]$ 表示备选方案 A_i 在初始时刻可能处于 I 状态的概率，即初始时刻可能处于风险状态并传播风险、影响方案排序的概率；$\Re$ 表示 MAAI 网络中存在指向 A_i 有向边的所有邻居方案节点集合；$M_h = -\dfrac{1}{\ln(n)} \sum_{j=1}^{n} \theta(x_{hj}, \Re_j) \times \ln(\theta(x_{hj}, \Re_j))$ 表示备选方案 A_h 的风险强度；$SIIR(A_h, A_i)$ 表示备选方案 A_h 指向备选方案 A_i 的有向边的权重。

进一步，考虑备选方案不同时刻下风险状态及其概率的动态变化特性，引入广泛用于动态建模的马尔可夫链，并结合 SIRS 模型，提出了一种改进的 SIRS-MC 模型来测度风险的动态传播影响。在 SIRS-MC 模型中，刻画备选方案风险状态动态变化的转移概率矩阵（SIRS transition probability matrix，SIRSTPM）构建如下：

$$SIRSTPM = \begin{matrix} I_t \\ R_t \\ S_t \end{matrix} \begin{bmatrix} I_{t+1} & R_{t+1} & S_{t+1} \\ 1-\beta & \beta & 0 \\ 0 & 1-\gamma & \gamma \\ \alpha & 0 & 1-\alpha \end{bmatrix} \quad (5\text{-}18)$$

其中，I_t、R_t、S_t 分别表示 t 时刻备选方案处于 I 状态、S 状态及 R 状态；α、β、$\gamma \in [0, 1]$ 分别表示 S 状态转移到 I 状态、I 状态转移到 R 状态、R 状态转移到 S 状态的转移概率；SIRSTPM 矩阵中对应的元素表示备选方案风险状态从 t 时刻转移到 $t+1$ 时刻风险状态的转移概率。例如，SIRSTPM 矩阵中第一行第二列所对应的值 β 表示备选方案在 t 时刻处于风险状态 I 而在 $t+1$ 时刻转移到风险状态 R 的转移概率。第二行第一列的数字 0 则表示若备选方案在 t 时刻处于风险状态 R，在 $t+1$ 时刻备选方案的风险状态不可能为风险状态 I，即状态转移概率为 0。类似的，SIRSTPM 对角线上的数字表示备选方案在时刻 $t+1$ 与 t 时刻风险状态相同的概率，即在 $t+1$ 时刻备选方案保持 t 时刻风险状态不变的概率。

对于给定的参数值 α、β、γ 来说，SIRSTPM 矩阵为一个常数矩阵。因此，SIRS-MC 是时齐马尔可夫链，具有时齐马尔可夫链的稳定性质。即，SIRS-MC 稳定状态下具有唯一的平稳概率，且极限概率必收敛于平稳概率[188,191]。换句话说，决策风险在 MAAI 网络动态传播的过程中，无论初始时刻各备选方案在各个状态下（S 状态、I 状态或 R 状态）的概率是多少，通过不断地演化传播，各个备选方案在各个状态下的极限概率（即 $t \to \infty$）都会趋于一个稳定的概率值，即各备选方案节点在风险动态传播稳定时处于各风险状态的概率。基于这一性质，可以构建并求解如下线性方程组来获得风险动态传播稳定状态下任意备选方案 A_i 处于各风险状态的概率。

$$\begin{cases} P_{A_i}^I(\infty) = (1-\beta) \times P_{A_i}^I(\infty) + 0 \times P_{A_i}^R(\infty) + \alpha \times P_{A_i}^S(\infty) \\ P_{A_i}^R(\infty) = \beta \times P_{A_i}^I(\infty) + (1-\gamma) \times P_{A_i}^R(\infty) + 0 \times P_{A_i}^S(\infty) \\ P_{A_i}^S(\infty) = 0 \times P_{A_i}^I(\infty) + \gamma \times P_{A_i}^R(\infty) + (1-\alpha) \times P_{A_i}^S(\infty) \\ P_{A_i}^I(\infty) + P_{A_i}^R(\infty) + P_{A_i}^S(\infty) = 1 \end{cases} \quad (5-19)$$

其中，$P_{A_i}^I(\infty)$ 表示备选方案 A_i 在风险动态传播稳定状态下处于 I 状态的概率；$P_{A_i}^R(\infty)$ 表示备选方案 A_i 在风险动态传播稳定状态下处于 R 状态的概率；$P_{A_i}^S(\infty)$ 表示备选方案 A_i 在风险动态传播稳定状态下处于 S 状态的概率。

基于上述工作，决策风险的动态传播影响（RDSI）度量公式定义为：

$$RDSI(A_i) = \frac{|P_{A_i}^I(\infty) - P_{A_i}^I(0)|}{\sum_{i=1}^{m} |P_{A_i}^I(\infty) - P_{A_i}^I(0)|} \quad (5-20)$$

其中，$RDSI(A_i)$ 表示备选方案 A_i 的风险动态传播影响，反映了备选方案 A_i 发生风险对其他备选方案的影响程度；$P_{A_i}^I(0)$ 表示初始时刻备选方案 A_i 处于 I 状态下的概率；$P_{A_i}^I(\infty)$ 表示风险动态传播稳定时刻备选方案 A_i 处于 I 状态的概率。存在关系 $0 \leqslant RDSI(A_i) \leqslant 1$，且 $RDSI(A_i)$ 值越大，表明备选方案 A_i 风险动态传播影响越强。

5.4.2 考虑风险动态传播的备选方案交互影响测度建模

基于 MAAI 网络、备选方案总交互强度以及决策风险动态传播影响，本小节从全局视角构建了复杂交互情形下备选方案交互影响测度模型。

备选方案交互影响体现了其在 MAAI 网络中的重要性，而加权度中心性（Weighted degree centrality，WDC）是无向加权复杂网络中度量网络节点重要性最简单直观的指标，计算公式为[232-233]：

$$WDC(A_i) = K(A_i) \times \sum_{h=1}^{m} IS^*(A_i, A_h) \quad (5-21)$$

其中，$K(A_i)$ 表示节点 A_i 的度值，即复杂网络中与节点 A_i 存在连接边的所有邻点的数量；$IS^*(A_i, A_h)$ 表示节点 A_i 与 A_h 之间无向边的权重；m 为复杂网络中节点的总数量。

与无向加权网络不同的是，MAAI 网络为有向加权网络。因此，无向加权网络的 WDC 度量并不能直接应用于测度 MAAI 网络中备选方案节点的交互影响。此外，WDC 只考虑了网络节点的局部影响，未考虑决策风险动态传播情形下对 MAAI 网络中备选方案节点重要性的影响。因此，借鉴 WDC 的相关思想，本书提出了一种适用于 MAAI 网络的风险有向加权度中心性（risk directed weighted degree centrality，RDWDC）模型来测度备选方案在 MAAI 网络的交互影响，具体如下：

$$\begin{aligned}RDWDC(A_i) = &p \times \frac{K_{In}(A_i)}{K_{In}(A_i) + K_{Ou}(A_i)} \times RDSI(A_i) \times \sum_{h=1}^{m} TIS(A_h, A_i) \\ &+ q \times \frac{K_{Ou}(A_i)}{K_{In}(A_i) + K_{Ou}(A_i)} \times RDSI(A_i) \times \sum_{h=1}^{m} TIS(A_i, A_h)\end{aligned}$$
$$(5-22)$$

基于式（5-22），进一步定义了 MAAI 网络中备选方案节点的全局风险有向加权度中心性（global risk directed weighted degree centrality，GRDWDC）模型如下：

$$GRDWDC(A_i) = \frac{RDWDC(A_i)}{\sum_{i=1}^{n} RDWDC(A_i)} \quad (5-23)$$

式（5-22）与（5-23）中，$RDWDC(A_i)$ 表示备选方案 A_i 的风险度中心性，从全局角度反映了备选方案 A_i 的交互影响（重要性或优越性），并且存

在关系 $0 \leqslant GRDWDC(A_i) \leqslant 1$，$GRDWDC(A_i)$ 值越大，则备选方案 A_i 的交互影响越大；$K_{In}(A_i)$ 为备选方案 A_i 的入度值，即所有指向 A_i 的邻点的个数；$K_{Ou}(A_i)$ 为备选方案 A_i 的出度值，即备选方案 A_i 指向的所有邻点的个数；p 为备选方案 A_i 入度影响调整参数；q 为备选方案 A_i 出度影响调整参数，存在 $p + q = 1$。如果 $p < q$，则表示决策者认为备选方案节点的出度更为重要。反之，则认为入度更为重要。通常来说，在 MAAI 网络中两者对备选方案的交互影响同样重要，即 $p = q = 0.5$。其他参数的含义与前文所述一致。

5.5　Shapley-Choquet 双重交互风险优势度积分

基于上述工作，本节进一步提出了一种新的交互非可加融合方法来融合交互非可加偏好信息，即 2 可加模糊测度下的 Shapley-Choquet 双重交互风险优势度积分（SCDIRSIWTAFM）。与已有交互非可加融合方法不同的是，所提出的 SCDIRSIWTAFM 算子充分考虑了属性与方案的全局交互影响，以及决策风险的动态传播影响，这更符合现实决策情况。因此，其具有较高的融合准确性及融合精度，能为决策者提供一个更为科学可靠的决策结果。SCDIRSIWTAFM 具体定义如下：

$$SCDIRSIWTAFM(A_i) = \sum_{j=1}^{n} GRDWDC(A_i) * \theta(x_{ij}, \Re_j) * \varphi_{C_j}(\mu, C)$$
$$- GRDWDC(A_i) \sum_{|C_j, C_l| \subseteq C} \frac{g_{C_j C_l}(u, C)}{2} *$$
$$|\theta(x_{ij}, \Re_j) - \theta(x_{il}, \Re_j)| \tag{5-24}$$

其中，$\theta(x_{ij}, \Re_j)$ 为量化集成的 CD 偏好决策矩阵中方案 A_i 在属性 C_j 下的 CD 偏好值；$\varphi_{C_j}(\mu, C)$ 为属性 C_j 的全局交互重要性，即权重；$g_{C_j C_l}(u, C)$ 为属性 C_j 与属性 C_l 的全局交互程度；$GRDWDC(A_i)$ 为交互备选方案的全局风险有向加权度中心性，即备选方案的交互影响或重要性。依据 SCDIRSIWTAFM 值的降序对各备选方案进行排序，即备选方案 A_i 的 $SCDIRSIWTAFM(A_i)$ 值越大，则备选方案 A_i 越优。

进一步需要提及的是，所提出的 SCDIRSIWTAFM 交互非可加融合算子是现有一些经典交互非可加融合算子的更广义化形式，因此 SCDIRSIWTAFM 算子具有现有交互非可加融合算子诸如幂等性、有界性等相关性质，这里不再累赘证明。当满足一定条件时，提议的 SCDIRSIWTAFM 交互非可加融合算子即退化为其他经典的融合算子。

（1）当 $GRDWDC(A_i) = 1$ 时，即不考虑备选方案之间的交互影响差异，则本书所提出的 SCDIRSIWTAFM 交互非可加融合算子退化为 Grabisch 提出的 Shapley-Choquet 交互非可加融合算子[234]。

（2）当 $GRDWDC(A_i) = 1$ 且 $g_{C_j C_l}(u, C) = 0$ 时，则本书所提出的 SCDIRSIWTAFM 交互非可加融合算子退化为经典的 Shapley-Choquet 积分。

（3）当 $RDSI(A_i) = 1$ 时，即不考虑决策风险的动态传播影响，则所提出的 SCDIRSIWTAFM 交互非可加融合算子退化为第 4 章所提的 SCDISIWTAFM 非可加融合算子。

（4）如果 $GRDWDC(A_i) = 1$，$g_{C_j C_l}(u, C) = 0$，且存在对任意属性 C_j 与 C_l 有模糊测度 $u(C_j, C_l) = u(C_j) + u(C_l)$，则本书所提出的 SCDIRSIWTAFM 交互非可加融合算子退化为 Harsanyi 等提出的经典加权平均算子[235]。

通过上述可以看到，很多经典的偏好融合算子是基于诸如方案独立、属性局部交互、无决策风险等一定假设条件之上建立的。然而，这些假设在现实 MAGDM 问题中却真实存在。此外，从备选方案 GRDWDC 本身的含义来看，其反映了方案交互情形下备选方案相对于其他备选方案的优势度，当采用 $GRDWDC(A_i) = 1$ 来融合备选方案 A_i 的偏好信息，其实际上相当于在融合备选方案 A_i 各属性下的偏好信息时认为 A_i 在所有备选方案中是最优的。然而，备选方案排序的基础就是它们之间存在着优劣关系。而现有很多交互非可加融合算子假设每一个备选方案均是最优的基础上计算它们的排序系数，显然这一假设本身就相互矛盾且有违实际，可能引起融合结果偏差，进而影响决策结果的准确性。因此，综合上述分析来看，本书所提的 SCDIRSIWTAFM 交互非可加融合算子更符合实际的同时也更加科学合理。相应地，其所获融合结果也更加准确可靠。

5.6 考虑双重交互及风险动态传播的异构多属性群决策方法

基于 5.2~5.5 节所建模型，本节提出了一种基于属性备选方案双重交互及风险动态传播的异构多属性群决策新方法。在本节中，首先展示了所提方法的详细实施步骤。在此基础上，通过算例分析验证了提议方法的可行性及有效性，对比分析验证了提议方法的优越性。

5.6.1 决策过程

步骤1：收集决策者 $D_k(k=1,2,\cdots,p)$ 对备选方案 $A_i(i=1,2,\cdots,m)$ 在属性 $C_j(j=1,2\cdots,n)$ 下的异构偏好评价值，形成异构决策矩阵 $\boldsymbol{R}^k = [r_{ij}^k]_{m\times n}$。

步骤2：异构偏好信息规范化处理。为消除不同属性量纲对决策结果的负面影响，需对非 [0，1] 区间上的偏好值进行规范化处理。不同类型的异构偏好规范处理方法如式（2-11）~（2-15）所示。

步骤3：规范化异构偏好极端值检验与调整。其实施过程详见 3.4.1 小节步骤3。

步骤4：异构偏好同构化处理。基于 5.2 节定义的异构偏好 STD-DU 空间映射法则，将不同类型的异构偏好映射到 STD-DU 空间进行同构化处理，获得同构化后的 CD 偏好决策矩阵 $\boldsymbol{\theta}^k = [\theta_{ij}^k(x_{ij}, \mathfrak{R}_j)]_{m\times n}$。

步骤5：通过式（2-18）集成所有决策者个体 CD 偏好决策矩阵 $\boldsymbol{\theta}^k (k=1,2,\cdots,p)$ 获得集成的 CD 偏好决策矩阵 $\boldsymbol{\theta} = [\theta_{ij}(x_{ij}, \mathfrak{R}_j)]_{m\times n}$。

步骤6：将差异不确定程度参数 $\tau=1$ 以及对立程度参数 $\varepsilon=-1$ 代入集成的 CD 偏好决策矩阵 $\boldsymbol{\theta}$ 中获得完全量化的 $\boldsymbol{\theta}$ 偏好决策矩阵。由于 MAGDM 问题中 $\theta_{ij}(x_{ij}, \mathfrak{R}_j) \geq 0$ 恒成立，且是基于正负理想点相似性进行映射获得。因此，若量化时出现 $\theta_{ij}(x_{ij}, \mathfrak{R}_j) < 0$ 的情形，则取其补集 $1+\theta_{ij}(x_{ij}, \mathfrak{R}_j)$。

步骤7：求解式（5-15）确定属性间的局部交互程度，即 2 可加模糊测度。在此基础上，通过式（5-16）确定任意两属性间全局交互程度，并采用式（2-26）确定全局视角下各属性的重要性程度 $\varphi_{C_j}(\mu, C)$。

步骤8：基于4.4.1节所提的多属性下备选方案复杂交互网络构建法则建立MAAI网络明确备选方案间的交互强度、交互方向及DSM矩阵。在此基础上，通过式（4-15）和式（4-16）分别计算备选方案间的间接交互强度 $IIS(A_i, A_h)$ 及总交互强度 $TIS(A_i, A_h)$。

步骤9：通过式（5-17）~（5-20）确定决策风险的动态传播影响。在此基础上，通过式（5-22）~（5-23）确定各备选方案全局视角下的交互影响。

步骤10：通过式（5-24）融合交互属性的非可加偏好信息，获得各备选方案的SCDIRSIWTAFM值。在此基础上，按SCDIRSIWTAFM值降序排序备选方案。即备选方案的SCDIRSIWTAFM值越大，则备选方案越优。

通过上述决策步骤可以看出，首先所提方法流程清晰、逻辑严谨，便于计算机编程，极大地增强了所提方法的实践应用及推广价值。其次，提议方法提出了STD-DU空间异构偏好同构化方法，能在尽可能减少或避免信息丢失或扭曲的情况下对异构偏好进行同构化处理，这不仅提高了决策结果的准确性，同时也为异构信息处理提供了一种全新的途径与方法，扩展和丰富了现有研究。除此之外，所提的SCDIRSIWTAFM非可加融合算子是一种更为符合实际、更具普适性的信息融合方法，不仅能更为合理地融合交互非可加偏好信息，提供高质量决策结果，而且还扩展和丰富了信息融合领域的相关研究，具有较为广泛的应用前景。

5.6.2 算例分析

本章针对属性方案双重交互以及风险动态传播情形下的多属性群决策问题提出了一种新的解决方法，并详细展示了提议方法的实施过程。为了验证提议方法的有效性，本书将提议方法应用于军事领域的武器装备系统选择评价案例中。选择这一决策问题作为算例演示的原因在于：首先，该类型决策问题是典型的属性及备选方案双重交互下的多属性群决策问题；其次，这类问题较为复杂，决策影响重大，决策风险易进入决策系统，为了避免决策偏差所带来的重大决策失误,有必要考虑决策风险的影响。如若提议方法能有效地解决这一问题,则表明本章提议方法是科学有效的。此外,为了进一步明晰提议方法的优越性,本节对已有的一些方法与提议方法进行了细致的对比分析。

5.6.2.1 算例问题描述

在信息数字化、智能化的现代战争中,武器装备日趋成为影响战争胜败的关键因素,是世界各国军事发展及军事博弈的宠儿。此外,现代战争的主要作战模式已逐步发展为武器装备的协同作战和联合作战体系对抗。而在传统武器发展模式中,其是以部门为中心的"烟囱式"发展模式,所追求的最大化价值是单维度、低层级的,且决策过程零碎分散,这严重地阻碍了分散武器装备在体系层次上的能力集聚联合。因此,"彼此联合"成为未来武器装备发展中需要统筹考虑的目标需求,也是影响着武器装备发展模式的重要思想及主要理念。这要求军事专家们在武器装备发展决策阶段需对分散武器装备之间进行"聚合化""系统化"论证。武器装备系统是控制现代化武器装备并保证武器装备发挥作战能力的重要工具,也是发挥分散武器装备的协同化、聚合化作战效应的重要支撑平台。因此,其选择正确与否在现代的武器装备发展中极为重要,直接制约和影响着军队战斗能力及战争军事风险。

根据武器装备发展规划和现实需求,某国军事决策者需对武器装备系统进行选择。有 5 个备选武器装备系统方案,分别为 A_1、A_2、A_3、A_4、A_5。决策委员会由军事领域不同研究方向的 3 位决策者组成,分别为 D_1、D_2、D_3。三位决策者的权重分别为:$\omega_{D_1} = 0.4$、$\omega_{D_2} = 0.35$、$\omega_{D_3} = 0.25$。决策者分别从侦察感知能力 C_1、综合防护等级 C_2、技术提升与维护成本 C_3、作战执行能力 C_4 四个方面评价备选武器装备系统的优劣。其中,侦察感知能力 C_1、综合防护等级 C_2 以及作战执行能力 C_4 三个评价属性为属性值越大越好的效益型属性,技术提升与维护成本 C_3 为属性值越小越好的成本型属性。决策小组经充分的论证与研究决定,属性 C_1 的数据类型为精确数,属性 C_2 的数据类型为区间数,属性 C_3 的数据类型为三角模糊数,属性 C_4 的数据类型为三角直觉模糊数。交互情形下属性 C_1、C_2、C_3、C_4 的局部相对重要性范围分别为 $IR_{C_1} \in [0.25, 0.4]$、$IR_{C_2} \in [0.1, 0.2]$、$IR_{C_3} \in [0.35, 0.6]$、$IR_{C_4} \in [0.4, 0.75]$。决策者意见偏差容忍度阈值为 ODT=0.35。

5.6.2.2 决策过程展示

步骤1：收集决策者 $D_k(k=1,2,3)$ 对备选方案 $A_i(i=1,2,3,4,5)$ 在属性 $C_j(j=1,2,3,4)$ 下的异构偏好评价值，所形成的异构决策矩阵 $\boldsymbol{R}^k = [r_{ij}^k]_{m \times n}$ 如表5-1所示。

表5-1 决策者异构偏好决策矩阵

决策者	方案	C_1	C_2	C_3	C_4
D_1	A_1	71	[5, 6]	(35, 64, 76)	([6, 7, 8]; 0.5, 0.3)
	A_2	83	[3, 4]	(36, 65, 90)	([5.3, 6, 7]; 0.8, 0.1)
	A_3	90	[5, 7]	(54, 68, 83)	([4, 5, 6]; 0.7, 0.2)
	A_4	88	[4, 6]	(26, 45, 60)	([3.6, 5, 7]; 0.6, 0.3)
	A_5	79	[7, 8]	(19, 30, 50)	([4.8, 5.5, 6.5]; 0.75, 0.1)
D_2	A_1	78	[4, 8]	(40, 60, 78)	([5, 6, 7]; 0.6, 0.15)
	A_2	88	[5, 6]	(30, 65, 85)	([5, 6, 7]; 0.8, 0.1)
	A_3	85	[5, 6]	(50, 65, 82)	([4.5, 5, 6.5]; 0.75, 0.2)
	A_4	83	[4, 5]	(35, 45, 55))	([3.8, 5.2, 6.7]; 0.6, 0.3)
	A_5	82	[6, 7]	(18, 30, 45)	([4.2, 5, 7]; 0.55, 0.25)
D_3	A_1	78	[5, 6]	(40, 70, 82)	([4.8, 6.5, 7]; 0.6, 0.2)
	A_2	75	[3, 5]	(36, 65, 90)	([4.6, 5, 6.6]; 0.7, 0.15)
	A_3	70	[5, 7]	(58, 77, 84)	([4.5, 5.8, 7.2]; 0.7, 0.2)
	A_4	76	[4, 7]	(32, 40, 63)	([4, 6, 7]; 0.6, 0.3)
	A_5	68	[5, 6]	(24, 45, 68)	([3.6, 5.5, 6]; 0.75, 0.1)

步骤2：异构偏好信息规范化处理。为消除不同属性量纲对决策结果的负面影响，需对非 [0, 1] 区间上的偏好值进行规范化处理。不同类型的异构偏好规范处理方法参照公式（2-11）~（2-15）所示。异构偏好信息规范化后的决策矩阵如表5-2所示。

表 5-2　规范化异构偏好决策矩阵

决策者	方案	C_1	C_2	C_3	C_4
D_1	A_1	0.789	[0.250, 0.375]	(0.156, 0.289, 0.611)	([0.750, 0.875, 1.000]; 0.5, 0.3)
	A_2	0.922	[0.500, 0.625]	(0.000, 0.278, 0.600)	([0.663, 0.750, 0.875]; 0.8, 0.1)
	A_3	1.000	[0.125, 0.375]	(0.078, 0.244, 0.400)	([0.500, 0.625, 0.750]; 0.7, 0.2)
	A_4	0.978	[0.250, 0.500]	(0.333, 0.500, 0.711)	([0.450, 0.625, 0.875]; 0.6, 0.3)
	A_5	0.878	[0.000, 0.125]	(0.444, 0.667, 0.789)	([0.600, 0.688, 0.813]; 0.75, 0.1)
D_2	A_1	0.886	[0.000, 0.500]	(0.082, 0.294, 0.529)	([0.714, 0.857, 1.000]; 0.6, 0.15)
	A_2	1.000	[0.250, 0.375]	(0.000, 0.235, 0.647)	([0.714, 0.857, 1.000]; 0.8, 0.1)
	A_3	0.966	[0.250, 0.375]	(0.035, 0.235, 0.412)	([0.643, 0.714, 0.929]; 0.75, 0.2)
	A_4	0.943	[0.375, 0.500]	(0.353, 0.471, 0.588)	([0.543, 0.743, 0.957]; 0.6, 0.3)
	A_5	0.932	[0.125, 0.250]	(0.471, 0.647, 0.788)	([0.600, 0.714, 1.00]; 0.55, 0.25)
D_3	A_1	1.000	[0.143, 0.286]	(0.089, 0.222, 0.556)	([0.667, 0.903, 0.972]; 0.6, 0.2)
	A_2	0.962	[0.286, 0.571]	(0.000, 0.278, 0.600)	([0.639, 0.694, 0.917]; 0.7, 0.15)
	A_3	0.897	[0.000, 0.286]	(0.067, 0.144, 0.356)	([0.625, 0.806, 1.000]; 0.7, 0.2)
	A_4	0.974	[0.000, 0.429]	(0.300, 0.556, 0.644)	([0.556, 0.833, 0.972]; 0.6, 0.3)
	A_5	0.872	[0.143, 0.286]	(0.244, 0.500, 0.733)	([0.500, 0.764, 0.833]; 0.75, 0.1)

步骤 3：规范化异构偏好极端值检验与调整。经计算，偏好值均满足 $\ell_{ij} <$ ODT，$i = 1, 2, \cdots, m$；$j = 1, 2, \cdots, n$，即决策者异构偏好决策矩阵符合极端值检验要求，为有效决策矩阵。

步骤 4：异构偏好信息同构化处理。基于 5.2 定义的异构偏好 STD-DU 空间映射规则，将不同类型的异构偏好映射到 STD-DU 空间进行同构化处理，并获得同构化后的 CD 偏好决策矩阵 $\boldsymbol{\theta}^k = [\theta_{ij}^k(x_{ij}, \Re_j)]_{m \times n}$。同构化后的结果如表 5-3 所示。

表 5-3 同构 CD 偏好决策矩阵

决策者	方案	C_1	C_2	C_3	C_4
D_1	A_1	0.000+0.810τ+0.190ε	0.239+0.522τ+0.239ε	0.378+0.477τ+0.145ε	0.166+0.554τ+0.280ε
	A_2	0.115+0.819τ+0.066ε	0.632+0.368τ+0.000ε	0.507+0.418τ+0.075ε	0.461+0.459τ+0.080ε
	A_3	0.190+0.810τ+0.000ε	0.167+0.514τ+0.319ε	0.640+0.337τ+0.023ε	0.089+0.477τ+0.434ε
	A_4	0.168+0.814τ+0.018ε	0.319+0.514τ+0.167ε	0.122+0.462τ+0.416ε	0.042+0.353τ+0.605ε
	A_5	0.075+0.820τ+0.105ε	0.000+0.368τ+0.632ε	0.000+0.285τ+0.715ε	0.266+0.558τ+0.176ε
D_2	A_1	0.000+0.892τ+0.108ε	0.152+0.604τ+0.244ε	0.489+0.427τ+0.084ε	0.332+0.493τ+0.175ε
	A_2	0.108+0.892τ+0.000ε	0.244+0.604τ+0.152ε	0.507+0.418τ+0.075ε	0.806+0.194τ+0.000ε
	A_3	0.074+0.895τ+0.031ε	0.244+0.604τ+0.152ε	0.682+0.308τ+0.010ε	0.243+0.507τ+0.250ε
	A_4	0.052+0.896τ+0.052ε	0.465+0.535τ+0.000ε	0.181+0.493τ+0.326ε	0.039+0.323τ+0.638ε
	A_5	0.042+0.895τ+0.063ε	0.071+0.582τ+0.347ε	0.000+0.284τ+0.716ε	0.062+0.373τ+0.565ε
D_3	A_1	0.120+0.880τ+0.000ε	0.087+0.611τ+0.302ε	0.356+0.495τ+0.149ε	0.305+0.499τ+0.196ε
	A_2	0.083+0.883τ+0.034ε	0.435+0.565τ+0.000ε	0.349+0.496τ+0.155ε	0.270+0.504τ+0.226ε
D_3	A_3	0.022+0.883τ+0.095ε	0.000+0.565τ+0.435ε	0.599+0.378τ+0.023ε	0.351+0.486τ+0.163ε
	A_4	0.094+0.883τ+0.023ε	0.087+0.611τ+0.302ε	0.031+0.391τ+0.578ε	0.109+0.444τ+0.447ε
	A_5	0.000+0.880τ+0.120ε	0.087+0.611τ+0.302ε	0.040+0.403τ+0.557ε	0.257+0.506τ+0.237ε

第5章 基于属性方案双重交互及风险动态传播的异构多属性群决策方法

步骤 5：通过式（2-18）集成所有决策者个体 CD 偏好决策矩阵 θ^k（$k = 1, 2, \cdots, p$）以获得集成的 CD 偏好决策矩阵 $\theta = [\theta_{ij}(x_{ij}, \Re_j)]_{m \times n}$。具体结果如表 5-4 所示。

表 5-4 集成的同构 CD 偏好决策矩阵

方案	C_1	C_2	C_3	C_4
A_1	0.030+0.856τ+0.114ε	0.171+0.573τ+0.257ε	0.411+0.464τ+0.125ε	0.259+0.519τ+0.222ε
A_2	0.105+0.861τ+0.035ε	0.447+0.500τ+0.053ε	0.468+0.438τ+0.095ε	0.534+0.378τ+0.089ε
A_3	0.107+0.858τ+0.035ε	0.152+0.558τ+0.290ε	0.644+0.337τ+0.018ε	0.208+0.49τ+0.302ε
A_4	0.109+0.860τ+0.031ε	0.312+0.546τ+0.142ε	0.120+0.455τ+0.425ε	0.058+0.365τ+0.577ε
A_5	0.045+0.861τ+0.094ε	0.047+0.504τ+0.450ε	0.010+0.314τ+0.676ε	0.192+0.480τ+0.327ε

步骤 6：将差异不确定性参数 $\tau = 1$ 以及对立程度参数 $\varepsilon = -1$ 代入集成的 CD 偏好决策矩阵 θ 中获得完全量化的 θ 偏好决策矩阵。若量化时出现 $\theta_{ij}(x_{ij}, \Re_j) < 0$ 的情形，则取其补集 $1 + \theta_{ij}(x_{ij}, \Re_j)$。量化集成的同构 CD 偏好决策矩阵如表 5-5 所示。

表 5-5 量化集成的同构 CD 偏好决策矩阵

方案	C_1	C_2	C_3	C_4
A_1	0.772	0.487	0.75	0.556
A_2	0.931	0.894	0.811	0.823
A_3	0.93	0.42	0.963	0.396
A_4	0.938	0.716	0.15	0.846
A_5	0.812	0.101	0.648	0.345

步骤 7：确定属性的局部交互程度，即 2 可加模糊测度。通过式（5-15），可以构建如下非线性优化模型来客观求解属性的 2 可加模糊测度值：

$$\max \varphi = 1.268\mu(C_1C_2) + 0.993\mu(C_1C_3) + 1.007\mu(C_1C_4)$$
$$+ 1.875\mu(C_2C_3) + 1.889\mu(C_2C_4) + 1.614\mu(C_3C_4)$$

$$-2.882(\mu(C_1)+\mu(C_2)+\mu(C_3)+\mu(C_4)) \qquad (5-25)$$

$$\text{s.t} \begin{cases} \mu(C_1)+\mu(C_2)+\mu(C_4)-\mu(C_1C_2)-\mu(C_1C_4) \leq 0 \\ \mu(C_1)+\mu(C_2)+\mu(C_4)-\mu(C_1C_4)-\mu(C_2C_4) \leq 0 \\ \mu(C_1)+\mu(C_3)+\mu(C_4)-\mu(C_1C_3)-\mu(C_3C_4) \leq 0 \\ \mu(C_1)+\mu(C_2)+\mu(C_3)-\mu(C_1C_2)-\mu(C_1C_3) \leq 0 \\ \mu(C_1)+\mu(C_2)+\mu(C_3)-\mu(C_1C_2)-\mu(C_2C_3) \leq 0 \\ \mu(C_1)+\mu(C_2)+\mu(C_3)-\mu(C_1C_3)-\mu(C_2C_3) \leq 0 \\ \mu(C_1)+\mu(C_2)+\mu(C_4)-\mu(C_1C_2)-\mu(C_2C_4) \leq 0 \\ \mu(C_1)+\mu(C_3)+\mu(C_4)-\mu(C_1C_3)-\mu(C_1C_4) \leq 0 \\ \mu(C_1)+\mu(C_3)+\mu(C_4)-\mu(C_2C_4)-\mu(C_3C_4) \leq 0 \\ \mu(C_2)+\mu(C_3)+\mu(C_4)-\mu(C_2C_3)-\mu(C_2C_4) \leq 0 \\ \mu(C_2)+\mu(C_3)+\mu(C_4)-\mu(C_2C_3)-\mu(C_3C_4) \leq 0 \\ \mu(C_2)+\mu(C_3)+\mu(C_4)-\mu(C_2C_4)-\mu(C_3C_4) \leq 0 \\ \mu(C_1)+\mu(C_2)-\mu(C_1C_2) \leq 0 \\ \mu(C_1)+\mu(C_3)-\mu(C_1C_3) \leq 0 \\ \mu(C_1)+\mu(C_4)-\mu(C_1C_4) \leq 0 \\ \mu(C_2)+\mu(C_3)-\mu(C_2C_3) \leq 0 \\ \mu(C_2)+\mu(C_4)-\mu(C_2C_4) \leq 0 \\ \mu(C_3)+\mu(C_4)-\mu(C_3C_4) \leq 0 \\ \mu(C_1) \in [0.25,0.4], \mu(C_2) \in [0.1,0.2], \mu(C_3) \in [0.35,0.6], \mu(C_4) \in [0.4,0.75] \\ \mu(C_1C_2)+\mu(C_1C_3)+\mu(C_1C_4)+\mu(C_2C_3)+\mu(C_2C_4)+\mu(C_3C_4) \\ -2(\mu(C_1)+\mu(C_2)+\mu(C_3)+\mu(C_4))=1 \end{cases}$$

利用 Lingo 11 求解式（5-25）可得：$\mu(C_1)=0.25$；$\mu(C_2)=0.2$；$\mu(C_3)=0.35$；$\mu(C_4)=0.4$；$\mu(C_1C_2)=0.45$；$\mu(C_1C_3)=0.6$；$\mu(C_1C_4)=0.4$；$\mu(C_2C_3)=0.55$；$\mu(C_2C_4)=1$，$\mu(C_3C_4)=0.4$。

进一步，基于属性之间的局部交互程度，通过式（5-16）求得任意两属性间的全局交互程度为：$g_{C_1C_2}(u,C)=0$；$g_{C_1C_3}(u,C)=0$；$g_{C_1C_4}(u,C)=-0.25$；$g_{C_2C_3}(u,C)=0$；$g_{C_2C_4}(u,C)=0.4$；$g_{C_3C_4}(u,C)=-0.35$。同理，通过式（2-26）求得各交互属性的权重为：$\varphi_{C_1}(u,C)=0.125$，$\varphi_{C_2}(u,C)=0.4$，$\varphi_{C_3}(u,C)=0.175$，$\varphi_{C_4}(u,C)=0.3$。

步骤 8：基于 4.4.1 节所提的多属性下备选方案复杂交互网络构建法则建立 MAAI 网络，明确备选方案间的交互强度、交互方向及 DSM 矩阵，如图 5-3 所示。

在此基础上，通过式（4-15）可得备选方案间的间接交互强度 $IIS(A_i, A_h)$ 如表 5-6 所示。

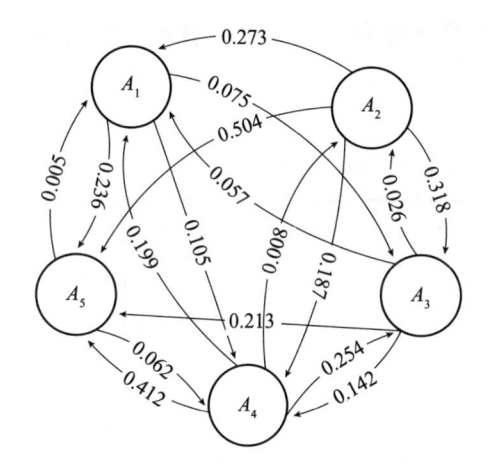

第 5 章　基于属性方案双重交互及风险动态传播的异构多属性群决策方法

图 5-3　MAAI 网络及 DSM 矩阵

表 5-6　备选方案间接交互强度 $IIS(A_i, A_h)$

	A_1	A_2	A_3	A_4	A_5
A_1	A_1	0.037	0.028	0.014	0.012
A_2	0.002	A_2	0.001	0.007	0
A_3	0.027	0.047	A_3	0.015	0.016
A_4	0.015	0.045	0.013	A_4	0.001
A_5	0.043	0.077	0.059	0.054	A_5

通过式（4-16）求得备选方案间的总交互强度 $TIS(A_i, A_h)$ 如表 5-7 所示。

表 5-7　备选方案间总交互强度 $TIS(A_i, A_h)$

	A_1	A_2	A_3	A_4	A_5
A_1	A_1	0.31	0.085	0.213	0.017
A_2	0.002	A_2	0.027	0.015	0
A_3	0.102	0.365	A_3	0.269	0.016
A_4	0.12	0.232	0.155	A_4	0.063
A_5	0.279	0.581	0.272	0.466	A_5

步骤 9：通过式（5-17）~（5-20）确定决策风险的动态传播影响。依

据实际情况，决策者们确定风险状态转移概率分别为：$\alpha = 0.4$、$\beta = 0.25$、$\gamma = 0.5$，综合计算结果如表 5-8 所示。

表 5-8　备选方案的 RDSI 及相关参数计算结果

方案	$\mathfrak{m}$	$P_{A_i}^I(0)$	$P_{A_i}^I(\infty)$	$RDSI(A_i)$
A_1	0.788	0.26	0.471	0.186
A_2	0.358	0.026	0.471	0.393
A_3	0.602	0.321	0.471	0.133
A_4	0.523	0.283	0.471	0.166
A_5	0.757	0.609	0.471	0.122

在此基础上，通过式（5-22）和（5-23）确定各备选方案全局交互影响为：$GRDWDC(A_1) = 0.134$，$GRDWDC(A_2) = 0.441$，$GRDWDC(A_3) = 0.111$，$GRDWDC(A_4) = 0.165$，$GRDWDC(A_5) = 0.149$。

步骤 10：通过式（5-24）融合交互属性非可加偏好信息，获得各备选方案的 SCDIRSIWTAFM 排序值分别为：

$SCDIRSIWTAFM(A_1) = 0.085$，$SCDIRSIWTAFM(A_2) = 0.381$

$SCDIRSIWTAFM(A_3) = 0.081$，$SCDIRSIWTAFM(A_4) = 0.131$

$SCDIRSIWTAFM(A_5) = 0.063$

那么，按各备选方案的 SCDIRSIWTAFM 值降序获得各备选方案的排序为：$A_2 > A_4 > A_1 > A_3 > A_5$。即武器装备系统 A_2 为最佳的选择，应予以优先考虑。

5.6.3　对比分析

本章针对属性方案双重交互及风险动态传播情形下的异构多属性群决策问题创新性地提出了一种基于指数相似度的异构偏好 STD-DU 空间同构化方法来消除异构偏好的同构化造成的决策偏差，避免了同构化过程中原始偏好信息的损失或扭曲。在此基础上，建立了风险动态传播影响测度模型，提出了一种双重交互风险优势度算子来融合交互非可加偏好信息。为了验证本章提议方法的可行性、有效性及优越性，本小节将提议的异构偏好同构化方法及交互非可加融合算子分别与已有方法进行了详细的对比分析。

5.6.3.1 异构偏好同构化方法对比

如前文所提及的那样，目前的异构偏好同构化方法可大致分为转换法异构偏好同构化方法与距离法异构偏好同构化方法两大类。不过，多数的直接转换法同构化方法通常以诸如二元语义、直觉模糊数、区间直觉模糊等复杂的数据形式呈现，不仅增加了决策模型运算的复杂性，降低了所建模型的实践应用能力，而且也不适用于交互情形下的 MAGDM 问题。因此，为了使对比更具有针对性，本章仍对比能适用于交互情形的异构偏好距离同构化方法，即文献［99］与文献［213］，具体步骤参照前文 4.6.3 小节。

同时，为了使比较更具有可比性和精确性，决策数据、专家权重等均与本章应用案例相同，仅异构偏好的同构化处理方法存在差异。此外，仍采用能反映信息不确定程度的熵及总体熵来量化评价不同异构偏好同构化方法的同构化质量。熵及总体熵的值越大，则信息中蕴含的模糊不确定性越高，相应的同构化质量越低，两个指标的计算公式分别如式（4-23）与式（4-24）所示，具体对比结果如表 5-9 所示。

表 5-9 异构偏好同构化方法对比

同构化特征	方法源	不确定性处理程度	$En(A_i)$	TEn
正负理想贴近度同构化法	文献［99］	局部	{0.914, 0.600, 0.730, 0.947, 0.825}	0.803
负理想点偏差同构化法	文献［213］	局部	{0.737, 0.970, 0.876, 0.771, 0.560}	0.783
STD-DU 空间同构化法	提议方法	系统	{0.788, 0.358, 0.602, 0.523, 0.757}	0.606

通过表 5-9 的对比结果可知，所提的 STD-DU 空间异构偏好同构化方法表现最好，具有较低的 $En(A_i)$ 值及 TEn 值。而 $En(A_i)$ 及 TEn 值越低，则表明信息中不确定性越低，即同构化质量越高。具体来说，从各个备选方案来看，文献［99］提出的正负理想贴近度同构化方法在各备选方案下的熵值远

远高于本书提议的 STD-DU 异构偏好同构化方法，其在各备选方案下的 $En(A_i)$ 值较提议方法的 $En(A_i)$ 值分别高了 13.786%、40.333%、17.534%、46.773%、8.242%。从同构化整体质量来看，提议方法的 TEn 值比文献［99］方法低了 24.602%。换句话来说，提议方法同构化后信息中的不确定性比文献［99］所提方法少了 24.602%，即信息质量提高了 24.602%。同理，对于文献［213］提出的负理想点偏差同构化方法来说，尽管在备选方案 A_1 与 A_5 上提议方法的 $En(A_i)$ 值比文献［213］所提方法要略高，但在其余的 A_2,A_3,A_4 备选方案下，提议方法的 $En(A_i)$ 值比文献［213］所提方法分别低了 63.093%、31.279%、32.166%，同构化后的信息整体不确定性比文献［213］所提方法少了 22.637%，即同构化的质量提高了 22.637 个百分点。因此，从数据角度来说，上述分析验证了 STD-DU 方法的有效性及优越性。

此外，通过表 5-9 可以清晰地看到，在理论层面只有提议的 STD-DU 异构偏好同构化方法充分考虑了异构偏好的系统不确定性而不是局部不确定性。这能有效避免同构化过程中偏好信息的损失或扭曲，进而保证了同构化质量。文献［99］与［213］提议的方法未能充分考虑并利用异构偏好信息中的不确定性，而模糊偏好信息的不确定性中往往存在着有价值的信息，所以不确定性丢失的同时也造成了同构化后偏好信息的失真或扭曲。上述的数值分析印证了这一结论，同时也在一定程度上解释了提议 STD-DU 空间异构偏好同构化结果具有较低 $En(A_i)$ 以及 TEn 值的原因。

5.6.3.2 交互非可加融合方法对比

本章在考虑属性及备选方案复杂交互关系的基础上，进一步融合了决策风险动态传播对决策结果的影响，进而提出了一种新颖的 Shapley-Choquet 双重交互风险优势度交互非可加算子来融合交互非可加偏好信息。尽管算例分析已证明了提议交互非可加融合方法的可行性及有效性，但是为了进一步探讨提议交互非可加融合方法的优劣性，将其与现有的一些主流或经典的交互非可加融合方法进行对比论证分析。为了量化评价各种交互非可加融合方法的实际效果，仍以第 4 章中所提及的辨识度 DD 值及总辨识度 TDD 值来评价方法的合理性。一定程度上，DD 值及 TDD 值越大，表明方法对备选方案的辨识能力越强，可以更为细致地区分备选方案之间的差异。相应地，排序结果也就越准确合理[112,175,206]。本章提议的 Shapley-Choquet 双重交互优势度非可加融合方法与其他各类交互非可加融合方法详细对比见表 5-10。

表 5-10 交互非可加融合方法对比

方法	方法源	排序系数	$DD(R_i, R_{i+1})$	TDD	方案排序
加权 MAX-MIN 法	文献[214]	{0.6, 0.823, 0.6, 0.716, 0.6}	{0.13, 0.5, 0, 0}	0.158	$A_2 > A_4 > A_1 = A_3 = A_5$
经典 Choquet 积分	文献[132]	{0.637, 0.864, 0.733, 0.791, 0.421}	{0.084, 0.073, 0.131, 0.339}	0.157	$A_2 > A_4 > A_3 > A_1 > A_5$
Shapley-Choquet 积分	文献[215]	{0.618, 0.871, 0.630, 0.701, 0.437}	{0.195, 0.101, 0.019, 0.293}	0.152	$A_2 > A_4 > A_3 > A_1 > A_5$
有序几何算术 Choquet 积分	文献[138]	{0.619, 0.863, 0.677, 0.785, 0.255}	{0.09, 0.138, 0.086, 0.588}	0.226	$A_2 > A_4 > A_3 > A_1 > A_5$
几何算术 Shapley-Choquet 积分	文献[142]	{0.606, 0.869, 0.579, 0.701, 0.437}	{0.193, 0.136, 0.045, 0.245}	0.155	$A_2 > A_4 > A_1 > A_3 > A_5$
Shapley-Choquet 双重交互风险优势度积分	提议方法	{0.085, 0.381, 0.081, 0.131, 0.063}	{0.656, 0.351, 0.047, 0.222}	0.319	$A_2 > A_4 > A_1 > A_3 > A_5$

从表 5-10 交互非可加融合方法对比结果可以看到，不同交互非可加融合方法得到的排序结果可能与本章所提方法排序结果有所差异，不过多数方法得到的排序结果与所提方法是一致的，最优备选方案均为方案 A_2，最劣备选方案为方案 A_5。不过，提议的 Shapley-Choquet 双重交互风险优势度积分具有更高的辨识度。不管是在单个排序辨识度 $DD(R_i, R_{i+1})$ 还是在整体辨识度 TDD 上，提议的交互非可加融合方法均远远高于其他传统的方法，这在证明所提交互非可加融合方法有效性的同时，也从数据角度表明了备选方案交互及决策风险着实会对排序结果产生影响，若忽略两者则可能会降低方法对备选方案的辨识度，造成排序结果的偏差，进而增加决策失误的风险。而提议

的交互非可加融合方法则有效地弥补了现有方法的不足,具有较高的辨识能力及融合精度,体现了提议融合方法的科学性、有效性及优越性。进一步详细的理论和数据对比分析如下:

(1) 文献[214]通过取最小和最大来融合交互非可加偏好信息,容易造成融合过程中非可加偏好信息的丢失或扭曲。因此,在同等条件下,它无法区分备选方案 A_1、A_3、A_5 的排列次序。而所提交互非可加融合方法不仅可以有效区分它们,而且其区分度分别高达 4.7%(A_1 与 A_3)、22.2%(A_3 与 A_5)。同时所提交互非可加融合方法的总体区分度 TDD 值也比加权最大最小算子高了 50.470%。换言之,相比于文献[214]的交互非可加融合方法来说,提议方法排序结果具有更高的鲁棒性及准确性。

(2) 文献[132]和[138]考虑了属性交互作用,但其采用传统的模糊测度来反映交互属性的重要性,仅计算了属性间的局部交互程度及交互重要性。此外,两种方法均忽略了备选方案的交互影响及决策风险对决策结果的影响。当用 $\mu(C_j)$ 与 $\mu(C_j, C_l)$ 替代 $\varphi_{C_j}(\mu, C)$ 与 $\varphi_{C_j C_l}(\mu, C)$,并且令 $GRDWDC(A_i) = 1$,$g_{C_j C_l}(\mu, C) = 0$ 时,提议的交互非可加融合方法退化为文献[132]的方法,若进一步将偏好值与模糊测度值之间的乘积改为幂乘,则提议的交互非可加融合方法退化为文献[138]提议的方法。然而,大量的简化或假设某些实际因素无影响或不存在会在交互非可加偏好信息集结过程中造成大量的信息损失或扭曲,降低方法对备选方案的辨识程度,进而影响排序结果的可靠性。两种交互非可加融合方法对应的 TDD 值也证明了这一点。相比于本章提议的交互非可加融合方法来说,它们的 TDD 值分别比提议的融合方法低了 50.784% 和 29.154%。因此,综合来看,无论从理论角度还是数据分析角度,提议交互非可加融合方法相比于文献[132]和[138]方法更加科学合理。

(3) 文献[215]和[142]虽然从理论上来看相对于文献[132]与[138]方法有所改进,不仅考虑了属性的交互作用,而且还考虑了属性的全局交互重要性。不过,其仅从局部视角考虑交互属性间的交互程度,忽略了交互属性全局交互下属性间交互程度的变化。此外,它们假设备选方案之间是独立的，未能充分考虑备选方案之间的交互对排序结果的影响，也未能从风险角度考虑决策风险及其动态传播对决策结果的影响。当令 $GRDWDC(A_i) = 1$，$g_{C_j C_l}(\mu, C) = 0$，提议方法退化为文献［215］提议的方法，若进一步将偏好值与 Shapley 值之间的乘积改为幂乘，则提议交互非可加融合方法退化为文献［142］提议的方法。同样的，在诸多假设条件下宜降低方法对备选方案的辨识度及偏好信息融合结果的准确性、鲁棒性。两种非可加融合方法对备选方案的整体辨识度比所提方法分别低了 52.351%、51.411% 充分证明了这一点。因此，相比于文献［215］和［142］的交互非加融合方法来说，提议方法更加科学合理。

（4）文献［214］、［132］、［215］、［138］、［142］方法中多使用 λ 模糊测度且部分模糊测度信息需事先给出。这存在两点问题：首先，λ 模糊测度只能反映属性间一种交互关系。即要么要求所有属性间全部为互补促进交互关系，要么所有交互属性间全部表现为冗余互斥关系，或者属性间相互独立。然而，从本章的算例可知：$\mu(C_2, C_4) = 1 > \mu(C_2) + \mu(C_4) = 0.6$，属性 C_2 与 C_4 之间表现为互补促进的交互关系；$\mu(C_1, C_4) = 0.4 < \mu(C_1) + \mu(C_4) = 0.65$，属性 C_1 与 C_4 之间表现为冗余互斥的交互关系；$\mu(C_1, C_2) = \mu(C_1) + \mu(C_2) = 0.45$，属性 C_1 与 C_2 之间相互独立。通过上述分析可以看到，在一个 MAGDM 问题中，属性之间的交互关系往往是几种交互关系同时并存的，假设所有属性仅存在一种交互关系，显然不符合实际。其次，模糊测度主观赋值不仅增加了决策者的负担，难以给出具体的模糊测度值，而且还增加了决策过程的主观模糊性，进而造成决策失误。而本书方法采用 2 可加模糊测度并建立优化模糊客观确定模糊测度值的做法则克服了上述所有问题，这在大幅提高决策结果准确度的同时，还充分利用了 2 可加模糊测度下 Shapley 函数所展现的可加优良特性来简化交互非加融合过程的复杂性，进而有效提高了方法的实践应用能力。

5.7 本章小结

现实世界的 MAGDM 过程中，决策风险不可避免。其一旦进入决策系统中，就可能作用于备选方案，进而影响备选方案排序的准确性。同时，多数现实情况下备选方案之间通常存在着复杂的交互关系，这就为决策风险在备选方案之间的动态级联传播提供了基础条件。因此，在 MAGDM 建模的过程中，考虑备选方案的复杂交互及决策风险的动态传播影响是十分必要且重要的。多型异构偏好信息也是现实 MAGDM 问题的常见情形。基于上述考虑及现有研究的不足，本章提出了一种属性方案双重交互及决策风险动态传播情形下的异构多属性群决策新方法。具体来说，提出了一种基于相似三维 D-U 空间异构偏好映射新方法，构建了异构偏好的 STD-DU 同构化模型。相比于已有同构化方法来说，STD-DU 模型能大幅消减同构化后偏好信息的模糊不确定性，在提高异构偏好同构化质量的同时，提升了决策结果的准确性。提议 STD-DU 方法同构化结果具有数据形式简单、直观、易懂等特点，这大大简化了决策模型的复杂性，提升了模型的实践应用能力。

除此之外，为了避免决策风险对决策结果的不利影响，建立了 SIRS-MC 改进模型来度量决策风险的动态传播影响，并进一步从风险影响视域下构建了备选方案的复杂交互影响测度模型来确定复杂交互情形下各方案的重要性或优势度。在上述工作的基础，进一步提出了一种新的 Shapley-Choquet 双重交互风险优势度积分来融合交互非可加偏好信息。与已有的交互非可加融合方法相比，提议的 SCDIRSIWTAFM 交互非可加融合方法不仅具有更高的融合精度，而且还极大地简化了交互非可加偏好信息融合过程的复杂性。案例应用及对比分析也充分证明了提议的 STD-DU 同构化方法及 SCDIRSIWTAFM 方法的科学合理性及优越性。综合来看，提议的 MAGDM 方法更加符合现实情形下的 MAGDM 问题，因此具有较强的现实应用及推广价值。

第6章　异构交互多属性群决策在干热岩勘探开发选址中的应用

能源资源是社会发展的基础。我国能源资源较为丰富且赋存广泛。其中，我国华北地区及东北地区主要赋存煤炭资源，西南地区主要赋存水力资源，东部及中部地区则主要赋存石油及天然气资源。然而，我国主要的能源高消费地区为经济发达的东南沿海地区。能源分布与能源消费地域之间明显存在不均衡、不匹配等问题。另外，化石能源燃烧所造成的环境污染及气候变化已成为制约我国社会经济发展的重要因素。而随着我国工业化进程的进一步推进，预计社会能源需求仍将保持高速增长。因此，构建经济、安全、稳定、清洁的能源供应体系愈发受到政府的提倡和重视。干热岩作为一种新兴可再生清洁能源，存储量巨大，且在经济发达的东南沿海地区分布广泛，具有极大的开发利用价值。

本研究针对异构交互环境下的多属性群决策问题展开了深入研究，提出了几种新的解决方法并通过算例验证了所提方法的可行性，对比分析验证了所提方法的科学合理性及优越性。本章在前述建模及讨论分析的基础上，对可再生清洁能源干热岩的勘探开发选址决策问题进行了应用研究。首先，介绍了干热岩勘探开发现实研究背景，讨论了其勘探开发选址决策问题的意义及重要性；其次，从可持续角度设计了一套相对完善的、系统的干热岩勘探开发选址评价指标体系，为选址决策开展提供方向及支持。在此基础上，考虑到3、4、5章所提异构交互多属性群决策方法存在逐步科学完善的内在逻辑关系以及干热岩勘探开发选址决策问题自身的特性，本章应用第 5 章所提的基于双重交互及风险动态传播的异构多属性群决策方法来解决这一实际问题。同时，对模型中的关键参数——风险状态转移概率进行了数据分析，并给出了切实的取值建议以进一步增强模型的实践指导意义。最后，从整体视角出发，给出了一些提高干热岩勘探开发选址决策质量的建议与意见。

6.1 案例应用背景

能源作为人类社会生存和发展的重要物质基础，历来处于十分重要的战略地位。人类社会的发展离不开能源支撑。尤其是在人类文明高度发展的今天，能源已成为维持现代社会正常运转并驱动其向前发展不可或缺的物质，不仅关乎着社会稳定及社会可持续发展，而且关系国家安全。因此，应对能源挑战、引领能源发展、保障能源安全已成为世界各国的一致共识。

我国由于能源资源赋存的原因一直以煤炭作为能源供给和能源消费结构中心。《2021 年中国能源发展报告》相关数据表明，2020 年，我国煤炭能源消费占社会累计能源消费总量的比重高达 56.8%。然而，我国煤炭资源存在开发管理粗放、杂质多且品位低等问题使得以煤炭为核心的能源消费所引发的环境问题愈发的严峻，诸如雾霾等污染问题已逐渐成为不可小觑的社会问题。同时，我国也存在化石能源对外依存度高、安全保障程度低等突出问题。根据中国石油企业协会发布的《2019—2020 油气产业蓝皮书》，我国在 2019 年全年原油进口量为 50 572 万吨，与 2018 年同比原油进口量增长了 9.5%，原油对国外需求依赖程度高达 70.8%；天然气 2019 年全年进口量为 9 660 万吨，与 2018 年同比天然气进口量增长了 6.9%，天然气对国外需求依赖程度高达 43%。另外，依据国家统计局公布的数据，2019 年我国煤炭化石能源资源产量为 38.5 亿吨，同比增长 4%，进口煤炭达 29 967 万吨，同比增长 6.3%，煤炭能源资源的对外依存度也有所提高。

综上可知，我国当前的能源发展存在着能源结构不合理、对外依存度高、环境污染严重等重大挑战。优化能源结构、提高能源保障、降低环境污染已成为我国能源发展的当务之急。为此，国家"十四五"规划明确指出要推进能源革命、构建能源强国，完善能源生产、供应、储存、销售体系，提升新能源的消化吸收能力及储存存放能力。同时，国家能源局进一步表示，"十四五"规划的一个重要目标及任务是扩大清洁能源产业。而作为清洁、可再生能源家族成员之一的地热能就是一个较好的选择。

地热能是一种以热力形式存在于地壳中的天然热能，不仅具有清洁能源诸如可再生、环境友好、清洁环保等特点，而且还具有储量大、分布广泛、能源可持续输出等优点，是一种具有良好发展前景及发展潜力的清洁可再生能源。同时，地热能的开发利用也有利于国家碳中和以及碳达峰目标的实现。基于上述优点，地热能的开发利用受到了国家及政府的高度重视。为快速推动地热能源资源开发利用向高质量可持续发展，国家能源局于2021年特别发布了《关于促进地热能开发利用的若干意见》来指导其开发利用。

地热能按其成因和生产条件可分为水热型和干热岩型地热能。在我国地热资源构成中，干热岩型地热能资源占主导地位，储量巨大，可开采资源量是传统水热型地热能资源的168倍，受到国家的高度重视。具体而言，强力推进干热岩型地热能开发利用的优势及意义如下：

首先，干热岩型地热能是一种非常安全高效的能源资源，其开发利用有利于优化能源供应及能源消费结构，助推多元能源供应体系的形成、发展与成熟，进而降低能源的对外依存度，提高国家的能源保障及能源安全。

其次，干热岩型地热能资源储量丰富、分布广泛，有利于打破能源消费与能源分布不均衡的局面。中国科学院公开的数据表明，初步估算我国陆域3~10千米深处干热岩型地热能资源总量达2.5×10^{25}焦尔，这相当于856万亿吨标煤，若仅开采2%，就相当于我国2014年全国一次性能耗总量（42.6亿吨标煤）的4040倍。此外，干热岩型地热能在广东、福建等东南沿海经济发达地区分布广泛、储量丰富。而东南沿海是我国经济快速发展、人口密集、工业发达、能源需求量巨大的地区。干热岩型地热能大规模的开发利用可大幅度增加东南沿海地区能源供应，降低用能成本，增加企业竞争优势，进而打破东南沿海地区化石能源赋存不足与能源消费巨大之间不匹配、不平衡的局面。

再者，干热岩型地热能开发利用对自然生态环境影响较少，且能源输出持续稳定，几乎不受季节、气候等外在因素的影响。同时，能效利用效率高，相比于其他可再生能源，其能源利用效率可高达73%，是风能发电的3.5倍、太阳能发电的5.2倍、生物质能发电的5.2倍。

最后，干热岩型地热能利用成本低，经济效益高。相比于风能发电或太阳能发电，利用干热岩型地热能发电的成本要比风力发电降低50%，仅是太阳能发电成本的十分之一。

综合上述分析可以看到，国家的高度重视以及自身的突出优势，干热岩型地热能必然成为能源开发利用的重点领域。然而，我国的干热岩型地热能开发利用还处于起步阶段，对干热岩型地热能的起源、分布、勘探开发选址评价以及综合利用等方面的研究仍较为薄弱，尤其是在干热岩型地热能勘探开发选址评价方面。干热岩型地热能勘探开发选址是干热岩型地热能开发利用的首要环节，也是关系干热岩型地热能开发成败的关键环节。科学合理地确定勘探开发区位，不仅有助于提高勘探效率、降低勘探风险、缩短开发周期、节约开发成本，也是后续工作的前提和基础。然而，尽管干热岩型地热能勘探开发选址如此重要，但目前国内外针对干热岩型地热能勘探开发选址研究几乎空白。因此，研究干热岩型地热能勘探开发选址决策问题不仅具有较强的理论意义，而且还具有极强的现实意义。

6.2 干热岩勘探开发选址评价指标体系构建

6.2.1 指标体系构建原则

识别出重要影响因素，进而建立一套综合、全面的指标体系对于干热岩型地热能勘探开发选址决策具有十分重要的意义。其不仅是选址的依据，而且还直接影响决策结果的实践可行性。然而，就目前来说，有关干热岩型地热能勘探开发选址评价指标体系的文献几乎空白，因此，为使本书所建立的指标体系尽可能完善，并具有实操性，遵循如下原则构建干热岩型地热能勘探开发选址评价指标体系：

（1）科学合理性原则。选址评价指标体系中的指标应具有明确的定义，不仅能够系统地、科学地反映指标体系设计的逻辑关系，而且能够为干热岩型地热能勘探开发选址提供决策依据及现实指导。

（2）系统性原则。指标体系的构建应尽可能地涵盖能够反映干热岩型地热能勘探开发选址目标的相关因素，特别是重要因素不能遗漏。既要考虑评价指标体系的全面性又要避免指标之间过度的冗余。

（3）实用性原则。指标体系中的指标实用性一定要强，具有可操作性，尽可能地选取易度量、易区分的指标。指标体系中的指标应在满足评价目标要求的基础上，尽可能地简化，以便于计算；另外，指标数据要易于获取且收集成本低，以保证指标数据的"纯净"无污染。

（4）通用性原则。指标体系应对任何地点、任何区域的干热岩型地热能勘探开发选址评价具有通用性，可对任何干热岩型地热能勘探开发选址决策提供有效的参考及依据。

（5）灵活调整原则。指标体系应具有兼容性，便于灵活调整，不应出现因某一或某些指标的新增或删减而造成整个指标体系失效。指标体系中的指标应可随着评价目标的变化进行任意的选择和组合。另外，指标体系的灵活调整特性也是适应外部环境或条件动态发展变化的重要依托与保障。

6.2.2 干热岩型地热能勘探开发选址评价指标体系

通过对干热岩型地热能相应文献和相关报道的研究、调研、专家反馈以及参考能源领域内其他选址文献等方式，并基于文献［102］的研究成果，首先从可持续性视角构建了包含资源、地质及安全、经济、社会4个一级指标在内初步的干热岩型地热能勘探开发选址评价指标体系。在此基础上，依据能源、地质、社会等领域专家对初步干热岩型地热能勘探开发选址评价指标体系的评审建议，以及科学合理性、系统性、实用性、通用性、灵活调整的指标体系构建原则，最终建立了如表6-1所示的干热岩型地热能勘探开发选址评价指标体系。

表 6-1　干热岩型地热能勘探开发选址评价指标体系

目标	一级指标	二级指标	指标类型
干热岩型地热能勘探开发选址	1. 资源因素（C_1）	资源潜力（C_{11}）	效益型
		储量丰度（C_{12}）	效益型
		岩石生热率（C_{13}）	效益型
		储盖厚度（C_{14}）	效益型
	2. 地质及安全因素（C_2）	岩体埋深（C_{21}）	成本型
		岩体构造应力（C_{22}）	效益型
		天然裂缝情况（C_{23}）	效益型
		地震震级（C_{24}）	成本型
		地震烈度（C_{25}）	成本型
		风险水平（C_{26}）	成本型
	3. 经济因素（C_3）	土地条件（C_{31}）	效益型
		交通条件（C_{32}）	效益型
		水文条件（C_{33}）	效益型
	4. 社会因素（C_4）	当地政府支持程度（C_{41}）	效益型
		公众支持程度（C_{42}）	效益型
		对当地经济改善程度（C_{43}）	效益型

指标解释说明如下：

（1）资源因素（C_1）

资源赋存的好坏直接决定了干热岩型地热能项目开发的效益，因此资源因素是评价干热岩型地热能勘探开发区位是否可行的一个重要因素。毋庸置疑，资源潜力、储量丰度、岩石生热率以及储盖厚度是反映备选勘探开发区位资源情况的 4 个重要子指标。

资源潜力（C_{11}）是衡量备选区位干热岩型地热能资源量的直接指标，一般采用体积法进行估算，资源潜力越高，相应的可开发性也就越好。

储量丰度（C_{12}）用于度量单位面积干热岩型地热能资源量，是更易反映资源储量潜力的指标。一般情况下，储量丰度与资源潜力呈正相关关系，储量丰度值越大，则表明干热岩型地热能资源潜力越大，反之则越小。另外，储量丰度越高，也意味着单井产能越大，场地内需要钻挖的工作井数就越少，相应的前期开发成本也就随之越低。

岩石生热率（C_{13}）是划分干热岩型地热能资源品质的重要指标。指标值越高，则干热岩型地热能资源品级越好，热量生成速度就越快。相应地，可开发利用程度也就越高。

储盖厚度（C_{14}）反映了热量保温与留存情况，是关系到干热岩型地热能是否高产的重要因素。储盖厚度值越高，储盖层的保温效果就越好，则地热能流失浪费就越小，有利于高温热储的形成，进而为开发利用过程中持续不断的能源供应提供了可靠的保证。

（2）地质及安全因素（C_2）

干热岩型地热能项目的地质条件决定了勘探开发技术要求的苛刻程度。备选区位过于不理想的地质条件可能使得当前的技术无法有效对干热岩型地热能进行开采。而且技术的可实现性一方面制约了项目能否开发运营，另一方面也决定了项目的经济性。此外，干热岩型地热能开发区一般位于地热异常区，而地热异常区域一般位于易发地震的地质构造活动带上，并且干热岩型地热能的利用涉及对地质地层的一些改变，这使得政府及民众担心在干热岩型地热能长期的开发利用过程中可能诱发人工地震。因此，技术的可行性及开发的安全性是干热岩型地热能勘探开发区选址决策过程中需考虑的重要相关因素。其主要包括岩体埋深、岩体构造应力、天然裂缝情况、地震震级、地震烈度以及风险水平6个子指标。

岩体埋深（C_{21}）主要影响资源井的钻探深度。以岩体温度达150℃的钻探深度为标准指标值。标准指标值越大，资源井平均深度也就越深。而资源井的深度一方面影响着钻探开发成本，另一方面也影响着施工的难易程度。资源井越深，施工难度就越大，所需的技术要求也就越高。

岩体构造应力（C_{22}）是影响人工储层构造的关键因素。而干热岩型地热能岩体人工储层的构造是干热岩型地热能开发利用的关键环节，其质量高低直接关系到项目开发投入成本及后期运营的经济性。因此，岩体构造应力是一个不容忽视的指标，可根据干热岩型地热能岩体天然的构造应力情况，辅助判别项目开发的可行性。

天然裂缝情况（C_{23}）直接影响岩体压裂的难易程度，也关乎干热岩型地热能开发利用人工储层构造的成败。若干热岩型地热能岩体天然裂缝发育存在较大的断层，则易造成人工储层热循环短路，那么该备选区位不利于开发。反之，干热岩型地热能岩体天然裂缝发育越好，则该备选勘探开发区越优。裂缝发育情况可通过露头、岩心或测井等分析判断得知。

地震震级（C_{24}）为表示地震强度的量化指标，通常依据地震释放的能量高低来测定其震级。一般来说地震能量释放与震级呈正相关关系，即能量释放越大震级愈高。

地震烈度（C_{25}）可解释为地震的影响或具有的破坏程度，即对地表及地表上附着物影响的强弱程度。地震震级与地震烈度为负向的成本型指标，两者的指标值越低，则表明备选区位越安全稳定，进而被优选开发利用的概率也就越高。

风险水平（C_{26}）是一个相对综合的指标，用以衡量在当前的技术条件及地质地理条件下，对干热岩型地热能进行勘探作业或开发作业可能带来损失的不确定性程度。它是一个成本型指标，若备选区位风险水平越高，则该区位越不利于开发。

(3) 经济因素（C_3）

经济因素是干热岩型地热能勘探开发选址过程中所需要考虑的重要因素之一，直接关系到项目的勘探开发成本效益。结合干热岩型地热能勘探开发选址实际情况，经全面综合考虑，在经济性方面选取了土地条件、交通条件以及水文条件3个指标。

土地条件（C_{31}）是一个综合性指标，包含了土地目前的利用状态、地形地貌、地面施工条件等方面。土地条件是影响干热岩型地热能勘探开发利用的重要指标。同等条件下，备选区位的土地条件越好，则开发成本越低，对其开发也就越有利。

交通条件（C_{32}）是勘探开发选址过程中必须考虑的指标。干热岩型地热能的开发建设需要利用大量的大型机械化设备，良好的交通条件不仅便于项目的开发建设，极大地降低勘探开发成本，而且也关系到项目运营阶段的效益费用。

水文条件（C_{33}）的好坏决定着干热岩型地热能勘探开发项目的成败。由于干热岩型地热能自身的特点，其建设、开发以及利用过程中均需要大量的水，因此必须确保水资源的供应充足、便利，对于水源保障程度较差的备选区位，则不利于进行勘探开发。

(4) 社会因素（C_4）

社会因素作为干热岩型地热能勘探开发选址过程中一个不容忽视的因素，直接影响着项目的建设及后期运营是否顺利。主要包括当地政府支持程度、公众支持程度和对当地经济改善程度三项子指标。

当地政府支持程度（C_{41}）对项目的推进至关重要。一方面，干热岩型地热能项目实地调研、可行性研究以及勘探、建设土地征用等前期建设环节均需要政府大力配合与支持才能顺利完成。另一方面，当地政府支持性的政策或优惠条件（如免税或补贴等）对项目后期运营的收益也有着重大影响。当地政府的支持程度越大，则备选勘探开发区位越具有竞争优势。

公众支持程度（C_{42}）对项目的推进也十分重要。公众支持程度较低的项目可能在初期就陷入停滞。若强行推进建设，则可能引发社会稳定性问题。因此，缺乏公众支持的干热岩型地热能开发项目几乎难以成功。

对当地经济改善程度（C_{43}）直接关系到当地政府与民众的支持程度。若干热岩型地热能开发项目能有效促进当地的经济发展，改善民众的生活水平与生活质量，则必将受到政府及民众的高度认可，从而为项目的达成落实提供各方面的支持。因此，在干热岩型地热能勘探开发最优区位选择的过程中，项目本身对当地经济的影响也须考虑其中。

6.3 干热岩勘探开发选址决策

6.3.1 决策准备及信息的收集

中国某大型能源企业拟对处于东南沿海地区地热资源丰富的福建省漳州

市境内的干热岩型地热能资源进行勘探开发利用。为了提高开发效率、缩短开发周期、降低勘探成本费用，同时，考虑到干热岩型地热能勘探开发区位选择问题的复杂性以及企业对干热岩型地热能资源的开发经验几乎为零的现实情况，企业高层管理者决定成立一个决策委员会来确定干热岩型地热能勘探开发备选区位的开发次序。

决策委员会由来自能源、地质、工程与风险管理三个方面的专家组构成，分别表示为 D_1、D_2、D_3。每个专家组均需负责所有备选开发区位的数据收集及评价。每个专家组设一个领导者，领导者一方面负责本组内的讨论及信息的综合，另一方面进行组间的交流。3个专家组的权重分别为 $\omega_{D_1} = 0.3$、$\omega_{D_2} = 0.4$、$\omega_{D_3} = 0.3$。

首先，决策委员会在干热岩型地热能勘探开发早期地质认识程度较低的情况下对各备选区位的气象资料、地质资料、地形地貌、土地使用情况、政策方针等相关资料进行收集，以便为决策者们在决策过程中的决策判断提供依据。在此基础上，决策者们对所掌握的相关资料进行了整理与分析，初步确定了6个备选勘探开发区位，分别标记为 A_1、A_2、A_3、A_4、A_5、A_6。然而，专家们通过实地调研、核验后发现，备选区位 A_6 与当地政府最新出台的土地规划存在冲突，占用了当地科技园的位置。因此，就算成功勘探，也可能后期不能进行开发利用，所以决策委员会将备选勘探开发区位 A_6 删除，最终确定 A_1、A_2、A_3、A_4、A_5 作为此次选址决策的备选勘探开发区位。

其次，决策委员会依据评价目标及自身的经验知识，遵循满足决策目标的同时尽量精简评价属性数量，以减少评价属性过多而为决策过程带来不必要的工作量、决策成本的大幅增加以及决策效率的降低。由于各备选勘探开发区位社会情况基本一致且满足开发需要，所以决策委员会在此次选址决策中未考虑社会方面的因素。通过反复的会议交流与反馈，决策委员会从干热岩型地热能勘探开发区选址评价指标体系中选择了储量丰度 C_{12}、岩体埋深 C_{21}、风险水平 C_{26} 以及水文条件 C_{33} 四个属性作为此次选址决策的评价属性。在此基础上，决策委员会依据属性自身的特性及属性信息量的拥有程度，确定了适合描述各属性值的数据类型为：风险水平 C_{26} 采用精确数表述其属性值，值为百分比；储量丰度 C_{12} 采用区间数描述其属性值，单位为 EJ/km^2；岩

体埋深 C_{21} 采用三角模糊数描述其属性值,单位为 km;水文条件 C_{33} 采用三角直觉模糊数表示其属性值,主要依据决策者经验判断给出 1~10 范围内的分值评价。其中,除了属性风险水平 C_{26} 与岩体埋深 C_{21} 为成本型属性外,其余属性均为效益型属性。交互情形下属性 C_{26}、C_{12}、C_{21}、C_{33} 的局部相对重要性范围分别为:$IR_{C_1} \in [0.2, 0.3]$、$IR_{C_2} \in [0.3, 0.6]$、$IR_{C_3} \in [0.25, 0.4]$、$IR_{C_4} \in [0.1, 0.2]$。决策者意见偏差容忍度阈值为 ODT=0.35。决策委员会依据所掌握的有关属性的数据资料,并结合自身的经验知识,给出了各备选勘探区位在各属性下的初始异构偏好决策矩阵,如表 6-2 所示。

表 6-2 初始异构偏好决策矩阵

决策者	区位	C_{26}	C_{12}	C_{21}	C_{33}
D_1	A_1	0.35	[0.58, 0.65]	(4.5, 5.0, 5.3)	([6, 7.5, 8]; 0.6, 0.3)
	A_2	0.26	[0.42, 0.61]	(4.8, 5.3, 5.6)	([5.3, 6, 7]; 0.8, 0.1)
	A_3	0.45	[0.45, 0.62]	(4.4, 4.8, 5.3)	([4.8, 5.3, 6.5]; 0.7, 0.2)
	A_4	0.6	[0.57, 0.68]	(4.2, 4.7, 5.1)	([3.6, 5.6, 7.2]; 0.6, 0.3)
	A_5	0.45	[0.51, 0.62]	(5.4, 5.9, 6.5)	([4.8, 5.5, 6.5]; 0.75, 0.1)
D_2	A_1	0.45	[0.52, 0.63]	(4.3, 4.8, 5.2)	([5.3, 6.5, 7.6]; 0.65, 0.15)
	A_2	0.25	[0.48, 0.66]	(5.0, 5.5, 5.8)	([4.9, 6.3, 7.6]; 0.8, 0.1)
	A_3	0.35	[0.50, 0.72]	(5.2, 5.5, 5.8)	([4.5, 5.3, 6.5]; 0.7, 0.25)
	A_4	0.50	[0.57, 0.68]	(4.8, 5.6, 6.1)	([3.8, 5.2, 6.7]; 0.6, 0.3)
	A_5	0.40	[0.48, 0.65]	(3.9, 4.3, 5.2)	([4.2, 5, 7]; 0.55, 0.25)
D_3	A_1	0.40	[0.48, 0.62]	(4.6, 5.1, 5.4)	([4.8, 6.5, 7]; 0.6, 0.2)
	A_2	0.30	[0.43, 0.63]	(4.7, 5.2, 5.5)	([4.6, 5.4, 6.6]; 0.7, 0.25)
	A_3	0.35	[0.51, 0.62]	(4.9, 5.4, 5.7)	([4.5, 5.8, 7.2]; 0.7, 0.2)
	A_4	0.50	[0.57, 0.71]	(4.8, 5.3, 5.6)	([4.3, 6.2, 7]; 0.5, 0.35)
	A_5	0.55	[0.55, 0.64]	(4.3, 4.6, 4.9)	([4.6, 5.5, 7.3]; 0.55, 0.15)

在获得原始异构偏好决策矩阵的基础上,需对其进行规范化处理以消除不同属性量纲对决策结果的影响。属性 C_{26} 与 C_{12} 的属性值已在 [0, 1] 范围内不需要进行规范化处理。因此仅需依据式(2-13)与式(2-15)分别对属性 C_{21} 与 C_{33} 的属性值进行规范化处理。规范化后的异构偏好决策矩阵如表 6-3 所示。

表 6-3 规范化异构偏好决策矩阵

决策者	区位	C_{26}	C_{12}	C_{21}	C_{33}
D_1	A_1	0.35	[0.58, 0.65]	(0.185, 0.231, 0.308)	([0.75, 0.938, 1]; 0.6, 0.3)
	A_2	0.26	[0.42, 0.61]	(0.138, 0.185, 0.262)	([0.663, 0.75, 0.875]; 0.8, 0.1)
	A_3	0.45	[0.45, 0.62]	(0.185, 0.262, 0.323)	([0.6, 0.663, 0.813]; 0.7, 0.2)
	A_4	0.6	[0.57, 0.68]	(0.215, 0.277, 0.354)	([0.475, 0.7, 0.9]; 0.6, 0.3)
	A_5	0.45	[0.51, 0.62]	(0.00, 0.092, 0.169)	([0.6, 0.688, 0.813]; 0.75, 0.1)
D_2	A_1	0.45	[0.52, 0.63]	(0.148, 0.213, 0.295)	([0.697, 0.855, 1]; 0.65, 0.15)
	A_2	0.25	[0.48, 0.66]	(0.108, 0.098, 0.18)	([0.645, 0.829, 1]; 0.8, 0.1)
	A_3	0.35	[0.50, 0.72]	(0.108, 0.098, 0.148)	([0.592, 0.697, 0.855]; 0.7, 0.25)
	A_4	0.5	[0.57, 0.68]	(0.062, 0.082, 0.213)	([0.5, 0.684, 0.882]; 0.6, 0.3)
	A_5	0.4	[0.48, 0.65]	(0.200, 0.295, 0.361)	([0.618, 0.658, 0.921]; 0.6, 0.25)
D_3	A_1	0.4	[0.48, 0.62]	(0.053, 0.105, 0.193)	([0.667, 0.903, 0.972]; 0.6, 0.2)
	A_2	0.3	[0.43, 0.63]	(0.035, 0.088, 0.175)	([0.639, 0.75, 0.917]; 0.7, 0.25)
	A_3	0.35	[0.51, 0.62]	(0.000, 0.053, 0.140)	([0.708, 0.806, 1]; 0.65, 0.2)
	A_4	0.5	[0.57, 0.71]	(0.018, 0.070, 0.158)	([0.597, 0.861, 0.972]; 0.55, 0.2)
	A_5	0.55	[0.55, 0.64]	(0.140, 0.193, 0.246)	([0.653, 0.764, 1]; 0.65, 0.15)

6.3.2 干热岩型地热能勘探开发区优劣排序

深入剖析干热岩型地热能勘探开发选址问题特性可知，它是一种典型的属性及备选方案双重交互下的异构多属性群决策问题。此外，考虑到该决策问题的复杂性、决策信息的有限性以及决策结果的重大影响，在决策建模过程中探究决策风险对决策结果的综合影响更为妥当。而就如前文所述，当前鲜有多属性群决策方法能同时兼顾决策问题的交互性及异构性，更缺乏适用于异构、交互及决策风险环境的 MAGDM 方法。本书前三章所提模型虽均可有效地解决不同程度交互的异构 MAGDM 问题，但进一步综合考虑干热岩型地热能勘探开发选址问题的特性以及决策风险，采用第 5 章提出的基于属性方案双重交互及风险动态传播的异构多属性群决策方法来进行干热岩型地热能备选勘探开发区位的排序优选更符合实际。具体过程如下：

第6章 异构交互多属性群决策在干热岩勘探开发选址中的应用

首先，基于表6-3规范化的异构偏好决策矩阵进行偏好极端值检验，经计算可知，决策者们初始异构偏好决策矩阵符合极端值检验要求，为有效的决策矩阵。在此基础上，依据各异构偏好的数据类型，分别应用公式（5-8）、（5-9）、（5-10）、（5-13）将规范化的异构偏好映射到STD-DU空间进行同构化处理，进而为后续的评价决策打下基础。同构化CD偏好决策矩阵如表6-4所示。

表6-4 同构化CD偏好决策矩阵

决策者	区位	C_{26}	C_{12}	C_{21}	C_{33}
D_1	A_1	$0.067+0.731\tau+0.202\varepsilon$	$0.176+0.800\tau+0.024\varepsilon$	$0.072+0.600\tau+0.328\varepsilon$	$0.210+0.537\tau+0.253\varepsilon$
	A_2	$0.000+0.712\tau+0.288\varepsilon$	$0.000+0.795\tau+0.205\varepsilon$	$0.166+0.621\tau+0.213\varepsilon$	$0.376+0.497\tau+0.127\varepsilon$
	A_3	$0.149+0.736\tau+0.115\varepsilon$	$0.032+0.802\tau+0.166\varepsilon$	$0.044+0.586\tau+0.370\varepsilon$	$0.102+0.468\tau+0.430\varepsilon$
	A_4	$0.288+0.712\tau+0.000\varepsilon$	$0.196+0.796\tau+0.008\varepsilon$	$0.000+0.557\tau+0.443\varepsilon$	$0.023+0.257\tau+0.720\varepsilon$
	A_5	$0.149+0.736\tau+0.115\varepsilon$	$0.084+0.806\tau+0.110\varepsilon$	$0.443+0.557\tau+0.000\varepsilon$	$0.201+0.535\tau+0.264\varepsilon$
D_2	A_1	$0.172+0.788\tau+0.040\varepsilon$	$0.034+0.840\tau+0.126\varepsilon$	$0.126+0.624\tau+0.250\varepsilon$	$0.421+0.460\tau+0.119\varepsilon$
	A_2	$0.000+0.779\tau+0.221\varepsilon$	$0.025+0.840\tau+0.135\varepsilon$	$0.341+0.603\tau+0.056\varepsilon$	$0.697+0.278\tau+0.025\varepsilon$
	A_3	$0.082+0.792\tau+0.126\varepsilon$	$0.097+0.842\tau+0.061\varepsilon$	$0.371+0.593\tau+0.036\varepsilon$	$0.114+0.453\tau+0.433\varepsilon$
	A_4	$0.126+0.779\tau+0.000\varepsilon$	$0.126+0.840\tau+0.034\varepsilon$	$0.368+0.594\tau+0.038\varepsilon$	$0.013+0.232\tau+0.755\varepsilon$
	A_5	$0.126+0.792\tau+0.082\varepsilon$	$0.017+0.838\tau+0.145\varepsilon$	$0.000+0.569\tau+0.431\varepsilon$	$0.075+0.398\tau+0.527\varepsilon$
D_3	A_1	$0.082+0.792\tau+0.126\varepsilon$	$0.041+0.802\tau+0.157\varepsilon$	$0.174+0.710\tau+0.116\varepsilon$	$0.282+0.509\tau+0.209\varepsilon$
	A_2	$0.000+0.779\tau+0.221\varepsilon$	$0.008+0.796\tau+0.196\varepsilon$	$0.221+0.704\tau+0.075\varepsilon$	$0.163+0.499\tau+0.338\varepsilon$
	A_3	$0.040+0.788\tau+0.172\varepsilon$	$0.066+0.805\tau+0.129\varepsilon$	$0.320+0.680\tau+0.000\varepsilon$	$0.338+0.498\tau+0.164\varepsilon$

续表(6-4)

决策者	区位	C_{26}	C_{12}	C_{21}	C_{33}
D_3	A_4	0.172+0.788τ +0.040ε	0.205+0.795τ +0.000ε	0.269+0.694τ +0.037ε	0.133+0.485τ +0.382ε
	A_5	0.221+0.779τ +0.000ε	0.205+0.795τ +0.129ε	0.000+0.680τ +0.320ε	0.324+0.502τ +0.174ε

获得同构化的 CD 偏好决策矩阵后,需对各决策者的意见进行集成,以获得集成的偏好决策矩阵,进而充分发挥群体智慧提高决策的准确性,即应用式(2-20)集成所有决策者个体 CD 偏好决策矩阵。集成后的结果如表 6-5 所示。

表 6-5 集成的同构 CD 偏好决策矩阵

区位	C_{26}	C_{12}	C_{21}	C_{33}
A_1	0.114+0.772τ+0.114ε	0.079+0.817τ+0.105ε	0.124+0.643τ+0.233ε	0.316+0.498τ+0.186ε
A_2	0.000+0.759τ+0.241ε	0.012+0.813τ+0.174ε	0.253+0.639τ+0.109ε	0.441+0.410τ+0.150ε
A_3	0.090+0.774τ+0.137ε	0.068+0.819τ+0.113ε	0.258+0.617τ+0.125ε	0.178+0.471τ+0.351ε
A_4	0.226+0.762τ+0.012ε	0.171+0.813τ+0.016ε	0.228+0.613τ+0.159ε	0.052+0.315τ+0.633ε
A_5	0.161+0.771τ+0.067ε	0.068+0.819τ+0.114ε	0.133+0.599τ+0.268ε	0.188+0.470τ+0.342ε

将差异不确定性系数 $\tau=1$ 以及对立程度系数 $\varepsilon=-1$ 代入集成的 CD 偏好决策矩阵中,进而获得完全量化的集成 CD 偏好决策矩阵。由于决策矩阵中的元素必须大于或者等于 0,所以,在量化过程中若出现量化值小于 0 的情形,则将其进行加 1,即取 CD 偏好值的补集进行决策。量化集成后的同构 CD 偏好决策矩阵如表 6-6 所示。

表 6-6 量化集成的同构 CD 偏好决策矩阵

区位	C_{26}	C_{12}	C_{21}	C_{33}
A_1	0.772	0.791	0.534	0.628
A_2	0.518	0.651	0.783	0.701
A_3	0.727	0.774	0.75	0.298

续表(6-6)

区位	C_{26}	C_{12}	C_{21}	C_{33}
A_4	0.976	0.968	0.682	0.734
A_5	0.865	0.773	0.536	0.316

基于量化集成的同构 CD 偏好决策矩阵,构建属性交互情形下改进的方案加权变异程度最大化非线性优化模型来客观地求解交互属性的 2 可加模糊测度,所建优化模型如下所示:

$$\max \varphi = 0.609\mu(C_{26}C_{12}) + 0.758\mu(C_{26}C_{21}) + 1.24\mu(C_{26}C_{33})$$
$$+ 0.595\mu(C_{12}C_{21}) + 1.077\mu(C_{12}C_{33}) + 1.226\mu(C_{21}C_{33})$$
$$- 1.835(\mu(C_{26}) + \mu(C_{12}) + \mu(C_{21}) + \mu(C_{33}))$$

$$\text{s.t.}\begin{cases} \mu(C_{12}) + \mu(C_{21}) + \mu(C_{33}) - \mu(C_{12}C_{21}) - \mu(C_{12}C_{33}) \leq 0 \\ \mu(C_{12}) + \mu(C_{21}) + \mu(C_{33}) - \mu(C_{12}C_{33}) - \mu(C_{21}C_{33}) \leq 0 \\ \mu(C_{26}) + \mu(C_{21}) + \mu(C_{33}) - \mu(C_{12}C_{33}) - \mu(C_{21}C_{33}) \leq 0 \\ \mu(C_{26}) + \mu(C_{12}) + \mu(C_{21}) - \mu(C_{26}C_{12}) - \mu(C_{26}C_{21}) \leq 0 \\ \mu(C_{26}) + \mu(C_{12}) + \mu(C_{33}) - \mu(C_{26}C_{12}) - \mu(C_{12}C_{21}) \leq 0 \\ \mu(C_{26}) + \mu(C_{12}) + \mu(C_{33}) - \mu(C_{26}C_{12}) - \mu(C_{12}C_{21}) \leq 0 \\ \mu(C_{26}) + \mu(C_{12}) + \mu(C_{33}) - \mu(C_{26}C_{12}) - \mu(C_{26}C_{33}) \leq 0 \\ \mu(C_{26}) + \mu(C_{12}) + \mu(C_{33}) - \mu(C_{26}C_{12}) - \mu(C_{12}C_{33}) \leq 0 \\ \mu(C_{26}) + \mu(C_{12}) + \mu(C_{33}) - \mu(C_{26}C_{33}) - \mu(C_{12}C_{33}) \leq 0 \\ \mu(C_{26}) + \mu(C_{21}) + \mu(C_{33}) - \mu(C_{26}C_{21}) - \mu(C_{26}C_{33}) \leq 0 \\ \mu(C_{26}) + \mu(C_{21}) + \mu(C_{33}) - \mu(C_{26}C_{21}) - \mu(C_{21}C_{33}) \leq 0 \\ \mu(C_{26}) + \mu(C_{21}) + \mu(C_{33}) - \mu(C_{12}C_{33}) - \mu(C_{21}C_{33}) \leq 0 \\ \mu(C_{26}) + \mu(C_{12}) - \mu(C_{26}C_{12}) \leq 0 \\ \mu(C_{26}) + \mu(C_{21}) - \mu(C_{26}C_{21}) \leq 0 \\ \mu(C_{26}) + \mu(C_{33}) - \mu(C_{26}C_{33}) \leq 0 \\ \mu(C_{12}) + \mu(C_{21}) - \mu(C_{12}C_{21}) \leq 0 \\ \mu(C_{12}) + \mu(C_{33}) - \mu(C_{12}C_{33}) \leq 0 \\ \mu(C_{21}) + \mu(C_{33}) - \mu(C_{21}C_{33}) \leq 0 \\ \mu(C_{26}) \in [0.2, 0.3], \mu(C_{12}) \in [0.3, 0.6], \mu(C_{21}) \in [0.25, 0.4], \mu(C_{33}) \in [0.1, 0.2] \\ \mu(C_{26}C_{12}) + \mu(C_{26}C_{21}) + \mu(C_{26}C_{33}) + \mu(C_{12}C_{33}) + \mu(C_{21}C_{33}) + \mu(C_{12}C_{21}) \\ - 2(\mu(C_{26}) + \mu(C_{12}) + \mu(C_{21}) + \mu(C_{33})) = 1 \end{cases}$$

利用 Lingo 11 求解上述非线性优化方程可得:$\mu(C_{26}) = 0.2$;$\mu(C_{12}) = 0.3$;$\mu(C_{21}) = 0.25$;$\mu(C_{33}) = 0.2$;$\mu(C_{26}C_{12}) = 0.375$;$\mu(C_{26}C_{21}) = 0.375$;$\mu(C_{26}C_{33}) = 0.825$;$\mu(C_{12}C_{21}) = 0.375$;$\mu(C_{12}C_{33}) = 0.5$;$\mu(C_{21}C_{33}) = 0.45$。

进一步，基于属性之间的局部交互程度，通过式（5-16）可求得任意两属性间的全局交互程度为：$g_{C_{26}C_{12}}(u, C) = -0.125$；$g_{C_{26}C_{21}}(u, C) = -0.075$；$g_{C_{26}C_{33}}(u, C) = 0.425$；$g_{C_{12}C_{21}}(u, C) = -0.175$；$g_{C_{12}C_{33}}(u, C) = 0$；$g_{C_{21}C_{33}}(u, C) = 0$。同理，通过式（2-26）求得全局交互视角下属性的权重为：$\varphi_{C_{26}}(u, C) = 0.313$，$\varphi_{C_{12}}(u, C) = 0.15$，$\varphi_{C_{21}}(u, C) = 0.125$，$\varphi_{C_{33}}(u, C) = 0.413$。

在上述工作基础上，依据4.4.1节中提出的备选方案在多属性下的交互网络构建规则，建立备选区位的MAAI网络，进而明确备选区位间的直接交互强度以及交互方向。同时，为了便于可视化及后期计算，采用DSM矩阵对MAAI网络进行数据化表示，如图6-1所示。

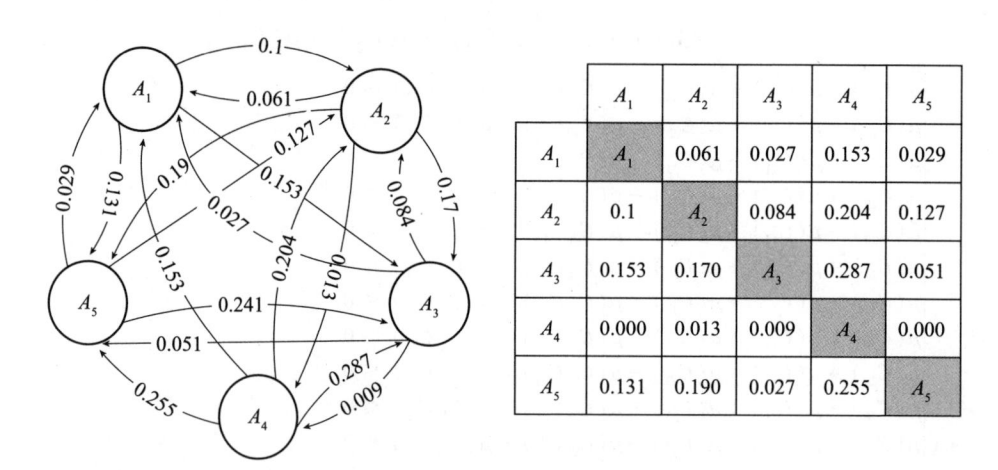

	A_1	A_2	A_3	A_4	A_5
A_1	A_1	0.061	0.027	0.153	0.029
A_2	0.1	A_2	0.084	0.204	0.127
A_3	0.153	0.170	A_3	0.287	0.051
A_4	0.000	0.013	0.009	A_4	0.000
A_5	0.131	0.190	0.027	0.255	A_5

图6-1 备选区位MAAI网络及DSM矩阵

上述备选区位MAAI网络仅反映了区位节点之间的直接交互影响。然而，从全局交互视角来看，任意两个备选区位节点之间不仅存在着直接的交互影响，而且还可能存在间接交互影响。因此，为了更准确地度量备选区位的总交互影响，通过式（4-15）从全局视角计算任意备选区位间的间接交互强度$IIS(A_i, A_h)$，如表6-7所示。

表 6-7 备选区位间接交互强度 $IIS(A_i, A_h)$

	A_1	A_2	A_3	A_4	A_5
A_1	A_1	0.006	0.005	0.012	0.008
A_2	0.017	A_2	0.003	0.032	0.004
A_3	0.017	0.01	A_3	0.035	0.022
A_4	0.001	0.002	0.001	A_4	0.002
A_5	0.019	0.008	0.016	0.039	A_5

通过式（4-16）求得备选区位间的总交互强度 $TIS(A_i, A_h)$，如表 6-8 所示。

表 6-8 备选区位间总交互强度 $TIS(A_i, A_h)$

	A_1	A_2	A_3	A_4	A_5
A_1	A_1	0.067	0.032	0.165	0.037
A_2	0.117	A_2	0.087	0.236	0.131
A_3	0.170	0.180	A_3	0.322	0.073
A_4	0.001	0.015	0.010	A_4	0.002
A_5	0.150	0.198	0.043	0.294	A_5

然后，通过式（5-17）~（5-20）确定决策风险的动态传播影响。决策委员会经过分析与比较，确定初始时刻各状态间的转移概率分别为：$\alpha = 0.4$，$\beta = 0.25$，$\gamma = 0.5$。则各备选方案的风险动态传播影响 $RDSI(A_i)$ 综合计算结果如表 6-9 所示。

表 6-9 备选区位 RDSI 及相关参数计算结果

方案	$\mathfrak{M}$	$P^I_{A_i}(0)$	$P^I_{A_i}(\infty)$	$RDSI(A_i)$
A_1	0.73	0.157	0.471	0.273
A_2	0.765	0.298	0.471	0.15
A_3	0.726	0.376	0.471	0.083

续表(6-9)

方案	$\mathfrak{M}$	$P_{A_i}^I(0)$	$P_{A_i}^I(\infty)$	$RDSI(A_i)$
A_4	0.392	0.021	0.471	0.391
A_5	0.738	0.352	0.471	0.103

基于上述计算结果及式（5-22）与（5-23），求得综合考虑了决策风险动态传播影响的备选区位全局交互影响为：$GRDWDC(A_1) = 0.214$，$GRDWDC(A_2) = 0.167$，$GRDWDC(A_3) = 0.081$，$GRDWDC(A_4) = 0.436$，$GRDWDC(A_5) = 0.103$。

最后，融合交互非可加偏好信息，获得各备选区位的 SCDIRSIWTAFM 值，分别为：

$SCDIRSIWTAFM(A_1) = 0.147$；$SCDIRSIWTAFM(A_2) = 0.106$；

$SCDIRSIWTAFM(A_3) = 0.038$；$SCDIRSIWTAFM(A_4) = 0.359$；

$SCDIRSIWTAFM(A_5) = 0.052$

按各备选勘探开发区位的 SCDIRSIWTAFM 值降序获得备选区位间的排序为：$A_4 > A_1 > A_2 > A_5 > A_3$。即区位 A_4 为最佳的干热岩型地热能勘探开发区位，企业应优先考虑。若企业同时进行多个区位勘探开发，可以按照区位 A_1、A_2、A_5、A_3 的开发次序进行勘探开发，以节约成本及时间，提高企业的综合效益。

通过前文基于属性方案双重交互及风险动态传播的异构 MAGDM 模型数值及理论对比分析可知，提议模型相比于已有 MAGDM 方法不管在理论上还是在实践使用效果上均优于现有方法，结果也具有更高的准确性及可靠性。因此，干热岩型地热能勘探开发选址结果是准确可信的。此外，这一评价结果与企业后期大量实际调研结果也基本一致。这些说明基于方案属性双重交互及风险动态传播多属性群决策方法可以在决策信息贫乏及模糊环境下有效地解决干热岩型地热能勘探开发选址决策问题，这在验证了提议方法科学有效性的同时，也为干热岩型地热能选址决策问题的解决提供了一种强有力的工具，进而加速了干热岩型地热能的规模化开发。

6.3.3 风险状态转移概率参数取值建议

在 6.3.2 中采用本书所构建的基于属性方案双重交互及风险动态传播的异构多属性群决策方法有效解决了干热岩型地热能勘探开发选址决策问题,验证了模型的现实应用可行性。而决策风险动态传播影响(RDSI)是所建多属性群决策模型的重要组成部分,风险状态转移概率参数 α、β、γ 又是影响 RDSI 度量准确与否的重要参数,即 α、β、γ 的取值合理与否将对决策结果产生影响。然而,前文并没有对参数 α、β、γ 的取值过程进行过多的介绍。因此,为了进一步增强模型的实际应用能力,本小节将对风险状态转移概率参数 α、β、γ 进行分析探讨,以为现实选址过程中决策者们确定各风险状态转移概率的具体取值提供针对性的指导与建议。

为实现这一目标,基于本章干热岩型地热能勘探开发选址实例,采用敏感性分析方法对风险状态转移概率参数 α、β、γ 进行分析,观察它们取值变化对排序结果的影响,进而找出规律,并确定它们的合理取值范围。具体分析操作过程为:让风险状态转移概率参数 α 以 0.1 的步长从 0 到 1 进行变换取值,同时保持风险状态转移概率参数 β、γ 不变来观察各备选勘探开发区排序的变化;同理,对风险状态转移概率参数 β、γ 执行参数 α 同样的敏感性分析。分析结果如图 6-2 所示。

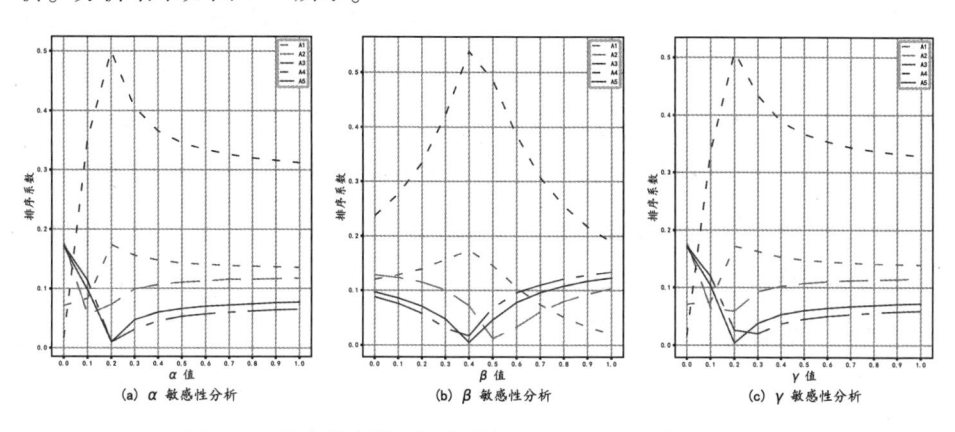

(a) α 敏感性分析　　(b) β 敏感性分析　　(c) γ 敏感性分析

图 6-2　风险状态转移概率参数 α、β、γ 敏感性分析结果

由图 6-2（a）与 6-2（c）可知，随着风险状态转移概率参数 α 或参数 γ 取值的增加，备选勘探开发区 A_1 与 A_4 的排序系数（SCDIRSIWTAFM 值）呈现出先增后减的趋势，备选勘探开发区 A_2、A_3、A_5 的排序系数则呈现出先减后增的趋势。当参数 $\alpha \leqslant 0.2$ 或 $\gamma \leqslant 0.2$ 时，各备选勘探开发区的排序系数对 α 或 γ 的取值最为敏感，方案排序结果极不稳定，易出现排序异常。实际上，当参数 α 或 γ 取值小于 0.2 时有利于较优方案而不利于相对劣势方案的决策。通过前面案例排序结果可知，备选勘探开发区 A_1 与 A_4 分别是最优与次优的勘探开发区，即当 $\alpha \leqslant 0.2$ 或 $\gamma \leqslant 0.2$ 时，较优方案的排序与 α、γ 呈正相关关系，而且方案越优，则对参数 α 或 γ 的增长越敏感（如 A_4）；相反，当 $\alpha \leqslant 0.2$ 或 $\gamma \leqslant 0.2$ 时，相对劣势的方案与 α、γ 呈负相关关系，且方案越劣对两者越敏感（如 A_3）。因此，当仅需确定最优方案时，可让参数 α 或 γ 的取值少于 0.2，这样有利于放大优劣方案之间的区分度，进而提高决策结果的稳健性。尤其是当 $\alpha = 0.2$ 或 $\gamma = 0.2$ 时，优劣方案之间的区分度最大。另外，也可以看到，当参数 $\alpha > 0.2$ 或 $\gamma > 0.2$ 时，备选勘探开发区之间的排序趋于稳定，排序结果始终为：$A_4 > A_1 > A_2 > A_5 > A_3$。因此，当需要准确地掌握备选勘探开发区之间的排列次序以确定先后开发顺序时，风险状态转移概率参数 α 或 γ 的取值应大于 0.2。

同理，由图 6-2（b）可知，随着风险状态转移概率参数 β 取值的增大，备选勘探开发区位 A_1 与 A_4 的排序系数呈现出先增后减的趋势，而备选勘探开发区位 A_2、A_3、A_5 的排序系数则呈现出先减后增的趋势。当 $\beta = 0.4$ 时相对较优的方案 A_1、A_4 排序系数达到最大，而相对劣势的备选勘探开发区 A_2、A_3、A_5 排序系数最小，这时优劣方案之间的区分度达到最大。即对于仅需确定最优方案的选址决策问题来说，β 取值为 0.4 最为恰当。而当需要获得较为稳健准确的方案排序时，$0.05 \leqslant \beta \leqslant 0.35$ 最为恰当。因为参数 β 在这个范围内的变化取值不会改变备选方案之间的优劣次序。

综合上述分析可知，对于异构交互决策环境下的选址决策问题，当决策者仅需确定最佳勘探开发区位时，建议各风险状态转移概率参数的取值为：$\alpha = 0.2, \gamma = 0.2, \beta = 0.4$；当决策者需要获取备选勘探开发区位之间确切的优劣关系,以明晰它们之间的先后勘探开发次序时,建议各风险状态转移概率参数的取值为:$0.2 < \alpha \leqslant 1$,$0.2 < \gamma \leqslant 1$,$0.05 \leqslant \beta \leqslant 0.35$。

6.4 干热岩勘探开发选址决策管理建议

干热岩型地热能勘探开发选址处于干热岩型地热能开发利用众多环节中的首要环节,也是关系干热岩型地热能开发利用成败的关键环节。此外,干热岩型地热能选址过程涉及众多因素,决策者在进行选址决策时不能一味地注重干热岩型地热能资源本身的储量及品质,追求企业利益最大化,还需从可持续的角度综合考虑诸如社会、安全等方面的因素才能实现合理的规划选址布局。然而,目前国内外干热岩型地热能勘探开发选址研究尚属于起步阶段,未形成成熟可靠的选址体系。为了给干热岩型地热能开发企业提供切实的选址指导,通过文献梳理、相关领域研究及实际调研总结了如下几点提高干热岩型地热能勘探开发选址决策质量的建议与意见。

(1) 异构决策环境有利于决策信息的收集及信息质量的提高

由于干热岩型地热能勘探开发选址决策问题自身的复杂性、决策信息的不完全性、决策者与评价属性的异构性等因素的共同作用,致使干热岩型地热能勘探开发选址决策中难以采用某一数据类型准确地表述所有指标的指标值。因此,采用异构数据决策更为简便、灵活,这将极大地降低决策信息的获取难度,同时也能提高决策信息的"纯度"与质量,进而为高质量决策打下坚实基础。即在具体的决策过程中,决策者(或企业)可以根据所能收集到的评价属性相关信息的充分程度灵活合理地确定属性值的数据类型。例如,对于完全可以量化并能获得充分决策信息的属性,决策者可以采用精确数表示其属性值。对于完全可以量化但在决策时所能获取的决策信息较为有限的属性,决策者可以依据已有信息充分程度差异,采用诸如区间数、三角模糊数、梯形模糊等形式来描述这些属性的属性值。对于较难量化轻度定性的属性,决策者可以依据已掌握的不完整、残缺的信息,结合自己的经验判断,采用诸如直觉模糊数等模糊形式数据表示属性的属性值。对于完全定性难以量化的属性，决策者们可以依据自身的经验判断采用模糊不确定性刻画表达更强的三角直觉模糊数描述这类属性的属性值。这样既能快速获得决策所需的决策信息，节约决策成本、提高决策效率，也充分考虑了决策数据中模糊不确定性，进而促使在复杂不确定环境下快速地获得满足决策需要的决策结果。

(2) 交互环境有利于提高选址决策质量

对于干热岩型地热能勘探开发选址评价指标体系而言，尽管在指标体系设计与指标选取时已尽可能地避免指标之间过度冗余关联。然而，从干热岩型地热能勘探开发选址决策目标来看，评价属性之间仍不可避免地存在着复杂交互。如经济因素与地质及安全因素，两个属性之间虽隶属于不同层面的两类属性，但从干热岩型地热能的开发选址来看两者之间存在正向交互关系。对于 MAGDM 选址建模而言，属性交互与否直接决定属性权重确定以及属性信息的融合方式，而这两者是制约决策结果质量的重要因素，充分考虑属性之间的交互关系有利于提高干热岩型地热能勘探开发选址决策质量。其次，干热岩型地热能勘探开发选址对象为空间区位，依据地理学第一定理：地球上任意空间区位之间是交互关联的，干热岩型地热能勘探开发选址建模在考虑属性交互的基础上有必要进一步考虑备选区位之间的交互关系，这从 MAGDM 来说也有助于摒除交互非可加信息融合过程中方案绝对优势假设，进而提高决策结果的准确性，前文案例及对比分析也验证了这一点。因此，综合来看，干热岩型地热能勘探开发选址决策建模考虑交互环境有利于增强决策结果的鲁棒性及可靠性，进而大幅提高选址结果质量。

(3) 决策风险影响选址结果的鲁棒性及准确性

干热岩型地热能勘探开发选址决策问题自身的复杂性、参与主体的异质性、涉及因素广泛繁多等原因造成决策风险不可避免。决策风险一旦进入干热岩型地热能勘探开发选址决策系统，就可能会对决策结果产生影响，且不同方案受风险影响程度是不一致的。以本章干热岩型地热能勘探开发选址实例为例，对比考虑决策风险与不考虑决策风险两种情形。不考虑决策风险时（即 $RDSI(A_i) = 1$）的排序结果较考虑风险时排序结果间的排序次序区分度

$DD(R_i, R_{i+1})$ 依次降低了 60.406%、18.638%、85.658%、74.349%，整体区分度 DD 值降低了 63.35%。这从数据角度说明了风险对决策结果的影响着实存在且影响巨大。因此，综合来看，决策风险会降低选址结果的鲁棒性及准确性，在干热岩型地热能选址决策建模时应予以充分考虑。

6.5 本章小结

干热岩型地热能是 21 世纪非常具有战略开发价值的可再生清洁能源。本章在介绍干热岩型地热能勘探开发选址决策研究背景的同时，明晰了干热岩型地热能勘探开发选址决策的重要意义；在此基础上，依据干热岩型地热能勘探开发选址决策问题的具体特点，为其量身设计了一套较为全面、综合的选址评价指标体系；同时考虑到该类型选址决策问题的复杂性、决策结果影响力、属性值数据类型的多型异构性、属性间或备选区位间的复杂交互等特性，本章应用所构建的基于属性方案双重交互及风险动态传播的异构多属性群决策模型来有效解决这一问题，并给出了一些提升干热岩型地热能勘探开发选址决策质量的意见与建议。本章的实践研究一方面很好地证明了本书所构建的基于属性方案双重交互及风险动态传播的异构多属性群决策方法的有效性及实用性。另一方面，也在一定程度上提升了干热岩型地热能勘探开发选址决策质量，为干热岩型地热能开发企业提供了一种切实可行的选址方法及工具。

第7章 结论与展望

7.1 研究结论

多属性群决策是现代管理科学及决策科学的重要组成部分，涉及运筹学、数理理论分析建模、行为科学、控制科学、社会科学等多门交叉学科理论，在国防军事、工程建设、经济管理以及能源工程等诸多现实领域中被广泛应用。虽然多属性群决策方法的研究已经取得了丰硕成果，然而传统的多属性群决策方法多数建立在评价属性间或备选方案间绝对独立假设的基础上，这有悖于实际。在复杂的实际决策问题中，评价属性间或备选方案之间往往存在着复杂的交互关联关系，如若忽略它们之间的这种关系，则易造成属性权重及偏好信息融合的不准确，而这两者对决策结果的准确性起着决定性的作用。同时，属性偏好信息表述准确与否也直接制约着决策结果的准确性。单一类型的数据结构既难以满足不同属性值准确描述的需要，也难以满足决策者易于准确评价的需要。因此，异构交互环境下的 MAGDM 更符合实际情况。基于此，本书针对异构交互下的 MAGDM 问题展开了深入研究，并获得了一些创新成果。研究内容及总结归纳概括如下：

（1）研究了属性交互情形下的异构多属性群决策问题。针对当前缺乏有效的属性交互及异构环境下的 MAGDM 方法，提出了一种新的属性交互异构多属性群决策方法。具体而言，首先基于集对理论思想提出了一种考虑了异构偏好信息系统不确定性的同构化方法，即将异构偏好映射到 TwD-DU 空间进行同构化，有效地避免了原始偏好信息的扭曲或丢失。其次，定义了 Banzhaf 交互动态变权及状态变权来确定交互属性权重。随后，针对现有交互非可加融合方法不能克服交互非可加偏好信息融合的补偿性问题，提出了一种新的基于 TOPSIS 的交互动态变权 Banzhaf-Choquet 融合算子来更合理地融合交互非可加偏好信息，有效地解决了信息融合的补偿性问题，提高了决策结果的准确性。最后，案例应用及对比分析表明，所提新方法无论是在异构偏好的同构化质量，还是在交互非可加偏好信息融合的简洁性及准确性上，均相对现有方法具有更为优异的表现。这验证了提议方法的科学性及合理性，表明其能更为有效地解决属性交互情形下的异构多属性群决策问题。

（2）研究了属性方案双重交互情形下的异构多属性群决策问题。针对现有交互多属性群决策研究几乎均基于方案绝对独立假设，且尚无有效解决异构环境下属性方案双重交互的决策模型，提出了一种属性方案双重交互的异构多属性群决策方法。首先，围绕异构偏好信息的同构化处理，提出了相比于 TwD-DU 及已有同构化方法具有更强信息处理能力及更高精度的 TD-DU 空间异构偏好同构化新方法。提议的 TD-DU 方法同构化后的数据形式简单直观，极大地简化了 MAGDM 方法的复杂性，在为高质量决策打下坚实数据基础的同时，也提高了方法的实践应用能力。其次，建立了一种适用于交互属性权重完全未知或部分已知的非线性优化模型来客观度量属性交互程度，并从复杂网络视角提出了方案在多属性下的交互网络构建规则，建立了 MAAI 网络客观描述方案间复杂交互关系，并进一步从全局视角构建了方案交互影响度量模型。随后，提出了一种新的 Shapley-Choquet 双重交互优势度积分来融合交互非可加偏好信息，获得更为准确的方案排序。最后，案例结果表明，提议模型能有效解决属性方案双重交互的异构多属性群决策问题，具有较强的可行性及实践性，与已有方法的对比分析进一步从数据及理论角度表明了提议方法的优越性及科学合理性。

（3）研究了属性方案双重交互及风险动态传播情形下的异构多属性群决策问题。针对现实 MAGDM 过程决策风险不可避免且现有 MAGDM 研究对决策风险静态处理的不足，提出了一种适用于属性方案双重交互及风险动态传播的异构 MAGDM 新方法。首先，融合集对及相似性理论，提出了一种 STD-DU 空间异构偏好同构化新方法，并从全局视角建立了属性交互影响测度模型。其次，考虑到方案间的复杂交互为决策风险在方案间的动态传播提供了必备条件，建立了 SIRS-MC 模型来度量决策风险动态传播影响。在此基础上，构建了方案全局交互影响测度模型。然后，进一步提出了一种新的 Shapley-Choquet 双重交互风险优势度算子来融合交互非可加偏好信息，获得方案排序。最后，案例结果表明，提议方法可行有效，具有较强的实践应用价值，对比分析也在数据及理论层面验证了提议方法的科学性及优越性。

（4）干热岩型地热能勘探开发选址决策应用研究。决策方法模型开发的最终目标是有效地解决实际问题，实践是决策方法模型有效与否最好的试金石。首先分析了干热岩型地热能勘探开发选址决策的应用背景及重要意义，构建了干热岩型地热能勘探开发选址评价指标体系。同时，考虑到该选址决策问题的复杂性、决策结果影响力、属性及决策者的异构性、属性间及备选区位间复杂交互等特性，应用本书所建立的基于属性方案双重交互及风险动态传播的异构多属性群决策模型有效地解决这一实际的选址问题，并对干热岩型地热能勘探开发选址高质量决策提供了一些针对性、建设性的意见与建议，以进一步指导实践。这一方面验证了提议方法的科学有效性，可以切实地解决实际的决策问题。另一方面也为实际的干热岩型地热能勘探开发选址及其他类似 MAGDM 问题的解决提供了重要参考与借鉴。

7.2 研究展望

本书从异构交互环境下的多属性群决策问题出发，由浅入深地提出了一系列异构交互群决策方法理论，创新了异构偏好处理与交互非可加信息融合方式，扩展和丰富了异构及交互多属性群决策方法理论。虽然本书已取得了一定的研究成果，但在研究过程中发现有些方面仍有待进一步深入探讨与研究：

（1）更多异构偏好形式研究。现实决策问题纷繁复杂，除本书所提及的6种常见偏好形式外，仍存在如犹豫模糊集、图像模糊集等诸多类型的偏好形式。进一步对不同决策环境下异构偏好表达与处理，以应对更为复杂的现实决策问题是必要的。

（2）方法应用软件开发。本书所提异构交互环境下的多属性群决策方法虽具有强大的理论支撑，但存在相对复杂的模型运算求解。依托计算机信息技术，开发相关系统软件将有助于进一步提高方法的实践应用价值及推广价值。

（3）决策者行为及共识的研究。本研究相对侧重于异构交互环境下偏好信息的处理与融合，并未针对决策者的心理行为及群体共识进行深入研究。未来的研究会进一步将心理行为及共识融入异构交互环境下的决策方法中，这对于解决更加复杂多变的群决策问题具有重要的现实意义及理论价值。

参考文献

[1] 郭文强，孙世勋，郭立夫. 决策理论与方法［M］. 3 版. 北京：高等教育出版社，2020.

[2] 周三多. 管理学［M］. 4 版. 北京：高等教育出版社，2014.

[3] 赵萌，李刚，陈凯. 基于熵的多属性决策方法及在区域经济评价中的应用［M］. 北京：经济科学出版社，2013.

[4] 李喜华. 基于前景理论的复杂大群体直觉模糊多属性决策方法［D］. 长沙：中南大学，2014.

[5] 臧誉琪. 区间犹豫模糊环境下的多属性决策方法及应用研究［D］. 秦皇岛：燕山大学，2018.

[6] 郭立夫. 决策理论与方法［M］. 合肥：中国科学技术大学出版社，2014.

[7] 章玲. 基于关联的多属性决策分析理论及应用研究［D］. 南京：南京航空航天大学，2007.

[8] CHEN C T. Extensions of the TOPSIS for group decision-making under fuzzy-environment［J］. Fuzzy Sets and Systems，2000，114（1）：1-9.

[9] CHEN S J，HWANG C L. Fuzzy multiple attribute decision making methods［M］. Berlin：Springer，1992.

[10] CHEN H，XU G. Group decision making with incomplete intuitionistic fuzzy preference relations based on additive consistency［J］. Computers & Industrial Engineering，2019，135：560-567.

[11] CHEN W, ZOU Y. Group decision making under generalized fuzzy soft sets and limited cognition of decision makers [J]. Engineering Applications of Artificial Intelligence, 2020, 87: 1-8.

[12] TZENG G H, HUANG J J. Multiple attribute decision making: methods and applications [M]. Boca Raton : CRC Press, 2011.

[13] KAYA R, YET B. Building Bayesian networks based on DEMATEL for multiple criteria decision problems: A supplier selection case study [J]. Expert Systems with Applications, 2019, 134: 234-248.

[14] LIU P, DIAO H, ZOU L, et al. Uncertain multi-attribute group decision making based on linguistic-valued intuitionistic fuzzy preference relations [J]. Information Sciences, 2020, 508: 293-308.

[15] SUN B, ZHOU X, LIN N. Diversified binary relation-based fuzzy multigranulation rough set over two universes and application to multiple attribute group decision making [J]. Information Fusion, 2020, 55: 91-104.

[16] TAN C. A multi-criteria interval-valued intuitionistic fuzzy group decision making withChoquet integral-based TOPSIS [J]. Expert Systems with Applications, 2011, 38 (4): 3023-3033.

[17] WANG F, WAN S. Possibility degree and divergence degree based method for interval-valued intuitionistic fuzzy multi-attribute group decision making [J]. Expert Systems with Applications, 2020, 141 (3): 1-15.

[18] 徐泽水. 不确定多属性决策方法及应用 [M]. 北京: 清华大学出版社, 2004.

[19] ECKER J G, KUPFERSCHMID M. Introduction to operations research [M]. New York: Wiley, 1988.

[20] HWANG C L, YOON K S. Multiple Attribute Decision Making-Methods and Application, A State-of-the Art Survey [M]. New York: Springer-Verlag, 1981.

[21] SAATY T L. What is the analytic hierarchy process? [M] //Mathematical

models for decision support. Springer, Berlin, Heidelberg, 1988: 109-121.

[22] FISHBURN P C. Utility theory for decision making [R]. Research Analysiscorp McLean VA, 1970.

[23] YOON K P, HWANG C L. Multiple attribute decision making: an introduction [M]. London: Sage Publications, 1995.

[24] MORGENSTERN O, VON NEUMANN J. Theory of games and economic behavior [M]. Princeton: Princeton University Press, 1953.

[25] BRANS J, VINCKE P. PROMETHEE method for multiple criteria decision-making [J]. Management Science, 1985, 31 (6): 647-656.

[26] FENG F, XU Z, FUJITA H, et al. Enhancing PROMETHEE method with intuitionistic fuzzy soft sets [J]. International Journal of Intelligent Systems, 2020, 35 (7): 1071-1104.

[27] LAHDELMA R, HOKKANEN J, SALMINEN P. SMAA-stochastic multiobjective acceptability analysis [J]. European Journal of Operational Research, 1998, 106 (1): 137-143.

[28] LIU P, SHEN M, TENG F, et al. Double hierarchy hesitant fuzzy linguistic entropy-based TODIM approach using evidential theory [J]. Information Sciences, 2021, 547: 223-243.

[29] WANG L, ZHANG H, WANG J, et al. Picture fuzzy normalized projection-based VIKOR method for the risk evaluation of construction project [J]. Applied Soft Computing, 2018, 64: 216-226.

[30] DU Y, LIU D. An integrated method for multi-granular probabilistic linguistic multiple attribute decision-making with prospect theory [J]. Computers & Industrial Engineering, 2021, 159: 107500.

[31] 吕跃进, 杨燕华. 区间粗糙数层次分析法 [J]. 系统工程理论与实践, 2018, 38 (3): 786-793.

[32] 余顺坤, 周黎莎, 李晨. ANP-Fuzzy 方法在电力企业绩效考核中的应用研究 [J]. 中国管理科学, 2013, 21 (1): 165-173.

［33］廖虎昌，猴迅杰，徐泽水.基于犹豫模糊语言集的决策理论与方法综述［J］.系统工程理论与实践，2017，37（1）：35-48.

［34］龚日朝，李诗音，谭可星.带分布区间数的可能度计算模型及其排序［J］.系统工程理论与实践，2021，41（9）：2428-2446.

［35］张文宇，刘小宁，董青，等.基于区间犹豫模糊信息距离测度的双向投影决策方法［J］.统计与决策，2021，37（22）：185-188.

［36］方冰，韩冰，朱江.基于调和犹豫模糊信息的多属性决策方法［J/OL］.控制与决策：1-10［2022-04-24］.https：//doi.org/10.13195/j.kzyjc.2021.0328.

［37］张发明，王伟明.基于后悔理论和DEMATEL的语言型多属性决策方法［J］.中国管理科学，2020，28（6）：201-210.

［38］SHIEH J I, WU H H, HUANG K K. A DEMATEL method in identifying key success factors of hospital service quality［J］. Knowledge-Based Systems，2010，23（3）：277-282.

［39］ACUÑA-CARVAJAL F, PINTO-TARAZONA L, LÓPEZ-OSPINA H, et al. An integrated method to plan, structure and validate a business strategy using fuzzy DEMATEL and the balanced scorecard［J］. Expert Systems with Applications，2019，122：351-368.

［40］KABAK Ö, ÜLENGIN F, ÇEKYAY B, et al. Critical success factors for the iron and steel industry in Turkey: A fuzzy DEMATEL approach［J］. International Journal of Fuzzy Systems，2016，18（3），523-536.

［41］MENG F Y, DONG B H. Linguistic intuitionistic fuzzy PROMETHEE method based on similarity measure for the selection of sustainable building materials［J］. Journal of Ambient Intelligence and Humanized Computing，2022，13：4415-4435.

［42］ABDULLAH L, ZULKIAI N, LIAO H C, et al. An interval-valued intuitionistic fuzzy DEMATEL method combined with Choquet integral for sustainable solid waste management［J］. Engineering Applications of Artificial Intelligence, 2019, 82: 207-215.

[43] ZHU J, WANG H, YE C, et al. Project evaluation method using non-formatted text information based on multi-granular linguistic labels [J]. Information Fusion, 2015, 24: 93-107.

[44] DING X F, LIU H C. A 2-dimension uncertain linguistic DEMATEL method for identifying critical success factors in emergency management [J]. Applied Soft Computing, 2018, 71: 386-395.

[45] LI Y, HU Y, ZHANG X, et al. An evidential DEMATEL method to identify critical success factors in emergency management [J]. Applied Soft Computing, 2014, 22, 504-510.

[46] WAN S, XU G, DONG J. Supplier selection using ANP and ELECTRE II in interval 2-tuple linguistic environment [J]. Information Sciences, 2017, 385 (4): 19-38.

[47] ZHOU F, WANG X, LIM M K, et al. Sustainable recycling partner selection using fuzzy DEMATEL-AEW-FVIKOR: A case study in small-and-medium enterprises (SMEs) [J]. Journal of Cleaner Production, 2018, 196: 489-504.

[48] LIU K, LIU Y, QIN J. An integrated ANP-VIKOR methodology for sustainable supplier selection with interval type-2 fuzzy sets [J]. Granular Computing, 2018, 3 (3): 193-208.

[49] NAYAK A K, KUMAR P, PANT D, et al. Land suitability modeling for enhancing fishery resource development in Central Himalayas (India) using GIS and multi-criteria evaluation approach [J]. Aquacultural Engineering, 2018, 83 (11): 120-129.

[50] WUY, SUN X, LU Z, et al. Optimal site selection of straw biomass power plant under 2-dimension uncertain linguistic environment [J]. Journal of Cleaner Production, 2019, 212: 1179-1192.

[51] HAN W, SUN Y, XIE H, et al. Hesitant fuzzy linguistic group DEMATEL

method with multi-granular evaluation scales [J]. International Journal of Fuzzy Systems, 2018, 20 (7): 2187-2201.

[52] 宋光兴, 邹平. 多属性群决策中决策者权重的确定方法 [J]. 系统工程, 2001, 19 (4): 84-89.

[53] 彭友, 刘晓鹤, 孙健博. 区间直觉模糊数环境下基于犹豫度和相关系数的多属性群决策模型研究 [J]. 中国管理科学, 2021, 29 (8): 229-240.

[54] 闫书丽, 刘思峰, 方志耕, 等. 区间灰数群决策中决策者和属性权重确定方法 [J]. 系统工程理论与实践, 2014, 34 (9): 2372-2378.

[55] WANG F. Preference degree of triangular fuzzy numbers and its application to multi-attribute group decision making [J]. Expert Systems with Applications, 2021, 178: 114982.

[56] YUE Z. An extended TOPSIS for determining weights of decision makers with intervalnumbers [J]. Knowledge-based Systems, 2011, 24 (1): 146-153.

[57] YUE Z. TOPSIS-based group decision-making methodology in intuitionistic fuzzysetting [J]. Information Sciences, 2014, 277: 141-153.

[58] MAO X B, WU M, DONG J Y, et al. A new method for probabilistic linguistic multi-attribute group decision making: Application to the selection of financial technologies [J]. Applied Soft Computing, 2019, 77: 155-175.

[59] PANG Q, WANG H, XU Z. Probabilistic linguistic term sets in multi-attribute group decision making [J]. Information Sciences, 2016, 369: 128-143.

[60] 伊长生, 牛家强, 潘瑞林. 基于可信性的二维二元语义多属性群决策方法 [J]. 系统工程学报, 2021, 36 (5): 638-652.

[61] 卢志平, 侯利强, 陆成裕. 一类考虑阶段赋权的多阶段三端点区间数型群决策方法 [J]. 控制与决策, 2013, 28 (11): 1756-1760.

[62] 赵程伟, 董雄报, 周正龙, 等. 基于模糊理论的改进 TOPSIS 法在工程项目评标中的应用 [J]. 数学的实践与认识, 2016, 46 (8): 99-105.

[63] LI H, JI Y, GONG Z, et al. Two-stage stochastic minimum cost consensus models with asymmetric adjustment costs [J]. Information Fusion, 2021, 71: 77-96.

[64] DONG Y, ZHANG H, HERRERA-VIEDMA E. Consensus reaching model in the complex and dynamic MAGDM problem [J]. Knowledge-Based Systems, 2016, 106: 206-219.

[65] ZHANG W, XU Y, WANG H. A consensus reaching model for 2-tuple linguistic multiple attribute group decision making with incomplete weight information [J]. International Journal of Systems Science, 2016, 47 (2): 389-405.

[66] 任嵘嵘, 孟一鸣, 李晓奇, 等. 基于一致性度量的概率模糊语言多属性群决策方法 [J]. 中国管理科学, 2020, 28 (4): 220-230.

[67] 郝湉湉, 程栋, 顾月琴, 等. 考虑多属性决策者非合作行为的共识模型构建 [J]. 统计与决策, 2021, 37 (8): 162-167.

[68] LIN M, XU Z, ZHAI Y, et al. Multi-attribute group decision-making under probabilistic uncertain linguistic environment [J]. Journal of the Operational Research Society, 2017, 69 (2): 157-170.

[69] LI L, ZHANG R, WANG J, et al. A novel approach to multi-attribute group decision-making with q-rung picture linguistic information [J]. Symmetry, 2018, 10 (5): 172.

[70] PANG J, GUAN X, LIANG J, et al. Multi-attribute group decision-making method based on multi-granulation weights and three-way decisions [J]. International Journal of Approximate Reasoning, 2020, 117: 122-147.

[71] FAHMI A, AMIN F, ABDULLAH S, et al. Cubic Fuzzy multi-attribute group decision-making with an application to plant location selected based on a new extended Vikor method [J]. Journal of Intelligent & Fuzzy Systems, 2019, 37 (1): 583-596.

[72] 于文玉, 仲秋雁, 张震. 权重信息不完全的多粒度犹豫模糊语言群决策

[J]. 系统工程理论与实践, 2018, 38 (3): 777-785.

[73] 方冰, 韩冰, 闻传花. 基于新型距离测度的概率犹豫模糊多属性群决策方法 [J]. 控制与决策, 2022, 37 (3): 729-736.

[74] 陈云翔, 王攀, 罗承昆. 基于证据理论的偏好型直觉模糊群决策方法 [J]. 控制与决策, 2017, 32 (5): 947-953.

[75] WEI GUI WU. Extension of TOPSIS method for 2-tuple linguistic multiple attribute group decision making with incomplete weight information [J]. Knowledge and Information Systems, 2010, 25 (3), 623-634.

[76] 王晓, 陈华友, 刘兮. 基于离差的区间二元语义多属性群决策方法 [J]. 管理学报, 2011, 8 (2): 301-305.

[77] 弓晓敏, 耿秀丽, 孙绍荣. 基于二元语义 DEMATEL 和 DEA 的多属性群决策方法 [J]. 计算机集成制造系统, 2016, 22 (8): 1992-2000.

[78] FAN J P, YAN F, WU M Q. GLDS method for multiple attribute group decision making under 2-Tuple linguistic neutrosophic environment [J]. Journal of Intelligent & Fuzzy Systems, 2021, 40 (6): 11523-11538.

[79] ACUÑA-CARVAJAL F, PINTO-TARAZONA L, LÓPEZ-OSPINA H, et al. An integrated method to plan, structure and validate a business strategy using fuzzy DEMATEL and the balanced scorecard [J]. Expert Systems with Applications, 2019, 122 (5): 351-368.

[80] 周文坤. 基于投影的不确定型多属性群决策的 Dice 相似度法 [J]. 运筹与管理, 2020, 29 (11): 60-65.

[81] SHIH H S. Threshold-Enhanced PROMETHEE Group Decision Support underUncertainties [J]. Mathematical Problems in Engineering, 2021, 2021 (6): 1-21.

[82] 王伟明, 徐海燕, 朱建军. 区间信息下的大规模群体 DEMATEL 决策方法 [J]. 系统工程理论与实践, 2021, 41 (6): 1585-1597.

[83] 王伟明, 徐海燕. 不确定语言信息下的大规模群体 DEMATEL 决策方法 [J]. 控制与决策, 2021, 36 (8): 2023-2033.

[84] MARTINEZ L, LIU J, RUAN D, et al. Dealing with heterogeneous information in engineering evaluation processes [J]. Information Sciences, 2007, 177 (7): 1533-1542.

[85] PEI-DE L. A novel method for hybrid multiple attribute decisionmaking [J]. Knowledge-based Systems, 2009, 22 (5): 388-391.

[86] XU J, WAN S P, DONG J Y. Aggregating decision information into Atanassov's intuitionistic fuzzy numbers for heterogeneous multi-attribute group decision making [J]. Applied Soft Computing, 2016, 41 (4): 331-351.

[87] WAN S P, XU J, DONG J Y. Aggregating decision information into interval-valued intuitionistic fuzzy numbers for heterogeneous multi-attribute group decision making [J]. Knowledge-Based Systems, 2016, 113: 155-170.

[88] ZHANG F, JU Y, GONZALEZ E D R S, et al. Evaluation of construction and demolition waste utilization alternatives under uncertain environment: A fuzzy heterogeneous multi-criteria decision-making approach [J]. Journal of Cleaner Production, 2021, 313: 1-14.

[89] LIU A H, WAN S P, DONG J Y. An axiomatic design-based mathematical programming method for heterogeneous multi-criteria group decision making with linguistic fuzzy truth degrees [J]. Information Sciences, 2021, 571: 649-675.

[90] FAN Z P, ZHANG X, CHEN F D, et al. Extended TODIM method for hybrid multiple attribute decision making problems [J]. Knowledge-Based Systems, 2013, 42: 40-48.

[91] 梁昌勇, 吴坚, 陆文星, 等. 一种新的混合型多属性决策方法及在供应商选择中的应用 [J]. 中国管理科学, 2006 (6): 71-76.

[92] 梁昌勇, 张恩桥, 戚筱雯, 等. 一种评价信息不完全的混合型多属性群决策方法 [J]. 中国管理科学, 2009, 17 (4): 126-132.

[93] 文杏梓, 罗新星, 欧阳军林. 基于决策者信任度的风险型混合多属性群

决策方法 [J]. 控制与决策, 2014, 29 (3): 481-486.

[94] 包甜甜, 谢新连, 孟鹏鹏. 基于前景理论和证据推理的混合直觉模糊决策 [J]. 系统工程理论与实践, 2017, 37 (2): 460-468.

[95] 李伟伟, 易平涛, 郭亚军. 基于随机模拟视角的混合数据形式密度算子 [J]. 运筹与管理, 2013, 22 (3): 132-138.

[96] 徐选华, 蔡晨光, 梁栋. 基于混合多属性信息的复杂多阶段决策方法 [J]. 系统工程与电子技术, 2015, 37 (10): 2315-2321.

[97] 张晓, 樊治平. 基于前景理论的风险型混合多属性决策方法 [J]. 系统工程学报, 2012, 27 (6): 772-781.

[98] ZHANG X, XU Z, WANG H. Heterogeneous multiple criteria group decision making with incomplete weight information: A deviation modeling approach [J]. Information Fusion, 2015, 25: 49-62.

[99] GAO Y, LI D. A consensus model for heterogeneous multi-attribute group decision making with several attribute sets [J]. Expert Systems with Applications, 2019, 125: 69-80.

[100] YU G F, LI D F, FEI W. A novel method for heterogeneous multi-attribute group decision making with preference deviation [J]. Computers & Industrial Engineering, 2018, 124: 58-64.

[101] LI D F, HUANG Z G, CHEN G H. A systematic approach to heterogeneous multiattribute group decision making [J]. Computers & Industrial Engineering, 2010, 59 (4): 561-572.

[102] ZHAO C, XU X, LIU R, et al. A multi-aspect coordination HDRED site selection framework under multi-type heterogeneous environments [J]. Renewable Energy, 2021, 171 (6): 833-848.

[103] SUN P, LIU Y. A hybrid multiple attribute group decision-making method for backbone-network reconfiguration in power system restoration [C] //2014 International Conference on Power System Technology. IEEE, 2014: 275-280.

[104] WANG F, LI H. Novel method for hybrid multiple attribute decision making based on TODIM method [J]. Journal of Systems Engineering and Electronics, 2015, 26 (5): 1023-1031.

[105] 阳智, 李延来, 熊升华, 等. 基于多类混合信息表征的新产品方案评价模型 [J]. 计算机集成制造系统, 2017, 23 (7): 1412-1422.

[106] 裴凤, 张莉莉, 闫安. 基于两参照点的动态混合多属性群决策算法 [J]. 控制与决策, 2018, 33 (3): 571-576.

[107] 赵程伟, 董雄报, 洪青. 基于混合 VIKOR 模型的建筑企业多项目优选分析 [J]. 系统科学学报, 2017, 25 (1): 99-103+113.

[108] 董雄报, 赵程伟, 洪青. 不确定视角下改进 TOPSIS 法的工程评标模型研究 [J]. 人民长江, 2017, 48 (11): 77-81.

[109] 潘亚虹, 耿秀丽. 基于 Mo-RVIKOR 的混合多属性决策方法 [J]. 中国管理科学, 2019, 27 (12): 143-151.

[110] 周向红, 李丹萍, 成鹏飞, 等. 面向云制造协同创新伙伴选择的多源异构 VIKOR 群决策方法 [J]. 计算机集成制造系统, 2022, 28 (1): 59-72.

[111] DONG J, WAN S. A PROMETHEE-FLP method for heterogeneous multi-attributes group decision making [J]. IEEE Access, 2018, 6: 46656-46667.

[112] LI D F, WAN S P. Fuzzy heterogeneous multiattribute decision making method for outsourcing provider selection [J]. Expert Systems with Applications, 2014, 41 (6): 3047-3059.

[113] WAN S P, Li D F. Fuzzy LINMAP approach to heterogeneous MADM considering comparisons of alternatives with hesitationdegrees [J]. Omega, 2013, 41 (6): 925-940.

[114] WAN S P, Li D F. Fuzzy mathematical programming approach to heterogeneousmultiattribute decision-making with interval-valued intuitionistic fuzzy truth degrees [J]. Information Sciences, 2015, 325: 484-503.

[115] WAN S P, QIN Y L, DONG J Y. A hesitant fuzzy mathematical programming method for hybrid multi-criteria group decision making with hesitant fuzzy truth degrees [J]. Knowledge-Based Systems, 2017, 138: 232-248.

[116] WANG F, WAN S. Possibility degree and divergence degree based method for interval-valued intuitionistic fuzzy multi-attribute group decision making [J]. Expert Systems with Applications, 2020, 141: 112929.

[117] XU Y, XU A, WANG H. Hesitant fuzzy linguistic linear programming technique for multidimensional analysis of preference for multi-attribute group decision making [J]. International Journal of Machine Learning and Cybernetics, 2016, 7 (5): 845-855.

[118] XU J, WAN S P, DONG J Y. Aggregating decision information into Atanassov's intuitionistic fuzzy numbers for heterogeneous multi-attribute group decision making [J]. Applied Soft Computing, 2016, 41 (4): 331-351.

[119] ZHANG S, ZHU J, LIU X, et al. Regret theory-based group decision-making with multidimensional preference and incomplete weight information [J]. Information Fusion, 2016, 31: 1-13.

[120] WAN S P, DONG J Y. Interval-valued intuitionistic fuzzy mathematical programming method for hybrid multi-criteria group decision making with interval-valued intuitionistic fuzzy truth degrees [M] //Decision Making Theories and Methods Based on Interval-Valued Intuitionistic Fuzzy Sets. Springer, Singapore, 2020: 71-114.

[121] SUGENO M. Theory of fuzzy integral and its application [D]. Tokyo: Tokyo Institute of Technology, 1974.

[122] GRABISCH M. The representation of importance and interaction of features by fuzzymeasures [J]. Pattern Recognition Letters, 1996, 17 (6): 567-575.

［123］ ZHANG L, TANG J, MENG F. An approach to decision making with interval-valued intuitionistic hesitant fuzzy information based on the 2-additive Shapley function ［J］. Informatica, 2018, 29（1）: 157-185.

［124］ GRABISCH M. K-order additive discrete fuzzy measures and theirrepresentation ［J］. Fuzzy Sets and Systems, 1997, 92（2）: 167-189.

［125］ TORRA V, Narukawa Y. The interpretation of fuzzy integrals and their application to fuzzy systems ［J］. International Journal of Approximate Reasoning, 2006, 41（1）: 43-58.

［126］ CONGXIN W, TRAORE M. An extension of Sugeno integral ［J］. Fuzzy Sets and Systems, 2003, 138（3）: 537-550.

［127］ MUROFUSHI T. A note on upper and lowerSugeno integrals ［J］. Fuzzy Sets and Systems, 2003, 138（3）: 551-558.

［128］ CHOQUET G. Theory of capacities ［C］ //Annales de l'institut Fourier. 1954, 5: 131-295.

［129］ SCHMEIDLER D. Subjective probability and expected utility withoutadditivity ［J］. Journal of the Econometric Society, 1989, 57（3）: 571-587.

［130］ GRABISCH M. Characterization of fuzzy integrals viewed as aggregation operators ［C］ //Proceedings of 1994 IEEE 3rd International Fuzzy Systems Conference, 1994.

［131］ GRABISCH M. Fuzzy integral inmulticriteria decision making ［J］. Fuzzy Sets and Systems, 1995, 69（3）: 279-298.

［132］ GRABISCH M. The application of fuzzy integrals inmulticriteria decision making ［J］. European Journal of Operational Research, 1996, 89（3）, 445-456.

［133］ WANG GUIJUN, LI XIAOPING. K-quasi-additive fuzzy integrals of set-valued mappings ［J］. Progress in Natural Science, 2006, 16（2）: 125-132.

［134］ CHIANG J H. Aggregating membership values by a Choquet-fuzzy-integral based operator [J]. Fuzzy Sets and Systems, 2000, 114 (3): 367-375.

[135] ANGILELLA S, Greco S, Lamantia F, et al. Assessing non-additive utility for multicriteria decision aid [J]. European Journal of Operational Research, 2004, 158 (3): 734-744.

[136] MARICHAL J L. An axiomatic approach of the discreteChoquet integral as a tool to aggregate interacting criteria [J]. IEEE Rransactions on Fuzzy Systems, 2000, 8 (6): 800-807.

[137] CHEN L, DUAN G, WANG S Y, et al. A Choquet integral based fuzzy logic approach to solve uncertain multi-criteria decision making problem [J]. Expert Systems with Applications, 2020, 149: 113303.

[138] TAN C, WU D D, MA B. Group decision making with linguistic preference relations with application to supplier selection [J]. Expert Systems with Applications, 2011, 38 (12): 14382-14389.

[139] TAN C, CHEN X. Induced Choquet ordered averaging operator and its application to group decision making [J]. International Journal of Intelligent Systems, 2010, 25 (1): 59-82.

[140] TAN C, CHEN X. Intuitionistic fuzzy Choquet integral operator for multi-criteria decision making [J]. Expert Systems with Applications, 2010, 37 (1): 149-157.

[141] MARICHAL J L. The influence of variables on pseudo-Boolean functions with applications to game theory andmulticriteria decision making [J]. Discrete Applied Mathematics, 2000, 107 (1/3): 139-164.

[142] MENG F, ZHANG Q, CHENG H. Approaches to multiple-criteria group decision making based on interval-valued intuitionistic fuzzy Choquet integral with respect to the generalized λ-Shapley index [J]. Knowledge-Based Systems, 2013, 37: 237-249.

[143] MENG F, CHEN X. An approach to uncertain linguistic multi-attribute group decision making based on interactive index [J]. International Journal

of Uncertainty, Fuzziness and Knowledge-Based Systems, 2015, 23 (3): 319-344.

[144] MENG F, ZHANG Q, ZHAN J. The interval-valued intuitionistic fuzzy geometric Choquet aggregation operator based on the generalized Banzhaf index and 2-additive measure [J]. Technological and Economic Development of Economy, 2015, 21 (2): 186-215.

[145] ZHANG X M, XU Z S, YU X H. Shapley value and Choquet integral-based operators for aggregating correlated intuitionistic fuzzy information [J]. Information: An International Interdisciplinary Journal, 2011, 14 (6): 1847-1858.

[146] MENG F, ZHU M, CHEN X. Some generalized interval-valued 2-tuple linguistic correlated aggregation operators and their application in decision making [J]. Informatica, 2016, 27 (1): 111-139.

[147] MENG F, CHEN X, ZHANG Q. Induced generalized hesitant fuzzy Shapley hybrid operators and their application in multi-attribute decision making [J]. Applied Soft Computing, 2015, 28: 599-607.

[148] 张永政, 叶春明, 耿秀丽. 基于概率语言术语集的服务外包风险评估方法 [J]. 运筹与管理, 2021, 30 (9): 203-209.

[149] 林萍萍, 李登峰, 江彬倩, 等. 属性关联的双极容度多属性决策VIKOR方法 [J]. 系统工程理论与实践, 2021, 41 (8): 2147-2156.

[150] 江文奇, 降晓璐. 面向属性关联的区间犹豫模糊型PROMETHEE决策方法 [J]. 系统工程与电子技术, 2021, 43 (11): 3250-3258.

[151] 刘超, 汤国林, 刘培德. 基于模糊测度与累积前景理论的区间二型模糊多准则决策方法 [J]. 运筹与管理, 2020, 29 (9): 70-81.

[152] MOORE R E. Methods and applications of intervalanalysis [M]. New York: Society for Industrial and Applied Mathematics, 1979.

[153] MOORE R, LODWICK W. Interval analysis and fuzzy set theory [J]. New York: Fuzzy Sets and Systems, 2003, 135 (1) 5-9.

[154] DUBOIS D J. Fuzzy sets and systems: theory andapplications [M]. New York: Academic Press, 1980.

[155] VAN LAARHOVEN P J M, PEDRYCZ W. A fuzzy extension of Saaty's priority theory [J]. Fuzzy Sets and Systems, 1983, 11 (1/3): 229-241.

[156] 吴祈宗. 模糊偏好关系与决策 [M]. 北京: 北京理工大学出版社, 2009.

[157] REZVANI S. Ranking generalized exponential trapezoidal fuzzy numbers based onvariance [J]. Applied Mathematics and Computation, 2015, 262: 191-198.

[158] ZIMMERMANN H J. Fuzzy set theory and its applications [M]. New York: Springer Science & Business Media, 2011.

[159] ATANASSOV K T. Intuitionistic fuzzysets [M] //Intuitionistic fuzzy sets. Physica, Heidelberg, 1999: 1-137.

[160] CHU CHUN HSIAO, GUO Y J. Developing similarity based IPA under intuitonistic fuzzy sets to assess leisure bikeways [J]. Tourism Management, 2015, 47: 47-57.

[161] YUN S M, LEE S J. Intuitionistic fuzzy topology and intuitionistic fuzzy preorder [J]. International Journal of Fuzzy Logic and Intelligent Systems, 2015, 15 (1): 79-86.

[162] OUYANG Y, PEDRYCZ W. A new model for intuitionistic fuzzy multi-attributes decision making [J]. European Journal of Operational Research, 2016, 249 (2): 677-682.

[163] XU Z, YAGER R R. Dynamic intuitionistic fuzzy multi-attribute decision making [J]. International Journal of Approximate Reasoning, 2008, 48 (1): 246-262.

[164] WAN S P, WANG Q Y, DONG J Y. The extended VIKOR method for multi-attribute group decision making with triangular intuitionistic fuzzy numbers [J]. Knowledge-Based Systems, 2013, 52: 65-77.

[165] NAN J X, LI D F, ZHANG M J. A lexicographic method for matrix games with payoffs of triangular intuitionistic fuzzy numbers [J]. International Journal of Computational Intelligence Systems, 2010, 3 (3): 280-289.

[166] WAN S P, WANG F, LIN L L, et al. Some new generalized aggregation operators for triangular intuitionistic fuzzy numbers and application to multi-attribute group decision making [J]. Computers & Industrial Engineering, 2016, 93: 286-301.

[167] AMIRI M, ZANDIEH M, SOLTANI R, et al. A hybrid multi-criteria decision-making model for firms competence evaluation [J]. Expert Systems with Applications, 2009, 36 (10): 12314-12322.

[168] LI D F, HUANG Z G, CHEN G H. A systematic approach to heterogeneous multiattribute group decision making [J]. Computers & Industrial Engineering, 2010, 59 (4): 561-572.

[169] 赵蓝天. 三角直觉模糊混合算子在 MAGDM 中的应用研究 [D]. 合肥: 安徽大学, 2015.

[170] 赵克勤. 集对分析及其初步应用 [M]. 杭州: 浙江科技出版社, 2000.

[171] GARG H, KUMAR K. An advanced study on the similarity measures of intuitionistic fuzzy sets based on the set pair analysis theory and their application in decision making [J]. Soft Computing, 2018, 22 (15): 4959-4970.

[172] GARG H, KUMAR K. Some aggregation operators for linguistic intuitionistic fuzzy set and its application to group decision-making process using the set pair analysis [J]. Arabian Journal for Science and Engineering, 2018, 43 (6): 3213-3227.

[173] XU F, ZHENG X, ZHANG J, et al. A hybrid reasoning mechanism integrated evidence theory and set pair analysis in Swine-Vet [J]. Expert Systems with Applications, 2010, 37 (10): 7086-7093.

[174] 赵克勤. 集对分析中的不确定性理论及若干应用 [J]. 有色冶金设计与研究, 1995 (3): 40-43.

［175］徐选华, 赵程伟, 何继善, 等. 多型异构数据下关联变权空间多属性决策方法［J］. 系统工程理论与实践, 2020, 40 (7): 1895-1905.

［176］赵克勤, 宣爱理. 集对论: 一种新的不确定性理论方法与应用［J］. 系统工程, 1996 (1): 18-23, 72.

［177］刘超, 汤国林, 刘宸琦, 等. 基于区间对偶犹豫不确定语言广义 Banzhaf Choquet 积分算子的多属性决策方法［J］. 系统工程理论与实践, 2018, 38 (5): 1203-1216.

［178］MENG F, TANG J. Interval-valued intuitionistic fuzzy multiattribute group decision making based on cross entropy measure and Choquet integral［J］. International Journal of Intelligent Systems, 2013, 28 (12): 1172-1195.

［179］汪小帆, 李翔, 陈关荣. 复杂网络理论及其应用［M］. 北京: 清华大学出版社, 2006.

［180］GARAS A, SCHWEITZER F, HAVLIN S. A k-shell decomposition method for weighted networks［J］. New Journal of Physics, 2012, 14 (8): 083030.

［181］LÜ J, CHEN G, OGORZALEK M J, et al. Theory and applications of complex networks: Advances and challenges［C］//2013 IEEE International Symposium on Circuits and Systems (ISCAS). IEEE, 2013: 2291-2294.

［182］MATA A S. Complex networks: a mini-review［J］. Brazilian Journal of Physics, 2020, 50 (5): 658-672.

［183］JALILI M, PERC M. Information cascades in complex networks［J］. Journal of Complex Networks, 2017, 5 (5): 665-693.

［184］ZHOU T, LIU J G, BAI W J, et al. Behaviors of susceptible-infected epidemics on scale-free networks with identical infectivity［J］. Physical Review E, 2006, 74 (5): 1-8.

［185］JOO J, LEBOWITZ J L. Behavior of susceptible-infected-susceptible epidemics on heterogeneous networks with saturation［J］. Physical Review E, 2004, 69 (6): 066105.

参考文献

[186] 何敏华. 网络上传播动力学研究 [D]. 武汉：华中科技大学, 2009.

[187] MAY R M, ANDERSON R M. Population biology of infectious diseases: Part II [J]. Nature, 1979, 280 (5722): 455-461.

[188] DOUC R, MOULINES E, PRIOURET P, et al. Markov chains [M]. Springer International Publishing, 2018.

[189] 叶尔骤, 张德平. 概率论与随机过程 [M]. 北京：科学出版社, 2005.

[190] 何迎晖, 钱伟民. 随机过程简明教程 [M]. 上海：同济大学出版社, 2004.

[191] GAGNIUC P A. Markov chains: from theory to implementation andexperimentation [M]. New York: John Wiley & Sons, 2017.

[192] XU Z, YAGER R R. Some geometric aggregation operators based on intuitionistic fuzzy sets [J]. International Journal of General Systems, 2006, 35 (4): 417-433.

[193] WANG J, NIE R, ZHANG H, et al. New operators on triangular intuitionistic fuzzy numbers and their applications in system fault analysis [J]. Information Sciences, 2013, 251: 79-95.

[194] 李德清, 李洪兴. 状态变权向量的性质与构造 [J]. 北京师范大学学报（自然科学版）, 2002, 38 (4): 455-461.

[195] 李德清, 李洪兴. 变权决策中变权效果分析与状态变权向量的确定 [J]. 控制与决策, 2004, 19 (11): 1241-1245.

[196] 张丽娅, 李德清. 变权决策中确定状态变权向量的理想点法 [J]. 数学的实践与认识, 2009, 39 (6): 93-97.

[197] 章玲, 周德群. 基于 λ 模糊测度的变权关联多属性决策分析 [J]. 控制与决策, 2008 (3): 267-272.

[198] 李德清, 崔红梅, 李洪兴. 基于层次变权的多因素决策 [J]. 系统工程学报, 2004 (3): 258-263.

[199] 李德清, 郝飞龙. 状态变权向量的变权效果 [J]. 系统工程理论与实践, 2009, 29 (6): 127-131.

[200] GUO S, ZHAO H. Optimal site selection of electric vehicle charging station by using fuzzy TOPSIS based on sustainability perspective [J]. Applied Energy, 2015, 158: 390-402.

[201] YANG W, XU K, LIAN J, et al. Integrated flood vulnerability assessment approach based on TOPSIS and Shannon entropy methods [J]. Ecological Indicators, 2018, 89: 269-280.

[202] ROUYENDEGH B D, YILDIZBASI A, ÜSTÜNYER P. Intuitionistic fuzzy TOPSIS method for green supplier selection problem [J]. Soft Computing, 2020, 24 (3): 2215-2228.

[203] TIAN Z P, ZHANG H Y, WANG J Q, et al. Green supplier selection using improved TOPSIS and best-worst method under intuitionistic fuzzy environment [J]. Informatica, 2018, 29 (4): 773-800.

[204] 王鲁玉. 基于混合多属性群决策的绿色供应商选择研究 [D]. 郑州：郑州大学, 2019.

[205] CAO Q, WU J, LIANG C. An intuitionsitic fuzzy judgement matrix and TOPSIS integrated multi-criteria decision making method for green supplier selection [J]. Journal of Intelligent & Fuzzy Systems, 2015, 28 (1): 117-126.

[206] 李孟姣. 偏好关联情形下多属性决策方法研究 [D]. 长春：吉林大学, 2018.

[207] 黄德才, 郑河荣. 两种多指标决策方法逆序的成因与消除 [J]. 系统工程, 2001 (2): 93-96.

[208] 李春好, 李巍, 何娟, 等. 目标导向层次分析方法 [J]. 中国管理科学, 2018, 26 (9): 170-182.

[209] WU Z, CHEN Y. The maximizing deviation method for group multiple attribute decision making under linguistic environment [J]. Fuzzy Sets and Systems, 2007, 158 (14): 1608-1617.

[210] XU Z, ZHANG X. Hesitant fuzzy multi-attribute decision making based on

TOPSIS with incomplete weight information [J]. Knowledge-Based Systems, 2013, 52: 53-64.

[211] ŞAHIN R, LIU P. Maximizing deviation method for neutrosophic multiple attribute decision making with incomplete weight information [J]. Neural Computing and Applications, 2016, 27 (7): 2017-2029.

[212] SOSA M E. Realizing the need for rework: From task interdependence to socialnetworks [J]. Production and Operations Management, 2014, 23 (8): 1312-1331.

[213] 常志朋, 陈立荣. 多源异构数据环境下基于模糊积分融合的公租房退出方法 [J]. 运筹与管理, 2017, 26 (7): 193-199.

[214] MARICHAL J L. OnSugeno integral as an aggregation function [J]. Fuzzy Sets and Systems, 2000, 114 (3): 347-365.

[215] MENG F, TANG J. Interval - valued intuitionistic fuzzy multiattribute group decision making based on cross entropy measure and Choquet integral [J]. International Journal of Intelligent Systems, 2013, 28 (12): 1172-1195.

[216] SLOVIC P E. The perception ofrisk [M]. London: Earthscan Publications, 2000.

[217] 尹儇鹏, 徐选华, 陈晓红. 风险视域下的大群体应急决策策略选择研究 [J]. 系统工程理论与实践, 2021, 41 (3): 678-690.

[218] 徐选华, 马志鹏, 陈晓红. 大群体冲突、风险感知与应急决策质量的关系研究: 决策犹豫度的调节作用 [J]. 管理工程学报, 2020, 34 (6): 90-99.

[219] 常丽燕, 王恩茂. 绿色建筑决策风险研究 [J]. 工程管理学报, 2016, 30 (2): 86-90.

[220] 尹儇鹏, 徐选华, 陈晓红. 基于多主体仿真的大群体应急决策风险致因分析 [J]. 中国管理科学, 2020, 28 (2): 208-219.

[221] 李伟. 基于偏好特征的群决策风险评估研究及应用 [D]. 贵阳: 贵州民族大学, 2020.

[222] 谢秦. 三支风险决策模型及应用研究 [D]. 重庆：重庆邮电大学, 2019.

[223] XU X, LUO X. Information entropy risk measure applied to large group decision-making method [J]. Soft Computing, 2019, 23（13）：4987-4997.

[224] ZHONG X, XU X, CHEN X, et al. Large group decision-making incorporating decision risk and risk attitude：a statistical approach [J]. Information Sciences, 2020, 533：120-137.

[225] LIU D, HU Z, GUO W. Multi-Attribute Group-Decision on a Construction Diversion Alternative for Hydropower Projects Based on Perception Utility [J]. Energies, 2018, 11（11）：3027.

[226] LIU H C, YOU X Y, TSUNG F, et al. An improved approach for failure mode and effect analysis involving large group of experts：An application to the healthcare field [J]. Quality Engineering, 2018, 30（4）：762-775.

[227] CHOWDHURY GG. Introduction to modern information retrieval [M]. Ottawa：Facet Publishing, 2010.

[228] 李鹏, 吴君民, 朱建军. 基于新直觉模糊距离的随机决策方法 [J]. 系统工程理论与实践, 2014, 34（6）：1517-1524.

[229] LIU J, ZHOU X, HUANG B, et al. A three-way decision model based on intuitionistic fuzzy decision systems [C] //International Joint Conference on Rough Sets. Springer, Cham, 2017：249-263.

[230] 刘久兵. 三支直觉模糊决策方法及在人机任务分配中的应用研究 [D]. 南京：南京大学, 2019.

[231] NGUYEN X T, NGUYEN V D, NGUYEN V H, et al. Exponential similarity measures for Pythagorean fuzzy sets and their applications to pattern recognition and decision-making process [J]. Complex & Intelligent Systems, 2019, 5（2）：217-228.

[232] CANDELORO L, SAVINI L, Conte A. A New Weighted Degree Centrality Measure：The Application in an Animal Disease Epidemic [J]. PLoS ONE,

2016, 11 (11): e0165781.

[233] OPSAHL T, AGNEESSENS F, SKVORETZ J. Node centrality in weighted networks: Generalizing degree and shortest paths [J]. Social Networks, 2010, 32 (3): 245-251.

[234] GRABISCH, MICHEL. Alternative Representations of Discrete Fuzzy Measures for Decision Making [J]. International Journal of Uncertainty, Fuzziness and Knowledge-Based Systems, 1997, 5 (5): 587-607.

[235] HARSANYI J C. Cardinal welfare, individualistic ethics, and interpersonal comparisons ofutility [J]. Journal of Political Economy, 1955, 63 (4): 309-321.